机场建设管理丛书

虹桥商务区机场东片区综合改造

戴晓坚 主编

上海科学技术出版社

图书在版编目(CIP)数据

虹桥商务区机场东片区综合改造 / 戴晓坚主编. —上海：上海科学技术出版社，2019.9
(机场建设管理丛书)
ISBN 978-7-5478-4538-7

Ⅰ.①虹… Ⅱ.①戴… Ⅲ.①机场-改造-研究-上海 Ⅳ.①F560.3

中国版本图书馆 CIP 数据核字(2019)第 167754 号

虹桥商务区机场东片区综合改造
戴晓坚　主编

上海世纪出版(集团)有限公司
上海科学技术出版社　出版、发行
(上海钦州南路71号　邮政编码 200235　www.sstp.cn)
苏州望电印刷有限公司印刷
开本 787×1092　1/16　印张 12.25
字数 240 千字
2019 年 9 月第 1 版　2019 年 9 月第 1 次印刷
ISBN 978-7-5478-4538-7/V・23
定价：108.00 元

本书如有缺页、错装或坏损等严重质量问题，请向工厂联系调换

内容提要

本书是关于虹桥商务区机场东片区综合改造项目前期论证、控制性详细规划及专业规划修编、土地政策研究、改造模式研究、项目立项、设计与工程建设管理等工作的全过程回顾和总结。改造期间，机场克服了土地权属复杂、交通组织复杂、不停航施工、管线搬迁、绿化搬迁、地铁保护、航油管保护等多重困难，经过6年多的艰苦努力，随着1号航站楼改造、交通中心及市政一期工程的建成使用，虹桥商务区机场东片区初显"脱胎换骨"新风貌。

本书对机场航站楼、交通中心规划设计、交通规划、市政规划与建设、机场运营管理等相关从业人员具有一定的参考价值，也可供高等院校相关专业师生参考阅读。

丛书编委会

主编

戴晓坚

常务副主编

李金良

副主编

徐 萍　李育红　华志坚　胡建华

编委

按姓氏笔画排序

王振军　王晓鸿　包继循　许巨川　吴玉林　张 悦
张志良　张晓军　柴震林　殷振慧　董政民　舒文春

丛书编委办

编委办主任
徐 萍

常务副主任
李育红

副主任
王晓鸿

成员
按姓氏笔画排序

王 颖　王燕鹏　乐少斌　冯达升　李 旸
杨善端　张晓军　周 净　黄 渝　斯碧峰

本书编写人员

按姓氏笔画排序

吕坚伟　刘　剑　刘羽岱　李　婧　李海天　张晓军
张智毅　陈　琪　陈　湛　范昕杰　赵　俊　荣发元
俞嘉琦　唐建树　舒文春　戴　侃　瞿　燕

序

我国经济发展已由高速增长阶段转向高质量发展阶段,大众出行对安全、便捷、品质等方面的关注不断增强,对成本、质量、效率和环境提出了更高要求。截至2018年,上海浦东机场和虹桥机场年旅客吞吐量达到1.18亿人次、年货邮吞吐量完成418万吨。推进上海航空枢纽建设,着力提升上海机场国际枢纽竞争力,是新时代民航强国战略的重要组成部分,也是上海建设国际航运中心的重要举措,对增强上海城市国际竞争力,更好地服务长三角、服务全国具有重要的战略意义。

上海机场集团坚持对标"最高标准、最好水平",加快推进上海两场基础设施改扩建。2014年12月20日和2015年12月29日,虹桥机场东片区改造工程和浦东机场三期扩建工程相继全面开工建设。围绕浦东机场三期扩建工程和虹桥机场东片区改造工程,上海机场建设指挥部克服了点多面广、工期紧、施工作业交叉多等困难,在两场高位运行的情况下,圆满地完成了两大项目群的建设任务。在建设过程中,上海机场建设指挥部的干部员工和参建者一道,勇于担当、攻坚克难,积累了一批具有理论和实践意义的创新成果。

浦东机场卫星厅工程是世界上最大的单体卫星厅,上海机场首次在捷运系统采用了"钢轨钢轮"城市地铁制式,既节约了建设和运营成本,又为大型枢纽机场捷运系统建设开创了新的局面,打破了国外技术在机场捷运系统上的垄断,形成了《机场空侧旅客捷运系统工程项目建设指南》行业标准。在浦东机场飞行区下穿通道的建设过程中,上海机场建设指挥部坚持"以运营为导向",为把对运营影响降至最低,将工程划分为三个阶段进行,在机位上,按"占一至少还一"的原则,加强不停航施工管理、强化既有隧道和建筑物限制条件下的明挖施工管理,确保了工程质量安全全面受控。

在虹桥机场东片区1号航站楼改造工程中,按照时任上海市委书记韩正提出的"脱胎换骨"的总要求,上海机场建设指挥部坚持以打造"平安、绿色、智慧、人文""四型机场"为目标,充分考虑航空公司和机场运营管理需求,以旅客为本;保留虹桥机场不同时代的建筑风貌,传承文脉,始终贯彻绿色可持续发展理念,以最小资源和能耗为旅客提供最舒适体验,项目荣获"联合国全球绿色解决方案——既有建筑绿色改造解决方案金奖";注重智能设备应用,打造"智慧"机场,成为国内首家全自助航站楼。

2019年9月16日,浦东机场即将迎来通航20周年,浦东机场卫星厅等工程也将以全新的面貌展现在世人的面前,接受社会大众的检验和考验。上海机场建设指挥部在原上海浦东机场建设丛书的基础上,组织编写了三期建设丛书。丛书重点介绍本期工程在管理和科技创新方面的成果,希望能与广大民航同行和其他工程建设者共享。

上海机场的建设得到了各级领导的关心和指导,也离不开设计、施工和监理等单位和广大建设者的积极参与和辛勤付出,在此一并表示感谢和敬意。

上海机场(集团)有限公司党委书记、董事长

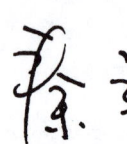

2019年8月

前言

上海虹桥国际机场（以下简称"虹桥机场"）目前有2条跑道、2座航站楼。2号航站楼（以下简称"T2"）设计年旅客吞吐量3 000万人次，设计全部为国内航班；1号航站楼（以下简称"T1"）设计年旅客吞吐量1 000万人次，可承担国际、国内航班的功能。T1、T2两座航站楼之间可通过地铁10号线直接连接，也可通过迎宾三路隧道、仙霞路隧道等市政道路连接。2010年3月T2投运后，约80%的航班转移到此，当年T2完成旅客吞吐量2 739万人次；T1只保留了春秋航空以及日韩包机、港澳台航班，当年完成旅客吞吐量391万人次。随着上海的城市发展，虹桥机场T1及其所在的东片区，已显露出功能上的欠缺和与周边区域发展规划上的不适应。其主要表现在航站楼流程和设施布局不适应旅客和航空公司发展需求，且设施老旧；东片区与现代航空服务业集聚的区域发展定位不匹配；东片区市政基础设施老化且长期超负荷运转，等等。

规划建设虹桥商务区是上海推进"五个中心"建设、加快长三角区域一体化发展的重大战略部署，东片区则是虹桥商务区的重要组成部分。2010年5月，时任上海市市长韩正在视察虹桥商务区时指示："东片区要抓住机遇，来一个脱胎换骨的改变。"为落实市领导的指示，推进该区域功能的优化提升、环境品质的改善，上海机场（集团）有限公司（以下简称"机场集团"）牵头会同虹桥商务区管委会（以下简称"管委会"）、上海市发展改革委员会（以下简称"市发改委"）、上海市规划和土地资源管理局（以下简称"市规土局"）、上海市建设交通管理委员会（以下简称"市建交委"）和长宁区等相关政府部门及驻场单位，开始研究虹桥机场东片区的综合改造方案、土地政策及规划设计等工作。

围绕东片区的改造发展,在上海市委、市政府领导的关心及各相关政府部门的支持下,2012年9月14日,市政府成立了虹桥商务区东片区综合改造指挥部(以下简称"指挥部"),时任上海市副市长沈骏担任总指挥,在机场集团设立东片区综合改造指挥部办公室(以下简称"东指办"),展开日常工作。东片区指挥部全体会议明确:"东片区改造要坚持高起点规划、全覆盖管理"。市发改委负责项目审批、资金平衡;市建交委负责区域市政配套建设;市规土局负责规划调整、完善以及土地支持政策;机场集团作为主要实施单位,抓紧控规修编及土地政策研究,加快启动T1改造及周边改扩建。由此,机场集团先后委托美国AECOM公司、同济大学、上海市城市规划设计研究院等单位开展了《东片区战略规划》《土地政策研究及建议》《区域规划设计初步方案》《交通市政专项规划》等研究工作,针对改造中涉及的大树移植搬迁、管线保护、河道水系调整、高架联通路网结构、开发强度等方案,多次召开专家论证会议,以"尊重现状,因地制宜,有机更新"作为工作原则,把"促进地区功能环境全面提升"作为工作方向。经过充分研究、论证,2013年10月20日,上海市政府批准了《虹桥商务区机场东片区控制性详细规划》;2014年,污水、供水、水系、雨水、道路、燃气、通信等专业规划被陆续批复。2014年12月,T1改造开工建设;2015年6月,交通中心开工建设;2015年12月,市政配套一期工程开工建设。2017年3月16日,T1 A航站楼投入使用,交通中心投入使用;2017年9月27—28日,市政配套一期工程竣工;2018年10月15日,T1 B航站楼投入使用。

建设期间,在不停航施工条件下,在各级政府部门和驻场有关单位的支持下,参建各方共同努力,克服困难,确保工程安全、如期完工,为虹桥商务区机场东片区转型升级奠定了基础，东片区初显"脱胎换骨"的新貌。

  本书基于上述工作，主要分为4章，内容包括虹桥商务区机场东片区综合改造概述、基于绿色理念改造虹桥机场T1、不停航施工改造虹桥机场T1及交通中心、东片区市政配套综合改造一期工程。

  在本书编写过程中，得到了同济大学、美国AECOM公司、上海市城市规划设计研究院、华东建筑设计研究院（以下简称"华东院"）、上海市政工程设计研究总院等单位的大力支持，在此深表感谢。

  由于时间仓促，本书缺点和不足在所难免。欢迎读者、同行和有关专家提出意见和建议，以便我们今后改进。

编　者

目录

第1章 虹桥商务区机场东片区综合改造概述 　1

1.1 虹桥商务区东片区综合改造背景 ／2

1.2 东片区综合改造主要工作内容 ／8

1.3 东片区综合改造土地政策研究 ／11

1.4 东片区综合改造规划设计研究 ／21

1.5 虹桥东片区综合改造大事记 ／44

第2章 基于绿色理念改造虹桥机场T1 　46

2.1 绿色改造需求、目标与策略 ／46

2.2 绿色与设计一体化改造 ／51

2.3 后续绿色运营 ／75

第3章 不停航施工改造虹桥机场T1及交通中心 　81

3.1 虹桥机场T1不停航施工方案的比选和策划 ／82

3.2 虹桥机场T1不停航施工的难点及对策 ／89

3.3 虹桥机场T1改造工程不停航施工管理 ／92

3.4 虹港大酒店拆除 ／97

3.5 交通中心建设技术创新 ／100

3.6 交通中心建设交通组织翻交 ／106

第4章 东片区市政配套综合改造一期工程 ... 115

4.1 工程特点与难点 / 115

4.2 施工准备 / 116

4.3 方案设计 / 122

4.4 施工期间交通组织 / 132

4.5 绿化搬迁与利用 / 152

4.6 管理目标与措施 / 170

第1章
虹桥商务区机场东片区综合改造概述

虹桥商务区位于上海市中心城西侧,是推进"五个中心"建设、加快长三角区域一体化发展的重大战略部署,总面积 86 km²,其中主体功能区面积约 27.3 km²。东片区位于上海市长宁区西郊,东至环西一大道(A20),南至沪青平公路,北至北翟路,西至虹桥机场飞行区边界,处于虹桥商务区主体功能区内,总面积约 4.21 km²。东片区呈狭长形,南北长约 5.1 km,东西宽 0.6～1.1 km,如图 1-1 所示,是虹桥商务区重要的组成部分。

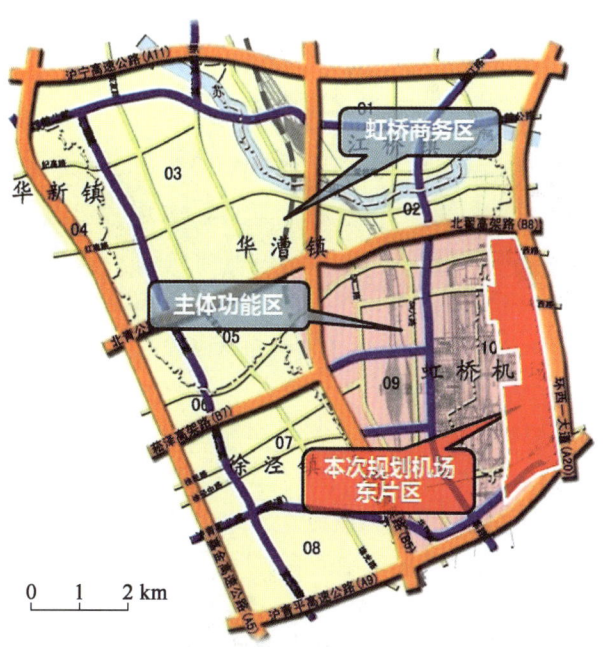

图 1-1 虹桥商务区东片区示意图

1.1 虹桥商务区东片区综合改造背景

2009年,《虹桥商务区控制性详细规划》编制完成,其重点为指导虹桥枢纽本体及其西侧用地的开发建设,而对于东片区则采取了"保留梳理"的规划策略。随着虹桥商务区建设活动不断推进,东片区重新开发建设的条件逐步成熟起来。

1.1.1 虹桥机场历史沿革及现状

1.1.1.1 虹桥机场历史

虹桥机场是上海第一个民用机场,该机场由民国时期北洋政府航空事务处筹建,民国十年(1921年)3月10日动工,至当年6月基本竣工。机场建成后,因当时规划的京(北京)沪(上海)航空线未能通航至上海,机场长期闲置。直至民国十八年(1929年)7月8日,国民政府交通部成立的沪蓉航空线管理处开辟上海至南京航线,以虹桥机场为始发站。

中华人民共和国成立后,虹桥机场被列为军用机场,由空军使用。1950年按空军需要进行了重建。1963年经国务院批准扩建为国际航线机场。1984年3月,上海虹桥机场候机楼工程再度扩建,同年9月30日扩建工程完工。扩建后的候机楼,使用面积比过去扩大了1倍。1988年12月,上海虹桥机场候机楼第三次扩建,于1991年12月26日完工,实现国内外旅客进出分流,并建成钢筋混凝土主滑行道。2010年3月16日,虹桥机场2号航站楼(以下简称"T2")及第二跑道正式启用,除春秋航空公司及往返日本、韩国的国际包机航班仍在1号航站楼(以下简称"T1")运营外,其余航空公司的国内航班全部迁至T2运营。

虹桥机场历史变迁如图1-2所示。

图1-2 虹桥机场历史变迁

1.1.1.2 虹桥机场现状

随着上海的城市发展,虹桥机场T1及其所在的东片区,已显露出功能上的欠缺和与周边区域发展规划上的不适应。

1) 从"乡村中的城市"到"城市中的乡村"

东片区区域建筑设施多建于20世纪80年代,现已外观陈旧;航站楼建成时间长,楼前广场仅作为停车场使用,较难体现机场门户形象,如图1-3所示"城市中的乡村"。

图 1-3 "城市中的乡村"

2）基础设施老化，存在安全隐患，制约区域发展

东片区道路等级低，内外衔接不畅，缺乏贯穿南北向的连接通道；区域排水是目前上海城区唯一雨污水混流的地区，根据上海市第五个"三年环境整治规划"，必须加以改造，统一纳管；区域供水水压不足，标准低，不能满足消防供水要求；基础设施落后，制约区域发展；区域内市政管线改造难度大，排管空间局促，改造投资大，如图 1-4 所示。

图 1-4 基础设施老化

3）缺乏统一规划，土地利用率低

东片区内各类设施分散零乱，缺乏统一规划。房地不统一，布局凌乱分散，运

营保障与商务办公交错;土地利用率低,建筑覆盖率高,地下空间未得到利用;土地价值和建筑品质与城市机场地位不匹配,土地价值被严重低估。虹桥机场土地利用现状如图1-5所示。

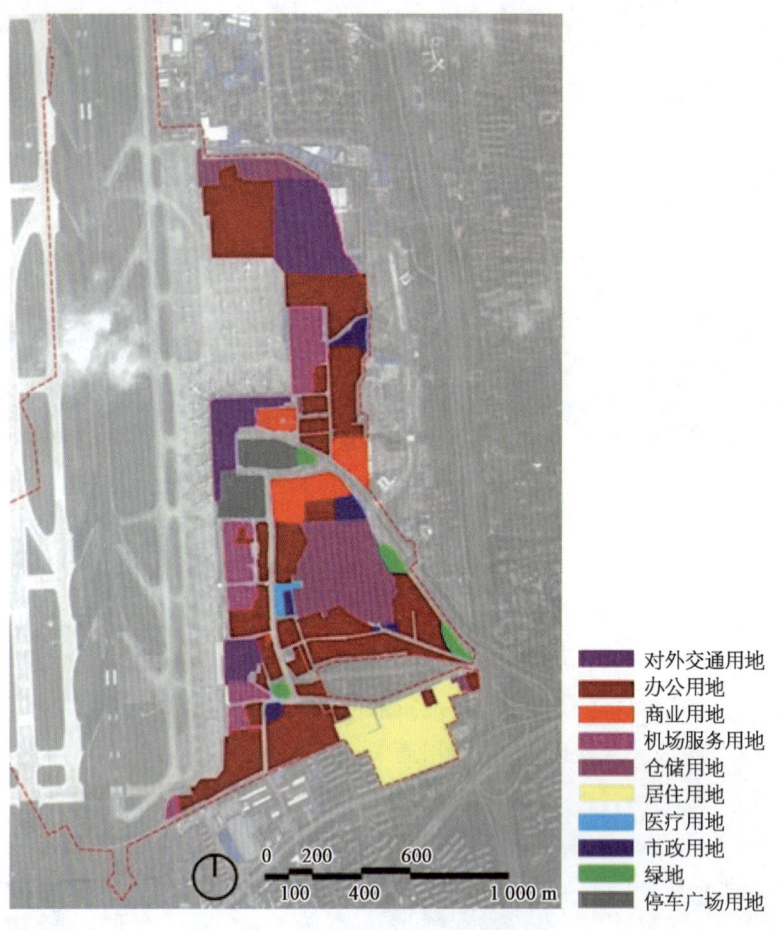

图1-5 虹桥机场土地利用现状

1.1.2 区域发展关系

1) 两场定位及与上海城市发展的关系

从上海城市发展轴线可以看出,上海的两个机场连接起城市发展的两极——东接大浦东,西接大虹桥。其中,浦东机场的定位为复合型国际航空枢纽,服务对象面向全球。浦东机场离市中心约36 km,是带动机场周边地区发展的主要动力源头之一;虹桥机场的定位为国内点对点运营为主,主要面向内地主要大中城市以及日韩、港澳台"两国三地"服务。虹桥机场离市中心约13 km,随着虹桥开发区等周边城区的发展成熟以及虹桥商务区的开发,虹桥机场地区已经完成融入城市发展格局中,目前虹桥机场区域特别是东片区,已经成为区域发展的一片洼地,其亟待改造提升。两场定位及与上海城市发展的关系如图1-6所示。

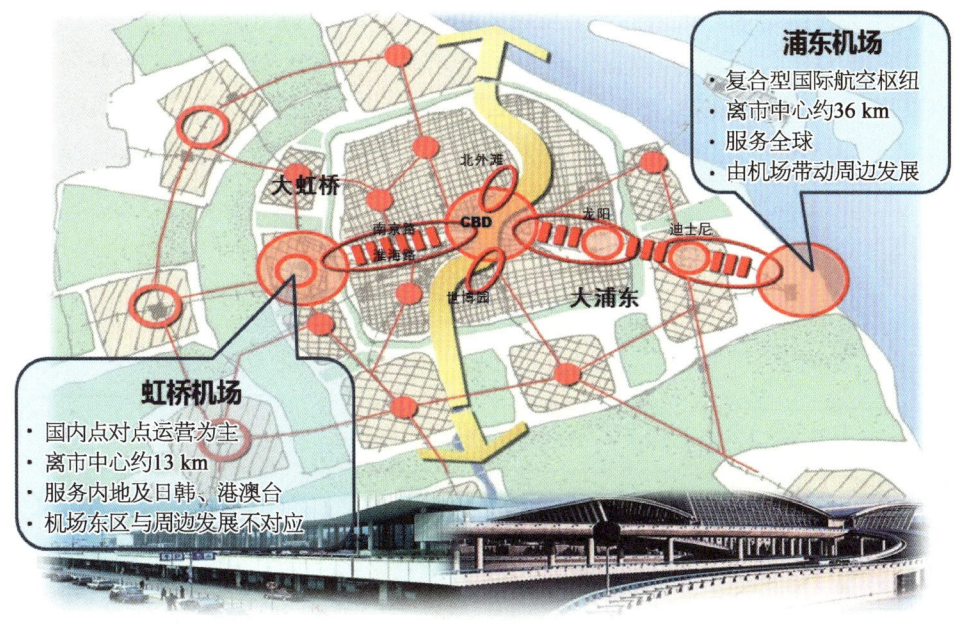

图1-6 两场定位及与上海城市发展的关系

2) 东片区和西片区的两区关系

东片区是虹桥商务区的组成部分,是为西片区配套的航空产业服务区。西片区主要提供商务和商贸的综合服务,而东片区则是围绕航空主题提供专业服务,发展配套产业,两者差异互补、协调发展。从属性上说,西片区是从无到有的新建,东片区则是区域创新型的旧区综合改造。东片区和西片区的两区关系如图1-7所示。

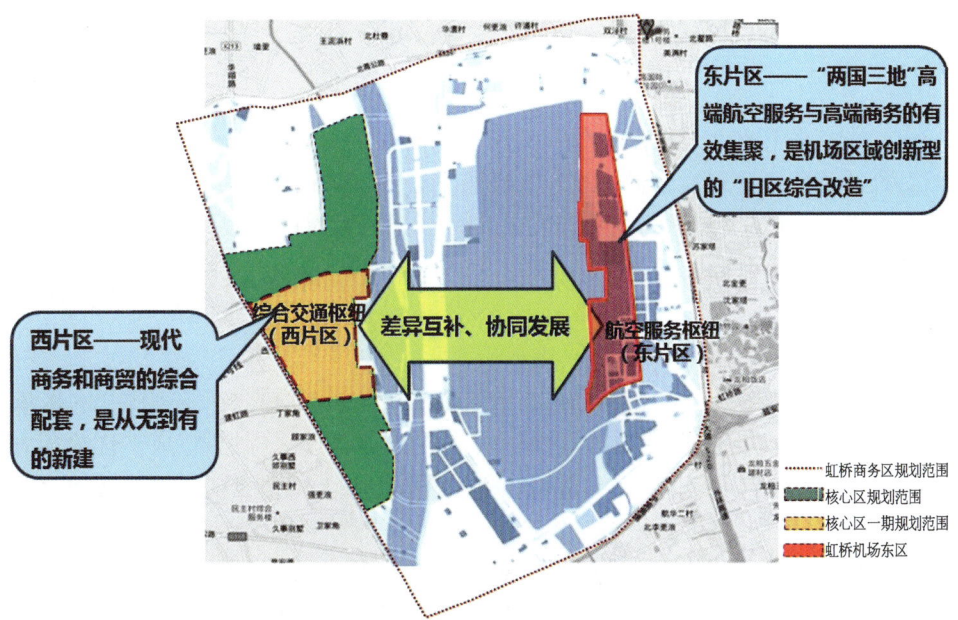

图1-7 东片区和西片区的两区关系

3) 东片区与周边区域的联动发展关系

在虹桥机场周边,目前已经形成了长宁虹桥开发区、闵行七宝工业园区、青浦徐泾、嘉定新城、松江出口加工区等一批具有较大规模的产业园区。未来,东片区将依托虹桥商务区的整体开发,与周边长宁、闵行、松江、青浦、嘉定等区的产业园区形成联动发展的态势,使东片区起到"对内成为连接市区的纽带、对外辐射长三角"的作用。东片区与周边区域的联动发展关系如图1-8所示。

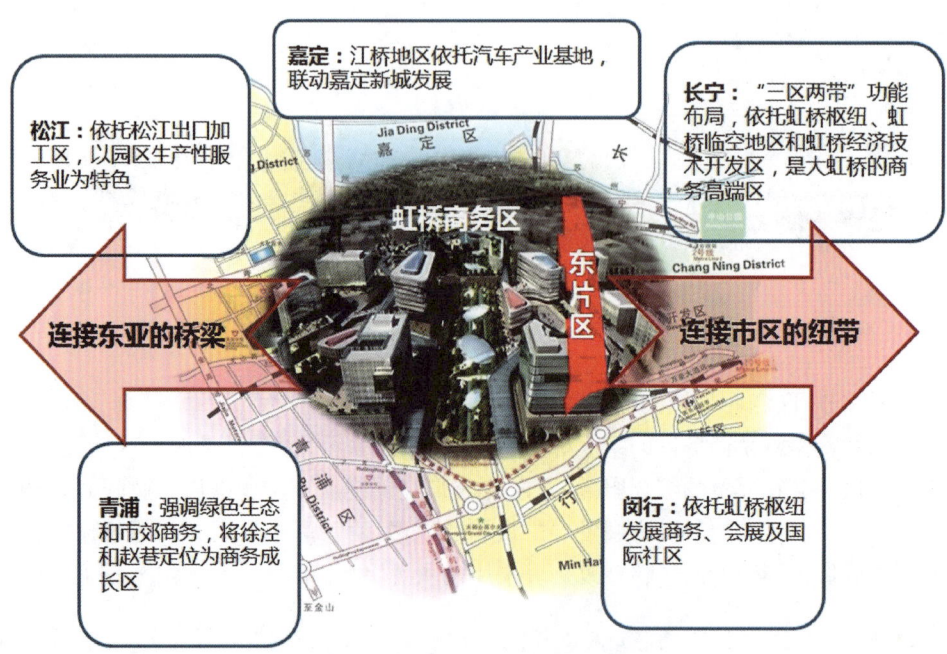

图1-8 东片区与周边区域的联动发展关系

1.1.3 东片区综合改造的机遇与挑战

虹桥商务区为东片区提供了开发机遇,东片区也将依托涉外航线促进商务区国际化发展;同时商务区的强势开发是东片区必须面对的挑战,不能因为区位处于角落成为发展落后的角落。

1.1.3.1 依托商务区建设,推进区域开发

虹桥商务区作为上海在新的平台上重塑浦东—浦西两翼、实现国际化与区域化有机融合的战略区域,要发挥其独一无二的交通优势、区位优势、成本优势和后发优势,成为上海对接、联动、辐射长三角的桥头堡和长三角通往亚太地区的重要门户;虹桥商务区的性质、定位决定了机场东片区的转型方向;东片区应通过商务开发实现脱胎换骨,并服务于虹桥商务区建设。东片区作为虹桥商务区主要组成,应错位发展具有航空特征、商务机场优势的航空总部经济、航空专业服务、高端商务办公,以及相关配套,如图1-9所示。

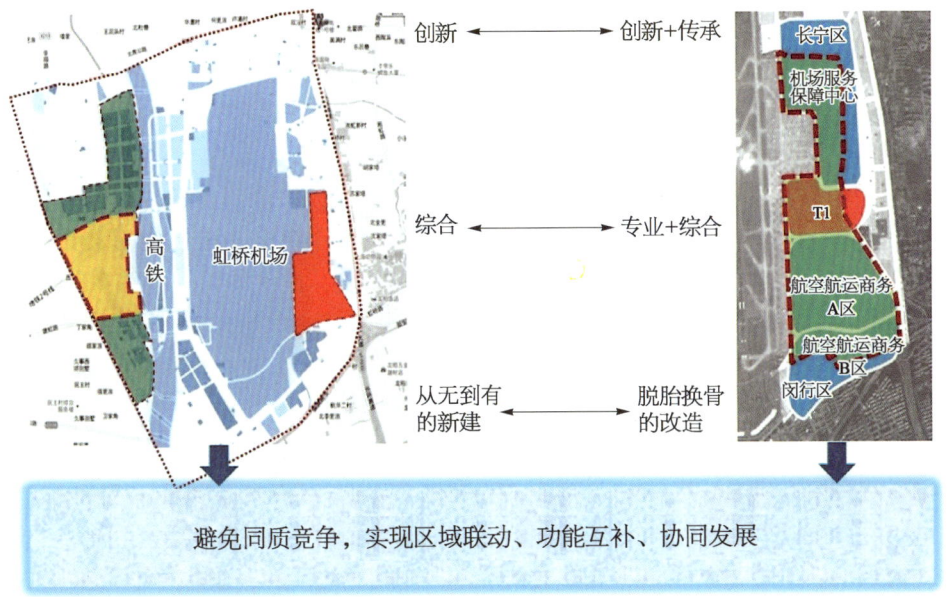

图 1-9 东西联动图示

1.1.3.2 整合资源,提升东片区价值

东航、春秋、吉祥、民航华东管理局、空管局、中航材等行业总部在东片区高度集中;虹桥机场也是中国第一个公务机基地,衍生庞大产业需求,具有近百年的机场历史与文化底蕴。原有航空企业、航空服务的空间集中向产业集聚升级;以向商务区转型理念,推动东片区进行功能的系统化规划;以前瞻规划建设中国标杆、世界一流的公务机综合服务贸易中心;依托行业总部的规模效应、协同效应、品牌效应,实现航运航空产业链式发展;以航运航空的产业集聚,创新实践、积极推进上海航空枢纽战略建设、国际航运中心建设。

1.1.3.3 做政府想做之事,谋企业发展之道

1) 政府重视与支持

2010年5月27日,时任上海市市长韩正视察虹桥枢纽时指出,东片区要抓住机遇,来一个脱胎换骨的改变;市领导多次召开专题会议,明确以市政府牵头成立指挥部,并给予土地政策、基础设施投资政策等方面支持。

2) 理顺区域关系及解决历史遗留问题

借助机会,力争将区域市政基础设施纳入城市建设范畴,改变长期形成的由机场大包大揽的格局,由政府投资,节省由机场实施所带来的巨额投资;借助机会,将武警用房、空管局农场等一系列历史遗留问题一并解决。

3) 推动机场转型发展

在两场大规模基础基本建成后,由设施驱动转向以资源开发为主的价值增长模式,促进机场的转型发展;以东片区开发为契机,大力发展非航空性业务,特别是商业地产,为浦东机场规划开发树立样板。

1.2 东片区综合改造主要工作内容

1.2.1 控规修编

2009年市政府批准了《虹桥商务区控制性详细规划》，土地使用规划图如图1-10所示。该规划为虹桥综合交通枢纽本体及其西侧核心区开发建设提供了依据，但东片区基本维持现状，部分规划难以付诸实施。此次的控规修编在前期功能定位的基础上，结合各单位实际情况和发展需求，重点对区域未来的规划布局、土地使用、开发强度、道路交通、市政配套设施及城区形象等方面进行了优化和完善。本次东区规划调整和基础设施改造，旨在实现航空服务功能整合，有效提高土地利用率，使区域服务能级和形象得到全面提升，同时一并解决历史遗留问题。

在控规修编过程中，虹桥机场东西片区统一规划、整合联动，集约利用土地资源，如空管、气象、消防等航空运营保障类功能及设施整合；武警、公安、边检、海关等政府职能部门资源整合；企业内部自用办公楼宇资源整合；其他配套和服务功能项目整合等。同时，以东西联动、整合开发的思路规划布局，例如：西区以航空作业为主，统筹航空作业和保障用地需求；东区以发展现代航空服务业为主，将部分作业和保障设施移到西区，为综合改造预留腾挪空间。

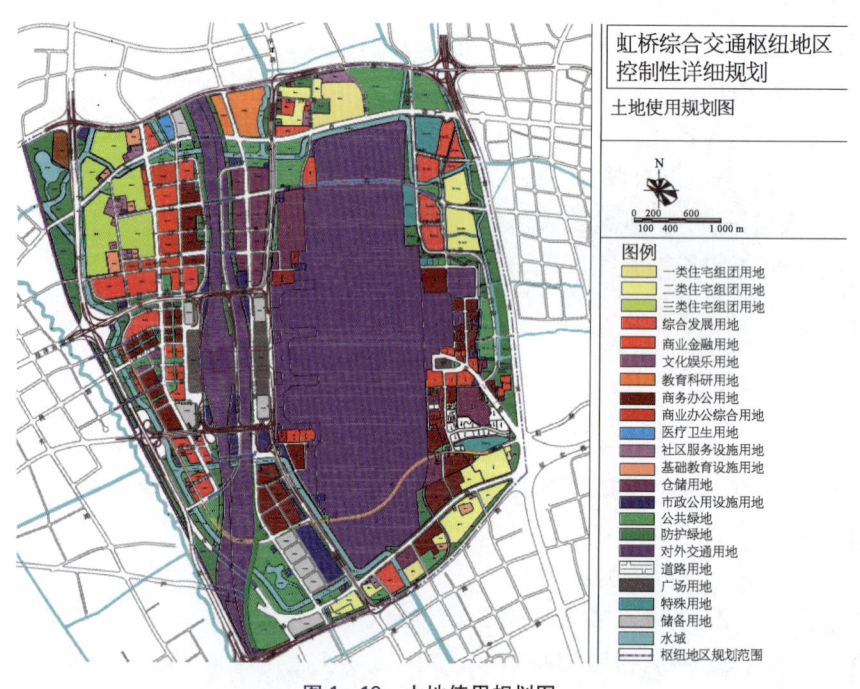

图1-10　土地使用规划图

1.2.2 土地利用与土地政策研究

机场红线范围内的用地性质均为划拨用地(T5)，不能直接作为经营性项目开发。通过规划和用地性质研究，可将用地划分为如下三类：第一类，用于机场保障服务功能及公共设施的用地,如候机楼、公务机机库、货站、驻场单位自用办公楼宇、道路及公共配套设施等;第二类,用于航空现代服务业、航空配套设施的相关用地,如航油结算中心、航材交易中心、航空企业总部办公等;第三类,用于机场商业配套的经营性用地,如酒店、商业零售、餐饮等。三类土地依据功能实施项目改造和开发均有一定难度,尤以第三类为甚,需要土地特殊优惠政策及相应的配套实施方案。

土地政策是撬动区域改造、平衡各方利益的杠杆。通过对土地现状的梳理与规划,重新整合航空功能及服务保障设施,解决历史遗留问题,集约利用土地;通过对土地政策的研究和利用,盘活土地资源,提升价值,调动驻场单位的积极性,并在实施过程中作为杠杆机制,有效平衡各方利益。

土地政策的落实可采取以下路径:

(1) 作为航空运营保障的服务配套、功能提升及环境改造所涉及的土地,建议由政府直接划拨使用;

(2) 规划为六类经营性用地的土地,建议采用"存量补地价"的方式,转变土地性质;

(3) 对于两家单位以上且用地交叉的地块,建议采用"土地置换"的方式进行整合归并。

1.2.3 T1及航站区综合改造

T1南侧有地铁10号线穿过,B楼目前部分由港澳台航线和日韩包机使用,部分由春秋航空使用,A楼目前大部分空置。此区域总体设施老化,服务功能欠缺,陆侧交通未有效衔接。A楼的不同区域经历过不同时期的建设、改建、扩建,情况不尽相同:长廊部分情况较好;长廊与主楼衔接部分,结构安全性和消防隐患问题突出。虹桥机场T1改造历史示意图如图1-11所示。

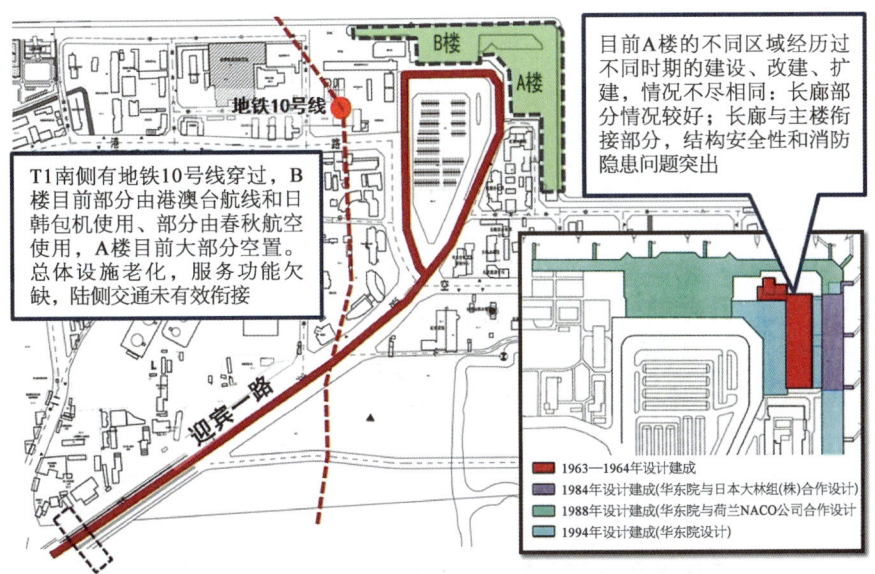

图1-11 虹桥机场T1改造历史示意图

T1及航站区综合改造说明如下：

（1）T1设计目标。提升功能、改善服务、优化流程、运营高效，体现"以人为本"。

（2）T1改造规模。本次改扩建以满足年旅客吞吐量1 000万人次为立项依据。

（3）T1改造的国际方案征集。2012年3月9日发出"方案征集书"，5月10日中期方案汇报，6月7日征集方案截止。递交最终方案的公司包括法国ADPI、美国AECOM、中国华东建筑设计研究院和美国兰德龙布朗联合体、中国中元国际工程公司和意大利Nemesis公司联合体。

1.2.4 市政基础设施改造

东片区道路等级低，内外部交通衔接尤其是南北向交通不畅；东片区供水系统始建于20世纪60年代，系统较为老旧，运行可靠性低，且长期处于高负荷运行状态（超负荷70%以上）；管网老化、爆管、渗漏等情况频发，已对机场生产运行产生影响；污水直接排入河道内造成雨污水混流，排水主干管淤积严重，且设施不足，亟须进行改造完善。

提高道路等级，打通南北向道路，完善内外部交通衔接，构建多层次路网系统；对区域雨、污水管网进行升级改造，纳入城市雨污水排水系统，提升排水标准；采用环网布局模式供水系统，提高供水水压、水质；对电力系统进行改造；按照商务区能源规划对燃气系统输送标准及管道布局进行优化；推进"三网融合"，充分考虑东片区内部各功能区之间以及与周边地区的通信衔接，为东片区的改造、开发创造条件。

1.2.5 实施主体

1）政府牵头，成立指挥部领导组织协调

（1）指挥部是东片区改造的统一领导、组织、协调机构。

（2）指挥部办公室作为指挥部的议事、办事和协调机构。办公室下设4个专业推进部门，以机场集团为主，会同市发改委、建交委、规土局等单位配备人员。

（3）市政府相关职能部门（发改委、建交委、规土局等共7个）纳入指挥部组成单位，提供业务对口支持。

指挥部成立后，规划、土地政策、市政交通专项规划等将纳入指挥部平台，有利于统一组织与协调。组织机构如图1-12所示。

2）企业实施，5家驻场单位共同参与

（1）通过在规划、土地政策等方面形成合理的利益机制，促使5家单位积极参与。

（2）机场红线内的5家驻场单位（即土地权属单位）依据区域规划，对各自用地范围内的项目进行改造与开发。

（3）5家驻场单位之间可通过土地置换、补地价等方式，采用独立开发或联合开发，市政基础设施等公共设施由政府补贴或者共同分摊的方式实施。

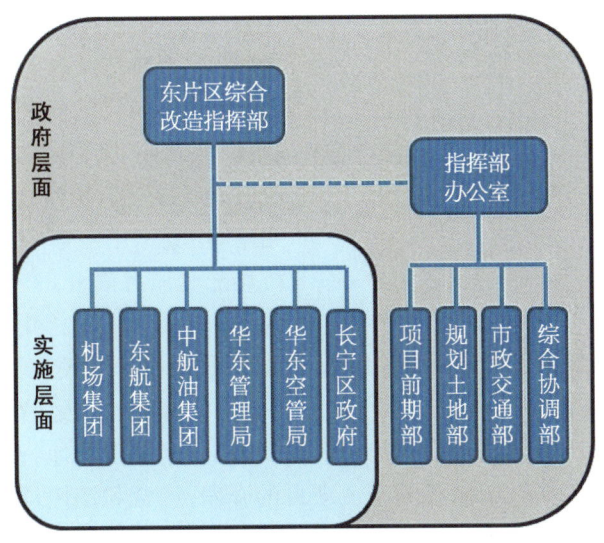

图 1-12 组织机构图

5 家驻场单位共同参与,如图 1-13 所示。

3) 机场集团为实施主体,积极工作争取主动

根据市政府要求,东片区改造以机场集团为实施主体。机场集团调动内部各相关单位,积极主动参与,在东片区改造工作中取得主动。机场集团内部分工如图 1-14 所示。

(1) 建设公司。主要负责 T1 航站区国际方案征集及候机楼改造项目立项、审批,以及建设管理工作。

(2) 虹桥公司。主要负责 T1 候机楼改造期间的航班运营保障及综合协调工作。

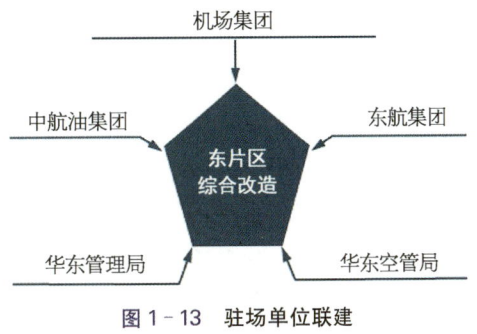

图 1-13 驻场单位联建

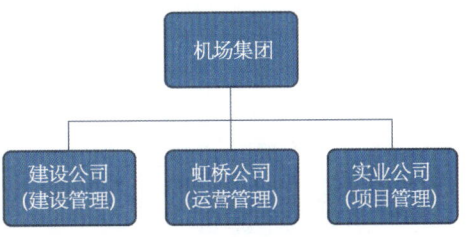

图 1-14 机场集团内部分工

(3) 实业公司。主要负责区域配套项目的业态细化及项目开发的前期准备工作。

1.3 东片区综合改造土地政策研究

1.3.1 东片区土地功能及特点

东片区土地利用呈现出土地功能特殊和土地实际用途多样的特点。

1) 东片区土地功能呈现特殊性(图 1-15)

机场集团所管理区域——东片区范围的整体功能是实施航空运输及其服务与

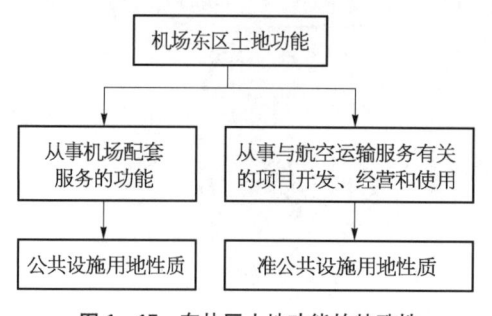

图 1-15 东片区土地功能的特殊性

运营,这便决定了本区域内土地功能的特殊性。具体包括以下两个方面:

(1) 区域内的各类用地配置,如停机坪、航站楼、航空公司运营基地、航空配餐、航油供应、物流仓储、旅馆酒店等用地,均紧密结合航空运输主题,提供机场配套服务必要的功能需求。故该区土地具有公共设施用地的性质。

(2) 根据上海市人大常委会通过的《上海市民用机场地区管理条例》(2005 修正)规定:机场集团公司依法享有在其土地使用权范围内的经营权,可以通过土地使用权有偿转让或者场地设施出租等方式,将土地或者场地、设施转让给其他企业、机构,从事与航空运输服务有关项目的开发、经营和使用;需要向其他企业转让与航空运营有关的项目专营权的,应当通过招标的方式择优选择。因此,机场部分用地具有准公共设施用地的性质。

由此可见,东片区范围内的部分土地,功能介于公共设施与商业运营之间,其性质既非纯粹公共设施用地,又非纯粹经营性用地。如果将其作为纯经营性用地公开出让,将影响到机场职能的完善和提升;而将其作为纯公益设施用地划拨出让,则会导致国有土地资产的流失。

因此,为了适合产业机构转型和城市发展的需要,在东片区综合改造实施过程中,土地供应政策亟需创新。

2) 东片区土地实际用途呈现多样性

东片区范围内的土地实际用途包括机坪用地、公务机用地、航站楼用地以及为之服务配套的办公用地,酒店商业用地,食品生产、飞机维修等工业用地,仓储用地,油库用地,道路、变电站等市政设施用地等其他用地类型。机场东片区现状及规划后用地结构(非证载用地)见表 1-1。

表 1-1 机场集团所属土地利用现状结构

现 状 用 途	用地面积(m²)	比 例
航站楼用地	47 116	11.7%
市政基础设施用地	24 694	6.1%
工业用地	55 260	13.7%
仓储用地	49 933	12.4%
办公用地	113 892	28.2%
商业用地	49 788	12.3%
政府机关无偿使用土地	37 285	9.2%
公建设施用地	8 687	2.2%
对外交通用地	3 056	0.8%
闲置用地	13 689	3.4%

1.3.2 土地配套政策

东片区综合改造遵循政府引导、尊重历史、统一开发、分步实施、公众参与、利益均衡的指导思想。其运作模式的核心是用地重划与置换更新。

1.3.2.1 用地重划与置换更新概念与理解

用地重划与置换更新是指机场东片区内原土地使用权人将自己所属杂乱、零散、闲置和低效利用的各类功能用地,按照经审批的机场东片区规划中的用地结构和布局,通过土地归并、房屋或土地置换等手段,进行区域内土地整理,形成用地功能、产权归属在空间上的重新分布,以此实现区域功能结构优化和综合改造开发。

用地重划的核心是实现土地功能和土地产权在空间上的重新布局。假设改造区域内有 A、B、C 三家权属单位,并分别拥有住宅、商业、办公等三种性质的用地。用地重划前后,土地功能及权属分布变更情况如图 1-16 所示。可见,通过用地重划,不仅使土地功能及权属分布由之前的零星、分散,变成整理后的规整、集中,同时还能保障原产权人所属土地的数量及用地功能结构不变,使不同类型和功能的土地在区域内实现均衡。

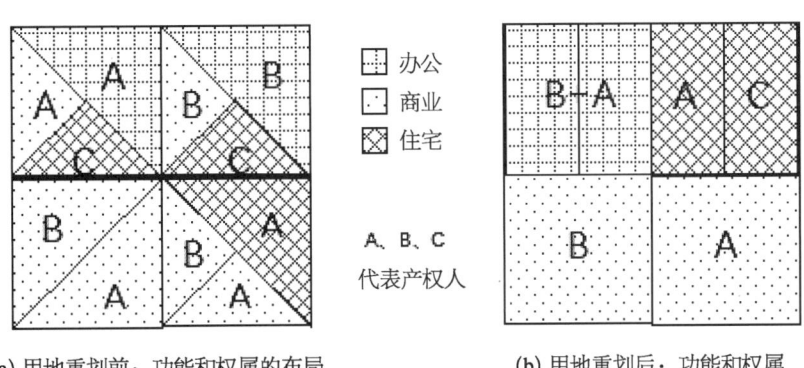

(a) 用地重划前:功能和权属的布局　　(b) 用地重划后:功能和权属

图 1-16　用地重划示意图

1.3.2.2 用地重划和置换的实现方式

(1) 原使用权人在其产权拥有范围内自己进行各地块用地功能的归并和整理。

(2) 产权人之间通过土地置换、房屋置换,或收购、合作合资入股开发等方式完成土地功能和产权的重新归并、整理。

1.3.2.3 用地重划和置换的总体思路

用地重划和置换的总体思路是:主体不变,用途不变,腾挪结合;主体不变,用途改变,投资收益共享。具体如图 1-17 所示。

1) 主体不变,用途不变,腾挪结合

此政策是指在土地使用权人和产权用途不变的基础上,机场集团(或其他驻场单位)依据规划将其所属土地进行空间上的腾挪,使得同类用途土地在空间上

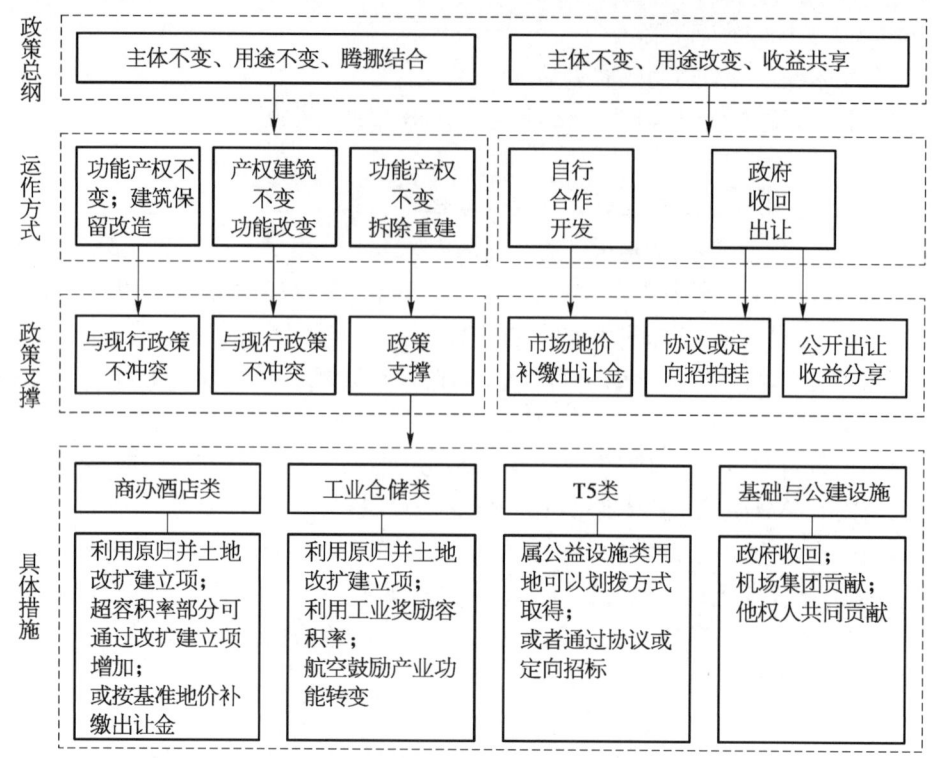

图 1-17 用地重划和置换的总体思路

归并,以实现集中、规模开发。例如,机场集团航站区内,规划行政办公区用地面积为 22 000 m²,这部分办公用地的获取可通过调用、腾挪机场集团所属的、位于机场其他区域的办公用地实现。

(1) 功能不变的建筑保留类项目。建筑保留类项目主要包括改善消防设施、改善基础设施和公共服务设施、改善沿街立面、环境整治和既有建筑节能改造、原有建筑加层、原有建筑群部分拆除部分保留等内容,其用地性质不变、建筑主体结构和使用功能不变。可以为消除安全隐患、改善基础设施和公共服务设施需要加建附属设施(如航站楼增建近机位、机场贵宾区等),但应当满足城市规划、环境保护、建筑设计、建筑节能及消防安全等规范的要求。

此类项目鼓励自行改造。土地产权人不变、用途不变、主体结构不变,用地功能不变,改造中不存在土地政策障碍。

(2) 功能改变的改造类项目。此类项目是指原用地性质不变、产权主体不变、建筑物主体结构不变,但建筑物使用功能部分或者全部改变。功能改变类项目可以根据消除安全隐患、改善基础设施和公共服务设施的需要加建附属设施,并应当满足城市规划、环境保护、建筑设计、建筑节能及消防安全等规范的要求。

此类项目可以按照《国务院办公厅关于加快发展服务业若干政策措施的实施意见》(国办发〔2008〕11号),实行有利于服务业发展的土地管理政策。积极支持以划拨方式取得土地的单位,利用工业厂房、仓储用房、传统商业街等存量房产、土地资源兴办信息服务、研发设计、创意产业等现代服务业,土地用途和使用权人可暂不变更。参照"三变三不变原则"实施改造:"三变"指产业业态可变、使用者可变、房屋外形可变;"三不变"指土地性质(产权证上的用途)不变、产权关系不变、房屋结构不变;不存在土地政策障碍。同时,该改造地块上可以增加一定比例的商业功能和增建一定面积的建筑。

(3) 功能不变的重建类项目。此类项目是指依据机场东区详细规划,在整理归并的地块上,遵循维持土地产权主体不变、土地性质不变、重新开发后建筑功能不变的原则,重新进行开发建设。

根据功能特点,可按办公、商业、工业、现代服务业、基础与公建设施等几类用途进行土地政策设计。以机场集团拥有土地为例,其土地和建筑物的功能结构和面积统计见表1-2。

表1-2　机场集团拥有地产的土地与建筑面积状况

土地用途	土地面积(m^2)	建筑面积(m^2)
办公	80 541	108 181
商业	12 464	6 110
仓储	6 666	6 916
其他(包括公建设施类和T5类)	853 036	141 715
总计	952 707	262 922

① 办公、酒店、商业类项目。按照现有法律规定,办公、酒店、商业类经营性项目必须由土地储备中心实施土地储备,通过招拍挂方式进行出让。

通过用地重划,机场集团可以将区域内原实际用于机场配套的办公、酒店、商业用途的分散地块,按照规划进行置换、腾挪和归并整理,重新布局划块。在新划地块上重新建造符合规划控制指标的建筑。这种方式类似于原有土地上重建,因为土地的性质及产权人不变,仅发生空间分布的调整。故只要符合规划,即可以改扩建项目立项。增加容积率部分可通过改扩建方式申请规划批准,或超过面积部分按照基准地价补缴出让金。由于该实施策略不涉及土地性质变更,招拍挂的土地政策可以规避。

从表1-2中可以看出,机场集团可供该类项目改扩建的有80 541 m^2 的办公用地和12 464 m^2 的商业用地,对应可开发建设建筑面积分别为108 181 m^2 和6 110 m^2。

② 航空业转型类项目(工业仓储类用地开发)。区域内有一定集聚规模的工业仓储用地,对于这类用地的改造,可维持原工业用地性质不变,根据《国务院关于促进节约集约用地的通知》(国发〔2008〕3号),鼓励红线范围内的使用权人提高所拥有的工业用地利用强度,并结合上海市工业用地集约利用政策获得容积率奖励,完成其上房产的重建开发。

根据上海市《关于促进节约集约利用工业用地加快发展现代服务业的若干意见》第一条第1款,结合国家鼓励服务业发展的政策,按照上海市老工业用地盘活的"三变三不变"原则,将工业仓储用地的实际功能转换为航空产业集聚用地。因为国际航运中心建设与上海航空枢纽建设是上海市发展的重大战略目标,航空企业、航空服务的空间集中有利于航空产业聚集升级,是上海市产业发展鼓励方向,故以此完成土地政策的通道难度不大。

机场集团可供该类项目改扩建的用地有 6 666 m^2,对应可供开发建筑面积为 6 916 m^2。

③ T5(城市用地分类代码-机场用地)类项目。该类项目土地性质属于完善和提升机场功能的不可或缺的配套用地,属于公益设施类用地。土地来源为原配套项目用地,不足部分可申请增加用地转型。土地取得采用划拨方式,亦可采用协议或定向招标方式。

④ 市政公建类项目(除 T5 机场用地)。内部道路用地、绿地等市政设施和公建配套类用地属于公共利益型项目,土地取得可采用划拨方式。用地供应方式可以采取由政府收回土地使用权,实行房屋征收补偿方式;或由机场集团贡献其原公共设施类用地;或由综合改造区域原使用权人共同负担方式提供,此方式是基于原使用权人已分享了区域基础设施和公益设施建设以及区域综合改造带来的土地增值收益。

建议机场集团作为综合改造区域内公共服务设施的(投资)建设主体。具体投融资方式和建设方式根据控制规划进一步研究。

2) 主体不变,用途改变,投资收益共享

对比东区详细规划,区域内尚存在原某种用途土地量供给不足,或者非居住经营性项目用地有所增加的情况。为实现规划目标,原有部分土地的用地性质即土地证载用途、功能必须改变。此政策是指在机场集团、驻场单位共同投资区域基础设施和公建设施的基础上,维持原产权人不变,产权用途改为商业、办公用途,土地收益采取共享机制。具体方式有三种:

(1) 自行合作开发,补缴出让金。即针对综合改造区域特殊的用地性质(T5),政府给予特殊政策,特批准许土地原产权人自行开发,按照土地市场价值补缴出让金。

若改造范围内仅有单一权利主体,且土地使用权人与地上建筑物、构筑物或附着物的所有权人相同,则权利人可依据规划自行实施拆除重建;若改造范围内涉及多个权利主体,可由某一主体收购他人的土地使用权后自行开发,或者通过多主体合资合作、作价入股等实现共同开发。

开发实施主体在取得项目规划许可文件后,应当与市规划国土主管部门签订土地使用权出让合同补充协议或者补签土地使用权出让合同,并补缴地价。地价补缴标准,建议参考《深圳市城市更新办法》(2009 年 12 月 1 日起实行)第 39 条规定:按照其改造后的功能和土地使用权期限以公告基准地价标准计算应缴纳的地价,扣减原有合法建筑面积按照原土地用途及剩余土地使用权期限以公告基准地价标准计算的地价。

(2) 政府收储,定向出让。即政府收购储备该类用地,通过设定招拍挂条件,将其定向出让给机场集团(或驻场单位)。

(3) 政府收储，公开出让，共享收益。即政府收购储备该类用地，并采用招拍挂方式在公开市场上出让，出让净收益由政府与驻场企业按一定比例分享。

1.3.3 土地开发策略

1.3.3.1 土地开发总策略

机场东区土地开发总策略是：机场集团先行更新自有土地，提显区域功能和价值；其他驻场单位自主参与，推深区域全面开发。

1.3.3.2 精品航站区开发策略

1）航站区现状与规划定位

根据《民用机场工程项目建设标准》，航站区主要由航站楼、站坪及停车场所组成。航站楼供旅客完成从地面到空中或从空中到地面转换交通方式用，是机场的主要建筑物，通常由下列五项设施组成：连接地面交通的设施；办理各种手续的设施；连接飞行的设施；航空公司营运和机场管理部门必要的办公室、设备；餐厅、商店等服务设施。

东片区航站楼现有规模和设施功能已经不能适应虹桥枢纽和机场东区新的发展和定位要求，正面临着改造建设和功能提升的迫切要求，以期建成符合规划定位的精品航站区。东片区精品航站区范围土地产权归属、现状与规划利用状况如图 1-18 所示。可见，规划航站区范围内全部土地的产权人均为机场集团，土地性质包括办公、旅游、商业和交通，其中办公用地比例最大。

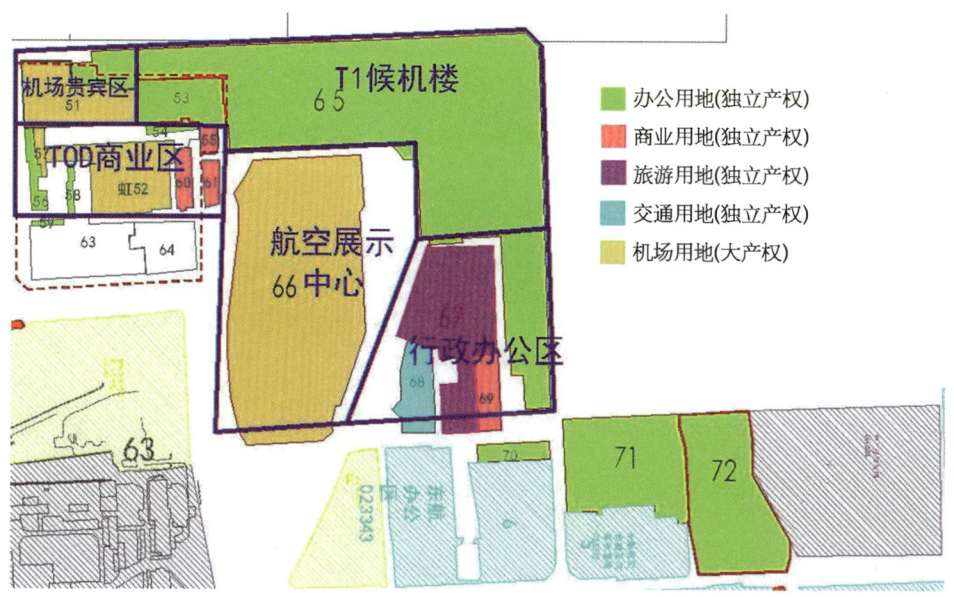

图 1-18 航站区土地产权归属、现状及规划利用状况示意图

表 1-3 罗列了航站区范围内机场集团拥有产权（含独立产权）的所有土地及房屋信息。表 1-4 分别汇总计算了机场东片区、航站区内机场集团各用途土地

的面积,并将其与规划所需土地面积做比较。

表1-3 虹桥机场航站区范围房地产信息一览表

用途	序号	代码	现状用途	土地面积(m²)	建筑面积(m²)
办公	2	虹53	综合楼	3 217	/
	3	虹54	候机楼机关及食堂	2 085	4 732
	4	虹56	机电通信分公司	365	711
	5	虹57	实业分公司机关	560	1 767
	6	虹58	实业就餐中心	370	344
	7	虹59	实业公司简易房	149	183
	8	虹65	候机楼	47 116	92 064
			办公用地合计	53 862	99 800
交通	9	虹68	虹达楼	2 391	5 695
商业	10	虹67	虹港大酒店	9 383	/
	11	虹55	餐厅	396	/
	12	虹60	机场招待所	836	3 498
	13	虹61	金桥餐厅	184	/
	14	虹69	商贸公司机关	1 362	2 230
			商业用地合计	12 161	5 729
机场用地	15	虹51	原班车停放点	4 654	0
	16	虹52	机电通信分公司	3 259	3 259
	17	虹62	实业公司	242	376
	18	虹66	候机楼停车场	28 149	800
			机场用地合计	36 304	4 435

表1-4 虹桥机场东片区房地产现状用途与规划用途对比

证载用途	现利用状况				规划利用状况	
	机场东片区		航站区		航站区	
	土地面积(m²)	建筑面积(m²)	土地面积(m²)	建筑面积(m²)	土地面积(m²)	建筑面积(m²)
办公用地	80 541	108 181	53 862	99 800	行政办公区(22 000)	行政办公区(35 000)
交通用地(对内交通对外交通)	20 097	9 167	2 391	5 695	/	/
商业用地	12 464	6 110	12 161	5 729	商业区(20 000)	商业区(40 000)
仓储用地	6 666	6 916	6 666	6 916	/	/
特殊用地(保安)	2 508	4 201	/	/	/	/

(续表)

证载用途	现利用状况				规划利用状况	
	机场东片区		航站区		航站区	
	土地面积(m²)	建筑面积(m²)	土地面积(m²)	建筑面积(m²)	土地面积(m²)	建筑面积(m²)
公共管理及服务用地(卫生福利)	4 055	5 150	/	/	/	/
机场用地	277 291	137 487	36 304	4 435	T1 候机楼(40 000) 贵宾区一期(10 000) 航展中心(37 000)	T1 候机楼(80 000) 贵宾区一期(7 000) 航空展示中心(65 000)

从规划用地面积看,航站区不宜整体立项开发建设,因为其建筑规模按照旅客吞吐量之人均 36~40 m² 标准建设,此标准难以突破。为此,建议航站区以分项目改扩建立项开发。其中各个功能区项目改扩建立项的土地来源见表 1-5。

表 1-5 航站区各功能区土地供给与来源

功能区	机场贵宾区	行政办公区	商业区	航空展示中心
立项用途	机场配套用地	机场办公用地	机场商业用地	公益设施用地
土地来源	① 保留建筑改造,增扩建 ② 申请增补机场配套用地 ③ 归并配套用地	① 归并办公用地 ② 建筑面积增加申请扩建指标 ③ 建筑面积增加补地价	① 归并商业用地 ② 增加商业配套配额 ③ 建筑面积增加补地价或申请扩建指标 ④ T5 下定向招标	① 申请划拨 ② 原地改扩建 ③ 地上地下空间一体开发,协议招标

2) 机场贵宾区

机场贵宾区一期规划用地面积 10 000 m²,规划建筑规模 7 000 m²。从贵宾区的功能来看,它主要为机场高端客户在候机期间提供服务,其建筑结构和候机楼南部指廊结合,所以实际是候机楼配套。

贵宾区一期范围内现有土地包括虹 51 地块及部分虹 65 地块,详细情况见表 1-6。

表 1-6 机场贵宾区一期土地利用现状与规划示意

编号	证载用途	现利用情况			规划利用情况		
		现状用途	土地面积(m²)	建筑面积(m²)	规划立项用途	土地面积(m²)	建筑面积(m²)
虹 51	机场用地(机场集团大产权)	原班车停放点	4 654	0	机场配套用地	10 000	7 000
虹 65	办公用地(机场集团独立产权)	候机楼	约 1 630*	约 3 200			

*:虹 65 地块仅部分位于贵宾区一期范围,故其土地面积数据来自"虹桥机场东片区土地权属 CAD"图形文件测量;建筑面积按该地块容积率测算。后文类似情况处理方式相同。

结合规划用地需求,贵宾楼一期建议以机场配套用地立项。可直接利用虹51号地块(证载面积4 650 m²),缺少部分(5 350 m²)可用以下方式补足:

机场贵宾区纳入航站楼改扩建项目,申请增扩建指标7 000 m² 建筑面积;

或者针对航站楼服务等级提升重新申请获批新增机场配套用地5 350 m²,土地供应方式划拨;

或者土地来源于机场集团拥有的机场配套设施用地归并。

3) 行政办公区

行政办公区以机场办公类用地的改扩建立项,土地来源于机场集团拥有的办公类用地归并。该区域土地利用现状与规划用地情况见表1-7。

表1-7 行政办公区土地利用现状与规划情况

现利用情况					规划利用情况		
编 号	证载用途	现状用途	土地面积(m²)	建筑面积(m²)	规划立项用途	土地面积(m²)	建筑面积(m²)
虹65部分	机场用地	候机楼	约5 700	约10 000	办公用地	22 000	35 000
虹67	旅游用地	虹港酒店	9 383	/			
虹68	对外交通用地	虹达楼	2 391	5 695			
虹69	机场用地	商贸公司	1 362	2 230			

航站区范围内机场集团有独立产权的办公性质用地罗列见表1-8。下列土地均为机场集团独立产权。

表1-8 虹桥机场航站区范围办公用地一览表

序号	土地代码	现 状 用 途	土地面积(m²)	建筑面积(m²)
1	虹53	综合楼	3 217	/
2	虹54	候机楼机关及食堂	2 085	4 731
3	虹56	机电通信分公司	365	710
4	虹57	实业分公司机关	560	1 766
5	虹58	实业就餐中心	370	344
6	虹59	实业公司简易房	149	183
7	虹65	候机楼	47 116	92 066
	合 计		53 862	99 800

行政办公区规划用地面积22 000 m²,建筑规模35 000 m²;测算表明航站区内及其附近办公用地可满足行政办公区的建设(航站区内现属的办公用地达53 862 m²,建筑面积99 800 m²)。该区域内现用地包括商业(含旅游)和对外交通用地,均属机场集团所有。所以可腾出现状土地,将其他区域办公用地挪至此处。若建筑面积增加,可采取补缴出让金或申请扩建面积指标。

4) 航站区商业区

航站区商业土地来源于机场集团拥有的商业类用地归并机场功能提升后的商业配套面积配额的增加,建筑面积增加补地价或申请扩建指标。商业区土地利用现状与规划情况见表1-9。

表1-9 商业区土地利用现状与规划情况

现利用情况				
编号	证载用途	现 状 用 途	土地面积(m^2)	建筑面积(m^2)
虹52	机场用地	机电通信分公司(原空港巴士用地)	约5 700	约10 000
虹54		候机楼机关及食堂	2 085	4 731
虹56		机电通信分公司	365	710
虹57	办公用地	实业分公司机关	560	1 766
虹58		实业就餐中心	370	344
虹59		实业公司简易房	149	183
虹55		餐厅	396	/
虹60	商业用地	机场招待所	836	3 498
虹61		金桥餐厅	184	/

航站区商业区规划用地20 000 m^2，建筑规模40 000 m^2。但航站区内现有商业用地规模很小：仅有土地2 778 m^2，建筑面积5 729 m^2。

建议补足商业用地缺口的方式有：① 申请增加满足机场功能提升的商业配套面积配额，如北京航站区商业面积比例已达13.8%；② 先行利用航站区外机场集团其他商业用地归并(机场集团全部商业、旅游用地归并总量达12 464 m^2，建筑面积总量达6 110 m^2)。

T5特性下，采取补缴出让金或协议招标方式或定向招标方式。基于机场用地为T5的特性，申请特殊政策，以补缴出让金或协议招标方式或定向出让至机场集团的方式，将自有土地变性为商业用地。

5) 交通中心

交通中心规划用地面积为37 000 m^2；规划地面为公共绿地，地下建造停车场；现状用途为地面停车场，属于公共服务用地。基于以下原因，该区域土地可以申请划拨：① 停车场从地面挪至地下，既改善构筑外观，也符合土地集约利用原则，应受鼓励。② 按照地下空间5 000元/m^2开发成本计，地下停车场开发成本非常大。对机场集团支付的如此大的公建配套成本理应给予地上开发权利的补偿。③ 如果划拨不被批准，也可直接利用原停车场用地(28 149 m^2)改扩建，不足部分腾挪机场其他公共服务用地。

1.4 东片区综合改造规划设计研究

目前，上海市"一核四翼，两廊两轴"新的空间布局结构正在逐步形成，"大虹桥""大浦东"作为我市东西两翼，成为"十二五""十三五"期间经济和社会转型发展的重要引擎，如图1-19所示。

规划对东片区在新形势下面临的机遇与挑战进行认真分析，提出新的发展目标："领航国际交流、集聚航空总部的最佳商务型城市机场"。

图1-19 "一核四翼,两廊两轴"示意图

1.4.1 东片区综合改造规划设计原则

东片区综合改造的规划设计遵循"交通引领、区域协调、尊重现状、有序推进"的原则:

1) 统筹地区开发与区域交通的关系

虹桥商务区主导功能为综合交通,地区的一切建设活动都必须在充分考虑其交通承载力的前提下进行,不得对枢纽交通及地区综合交通功能造成影响。

2) 协调东片区与商务区核心区、长宁区等周边地区的发展

东片区是商务区的重要组成部分,其功能定位、业态选择等都要与商务区发展相衔接,与核心区建设相协调,同时充分考虑长宁区、闵行区等周边地区的发展状况。

3) 处理好规划新增与现状保留的关系

东片区内有大量的现状保留设施,处理好规划新增与现状保留的关系,对于整个地区规划实施至关重要。

4) 聚焦核心功能建设,带动地区全面发展

东片区核心功能为航空运输,地区的开发建设必须围绕该核心功能的提升开展,同时完善其他服务配套,带动地区全面发展。

虹桥商务区东片区的控制性详细规划及各项专业规划工作于2012年启动。作为虹桥商务区的重要组成部分,东片区紧密依托商务区开发建设,依托T1,建设成为上海乃至全国的"现代航空服务示范区",使虹桥机场成为领航国际交流、集聚航空总部的最佳商务型城市机场。在控规修编时,打破区域界限,将机场红线范围内、长宁区、闵行区统筹考虑。

1.4.2 东片区综合改造规划设计方案

1.4.2.1 赋予全新的功能内涵

1) 提升服务能级

东片区是虹桥机场的重要组成部分,其核心功能是航空运输服务。规划根据T1服务对象的变化和需求特点,提升服务能级,延伸服务功能。重点建设公务机基地,引入航空公司总部,发展机场航空地面服务、交流博览、配套商业娱乐等功能,同时对部分现状设施进行梳理整合,为机场运营提供基础保障。

2) 整合土地资源

本次规划范围为由机场工作区边界线、北翟路、环西一大道、沪青平公路围合的区域,面积约 4.21 km²。现状用地权属主要包括东航集团,机场集团,中航油集团,华东局,空管局,长宁区、闵行区等;权属情况如表 1-10 和图 1-20 所示。

表 1-10 用地权属统计

权 属	用地面积(公顷)	比例
东航	65	15.4%
机场集团	40	9.5%
中航油	20	4.8%
华东局	12	2.9%
中铁	10	2.4%
公安武警	7	1.7%
空管局	1	0.2%
长宁(包括外环绿带征地)	141	33.5%
闵行(包括外环绿带征地)	25	6.0%
其他(包括市政道路等)	100	23.6%
总用地	421	100%

注:1 公顷 = 10^4 m²。

(1) 功能布局。规划在用地梳理的基础上,结合区域功能提升,提出"五区、三轴、两点"的功能布局结构。

五区由北至南为主题商务区、航空保障区(北)、T1 精品航站区、生态休闲区、航空保障区(南);三轴:迎宾一路发展主轴线、绥宁路—友乐路发展轴线、空港一路发展轴线;两个门户节点:空港一路节点及迎宾一路节点。规划布局结构如图 1-21 所示。

T1 精品航站区,主要为空港八路以南、迎宾五路以北的 T1 周边区域,是整个规划范围功能、交通及环境景观的核心。该区域主要围绕 T1 改扩建,完善交通及服务配套,促进和引领地区的功能和形象全面提升。其主导功能为机场航空地面服务,如值机、安检及交通集散功能等;配套功能包括高端商务、星级酒店、商业、特色餐饮、文化展示等。空港一路—友乐路—迎乐路发展轴,是贯穿规划范围的重要的功能轴线,将 T1 航站精品区以及三大功能区有机串联起来,同时也是地区空间形象主要的展示界面之一。

主题商务区为联虹路以北地区。该区域内除了现状已有的直升机基地、上海空军械库、长宁动拆迁小区等,重点发展具有航空特色的主题商务及相关功能,

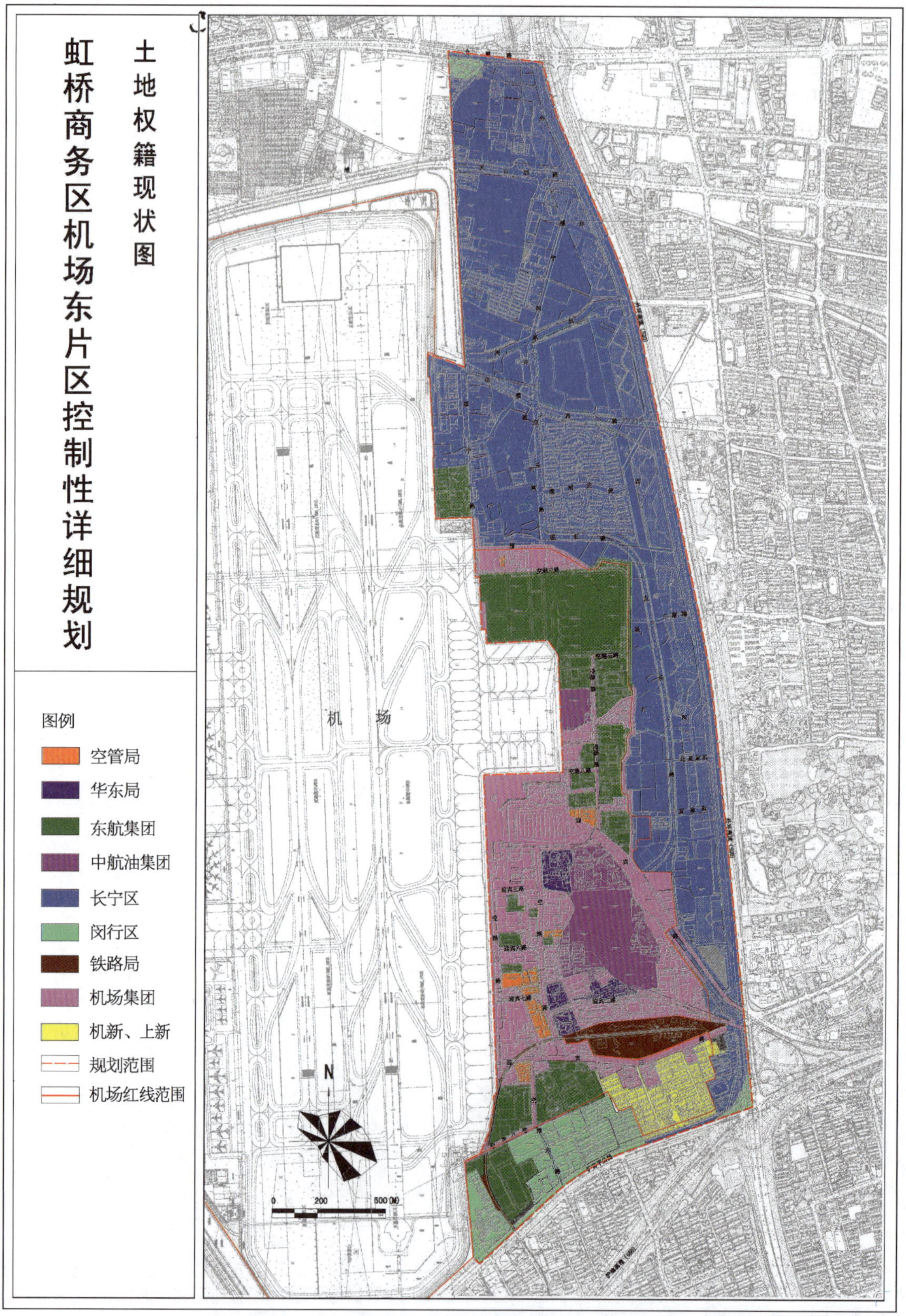

图 1-20 用地权属梳理图

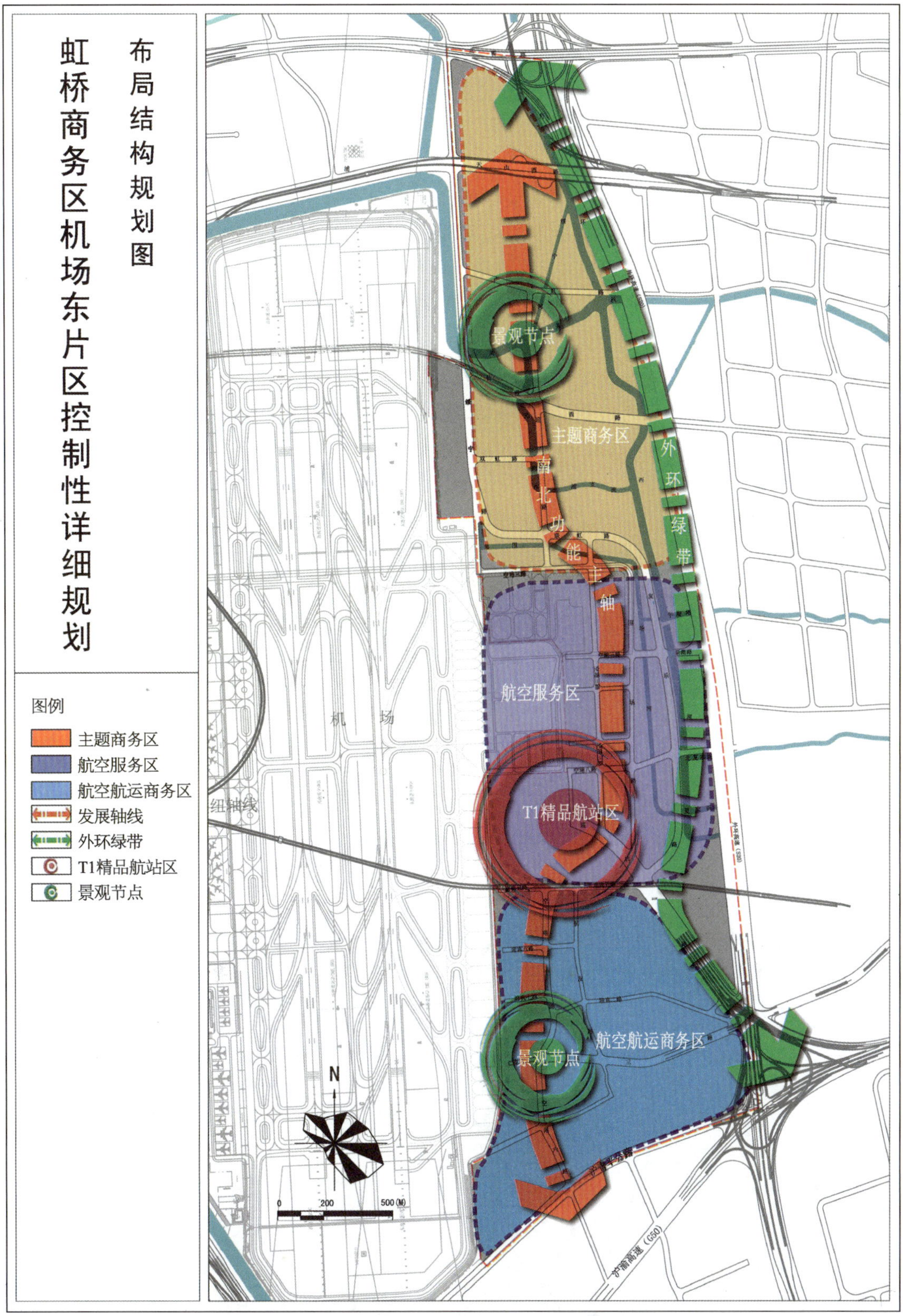

图 1-21 规划布局结构图

包括春秋、吉祥等民用航空总部、东航集团上海航空公司虹桥基地、长宁医学园区及其他配套服务功能等。

航空服务区即航空保障区(北)为联虹路以南、迎宾五路以北的区域。该区域内除 T1 精品航站区外,主要发展航空地面保障及相关配套功能,包括空中交通指挥中心、机务维修、航空食品生产与配给、航材生产与储存、特种车辆维修与停放、航空油料供给等功能。

航空航运商务区即航空保障区(南)为迎宾五路以南、沪青平公路以北、迎宾一路以西的区域。该区域内主要发展航空商务、地面保障及相关配套服务功能,包括与航空相关的高端商务、航空运营管理、航空研发与培训、航空物流、地面保障及配套商业娱乐等功能。

经过规划用地整合,规划范围内商务办公及相关公共服务配套用地、绿地等较现状有较大规模增加;居住用地与现状一致;工业用地、仓储物流用地等较现状大幅减少。其布局及规模如下:航站楼、商业商务及交通设施综合用地(TCU),位于 T1 精品航站区,约 21 公顷(1 公顷 = 10^4 m^2);公共服务设施用地主要位于主题商务片区及航空保障片区(南),约 97 公顷,以商务办公(C8)、商办综合(C2C8)及娱乐办公综合(C3C8)用地为主。居住用地(R)约 40 公顷(北侧长宁动迁小区及南侧机场新村、高登花园小区等);绿地(G)主要指外环绿带及内部公共绿地,约 88 公顷,部分已建成;机库及机务维修用地(T5)约 18 公顷,位于联虹路南侧;特殊用地(D1),约 19 公顷,部分已建成;道路广场用地(S)约 87 公顷。土地使用规划如图 1-22 所示;各类规划用地比例见表 1-11。

表 1-11 各类规划用地汇总

用地性质	用地代码	面积(公顷)	比例
居住用地	R2	40.1	10.0%
行政办公用地	C1	16	4.0%
商业用地	C2	2.6	0.7%
卫生医疗用地	C5	12	3%
商务办公用地	C8	9.1	2.3%
商办综合用地	C2C8	44.5	11.2%
娱乐及办公综合用地	C3C8	12.9	3.2%
工业综合用地	M	2	0.5%
物流综合用地	W	9.1	2.3%
特殊用地	D1	18.8	4.7%
航站楼、商业商务及交通设施综合用地	TCU	20.7	5.2%
绿化用地	G	88.1	22.1%
市政设施用地	U	18	4.5%
道路广场用地	S	87.1	21.8%
机场用地	T5	18.1	4.5%
建设用地		399.1	100%
水域	E1	21.7	
规划总用地		420.8	

注:1 公顷 = 10^4 m^2。

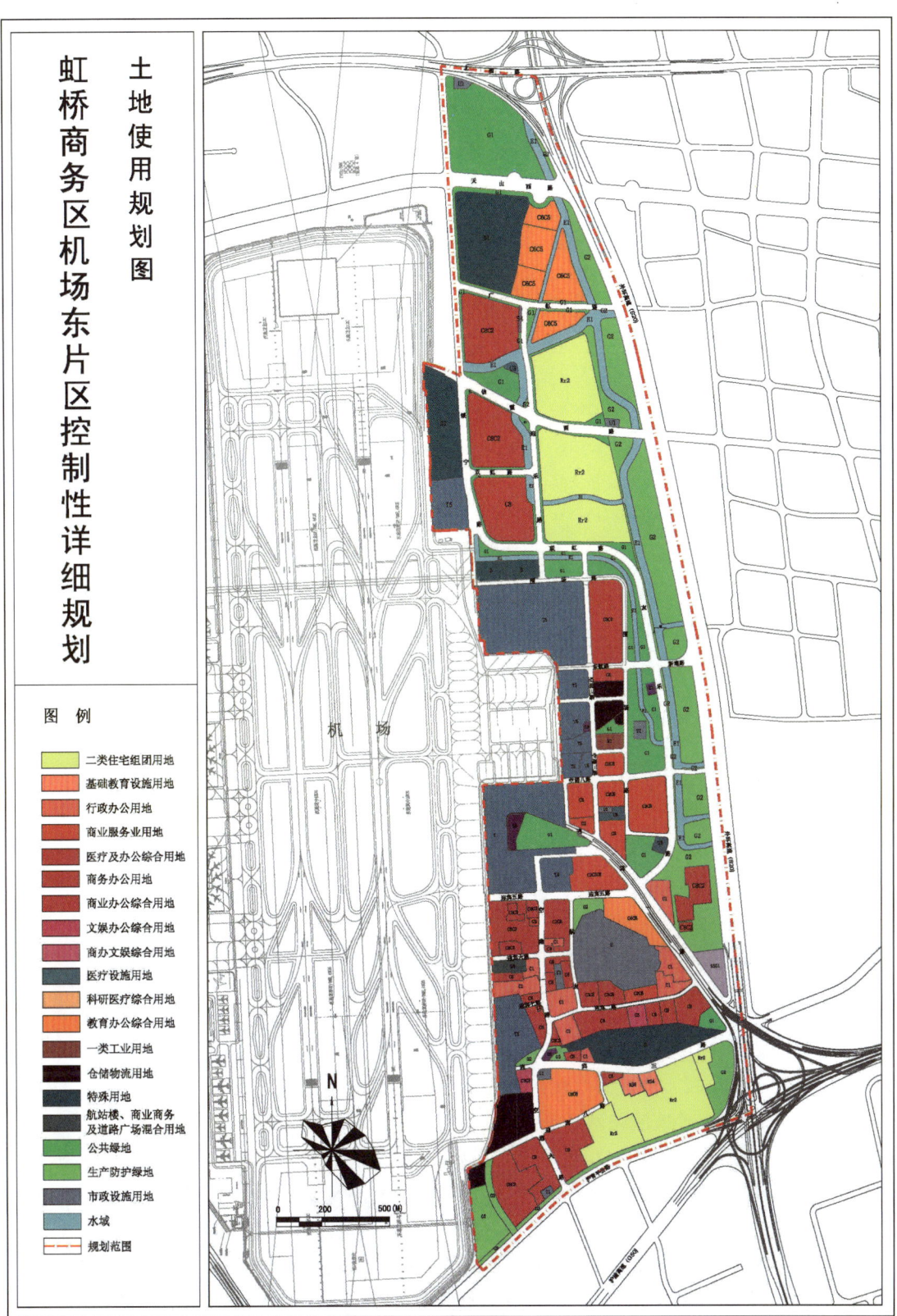

图1-22 土地使用规划图

(2) 开发强度。在满足机场控高的前提下,合理确定开发强度。开发地块规划容积率基本控制在 1.0～2.5 之间,总建筑量约 252 万 m²,其中公共服务设施及相关建筑量约 170 万 m²。开发强度分区如图 1-23 所示,各类设施建筑量见表 1-12。与原商务区控详规划建筑量比较见表 1-13。

表 1-12 各类设施建筑量统计

项 目		建筑量(万 m²)
公共服务设施		128.7
其中	行政办公(C1)	20.2
	商业设施(C2)	4.0
	卫生医疗(C5)	1.8
	商务办公(C8)	11.6
	商业办公综合(C5)	83.1
	娱乐及办公综合(C3C8)	8.0
工业、物流综合(M\W)		12.0
航站楼、商业商务及交通设施综合(TCU)		29.3
机务维修(T5)		14.5
居住(R)		48.5
其他(军事设施 D1)		19.5

表 1-13 建筑量对比

	原虹桥商务区控详(26)规划建筑量(万 m²)	本次方案规划建筑量(万 m²)	变化(万 m²)
T1 精品航站区	20.13	29.28	+9.15
航空保障片区(南)	81.44	89.74	+8.30
航空保障片区(北)	37.2	39.24	+2.04
主题商务片区	94.16	94.16	0.00
总计	232.93	252.42	+19.49

1.4.2.2 构建高效便捷的道路交通系统

1) 完善地区路网系统

规划构建由快速路、城市主干路、次干路、支路组成的多层次的路网系统,规划道路网密度为 7.8 km/km²(一般地区道路网密度 6 km/km² 以上)。其中城市快速路、主干路包括外环高速、沪青平公路等,是商务区重要的对外交通通道。次干路主要包括仙霞西路、迎宾三路等。本次规划重点是对城市支路提出改造建议,包括空港三路向北延伸、增加向东连接中心城方向的道路、增加向南连接沪青平公路的道路等,形成完善的支路网系统。道路系统规划如图 1-24 所示。

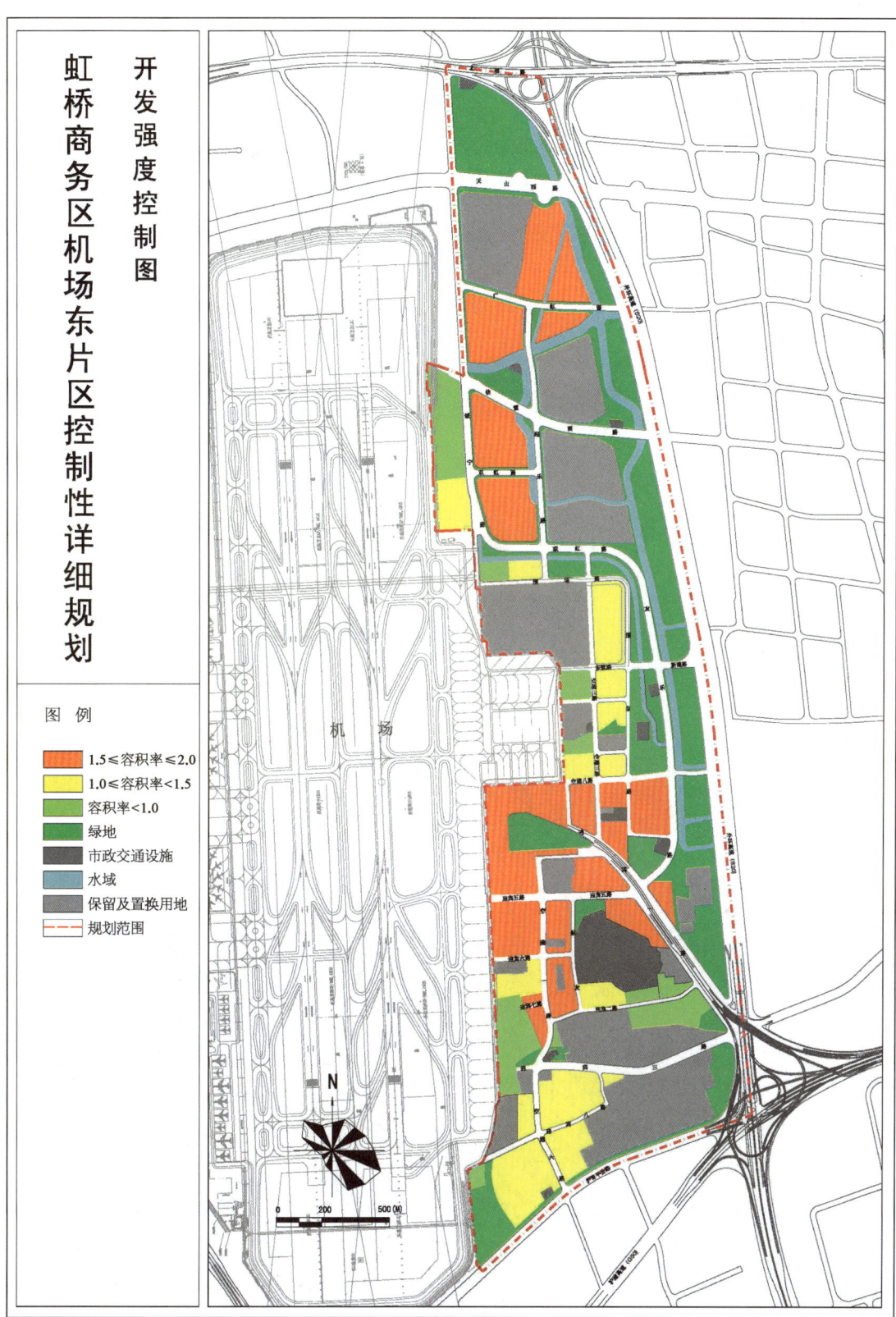

图 1-23 开发强度分区图

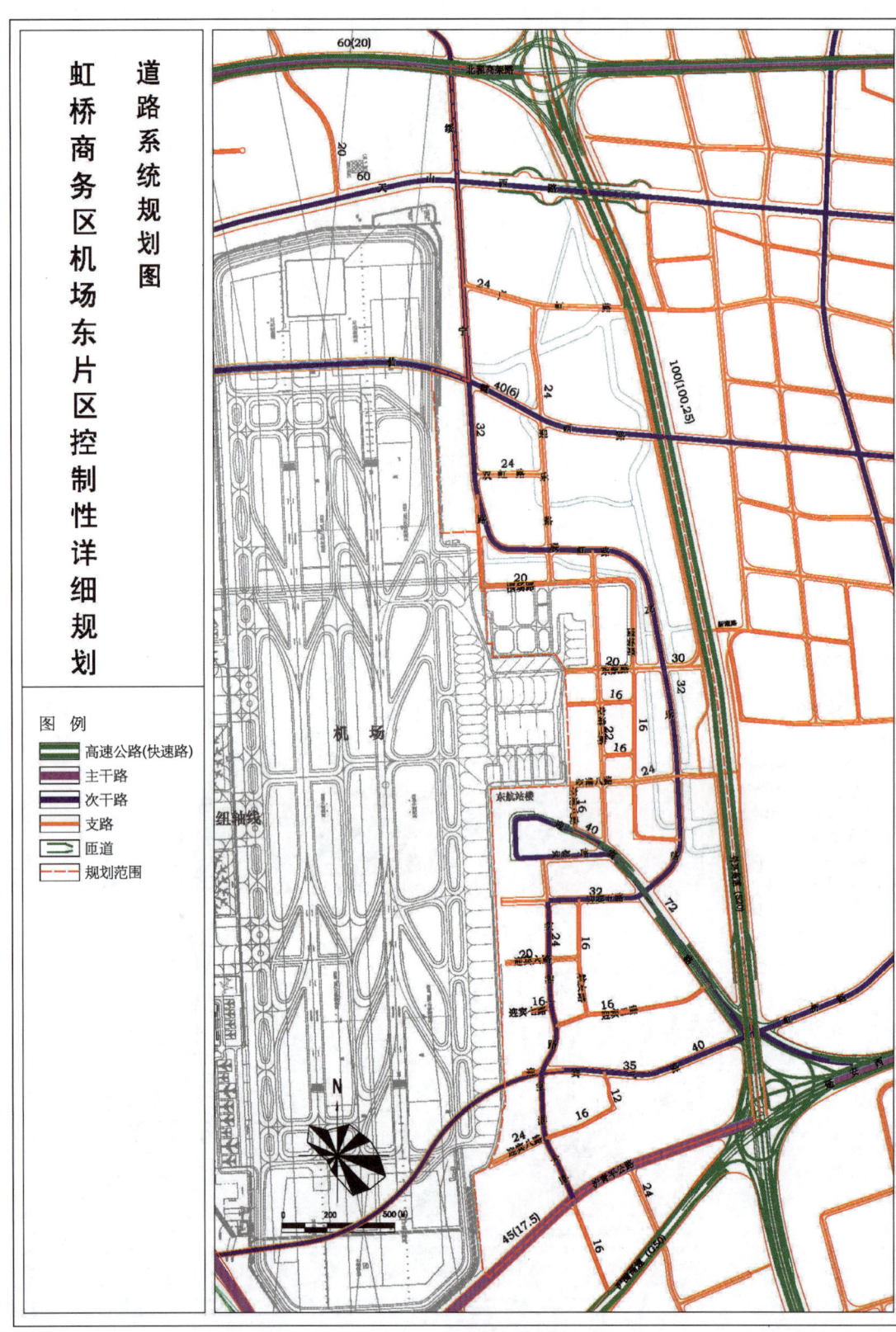

图1-24 道路系统规划图

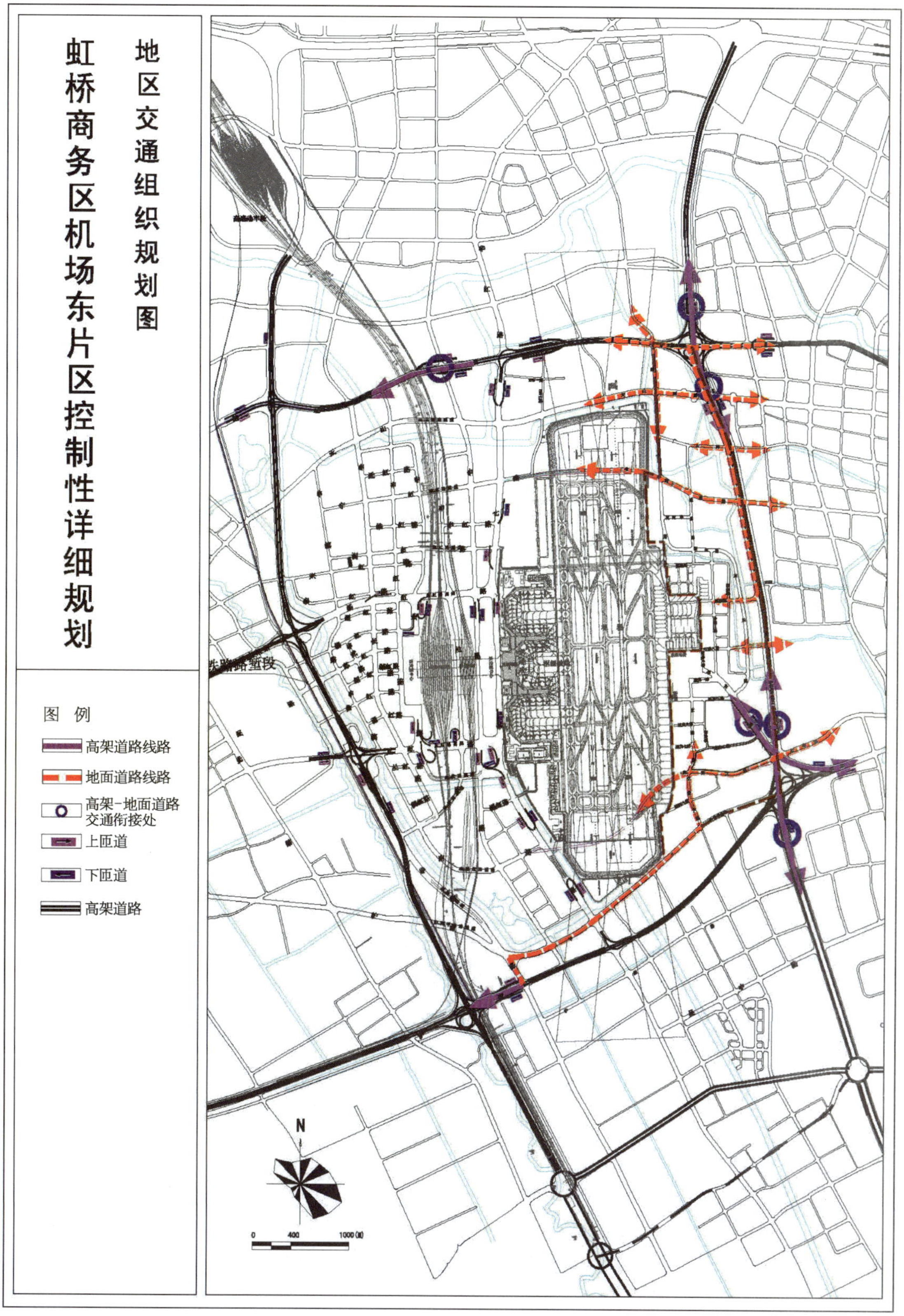

虹桥商务区机场东片区控制性详细规划

地区交通组织规划图

图例
- 高架道路线路
- 地面道路线路
- 高架-地面道路交通衔接处
- 上匝道
- 下匝道
- 高架道路

图1-25 内外交通组织图

2) 加强内外交通组织

规划按照"相互分离,互不干扰"的原则对地区内外交通进行组织,如图1-25所示。

长距离交通主要利用高架快速路系统:中心城方向的车辆主要依靠迎宾一路—延安西路高架及北翟路—中环线;西北、西南方向的车辆主要依靠北翟路—A5、沪渝高速—A5嘉闵高架及外环高速。

短距离交通利用地面道路系统:与外环西侧的交通联系主要依靠北翟路地面道路、天山西路、仙霞西路、沪青平公路等;商务区内部的联系主要依靠天山西路、仙霞西路地道、迎宾三路地道及沪青平公路。

3) 健全地区交通设施

地区现状已建成轨道交通线2号线、10号线,10号线在东片区设有空港一路站。规划根据T1客流预测及地区开发规模,结合10号线站点设置1处交通枢纽(包括公共停车泊位1000个,出租车蓄车泊位500个,公交首末线5条),为航站楼及东片区进出客流服务。规划结合开发规模及功能配置对地区道路交通进行评估。根据规划,东片区道路交通总容量5万PCU/h,总的道路交通流量为3.4万PCU/h,高峰小时区域路网的流量容量比0.68左右。由于区域交通以过境交通量和到发交通为主,较为拥堵的路段主要集中在天山西路、仙霞西路等局部路段,如图1-26所示。整体路网处于较为通畅状态,交通设施规划如图1-27所示。

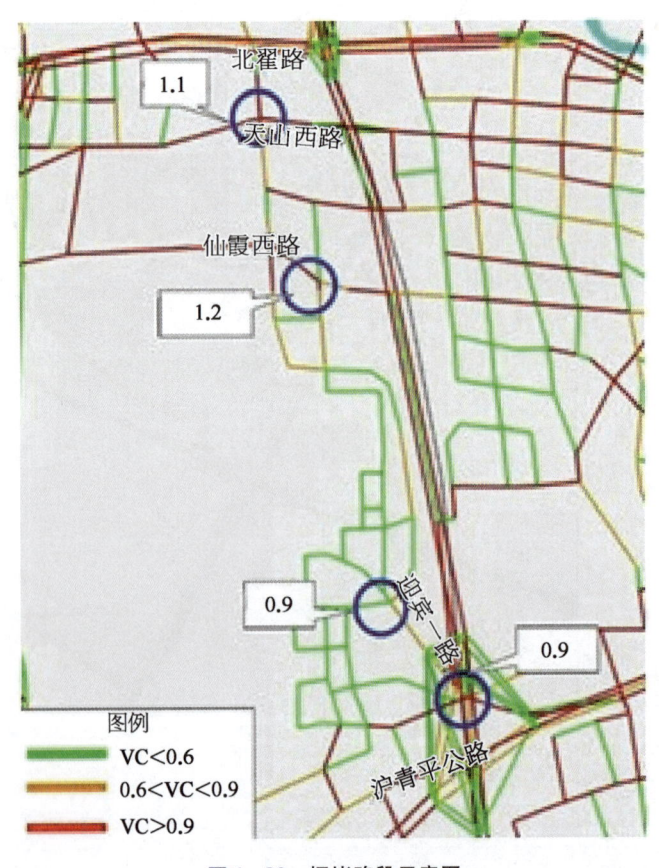

图1-26 拥堵路段示意图

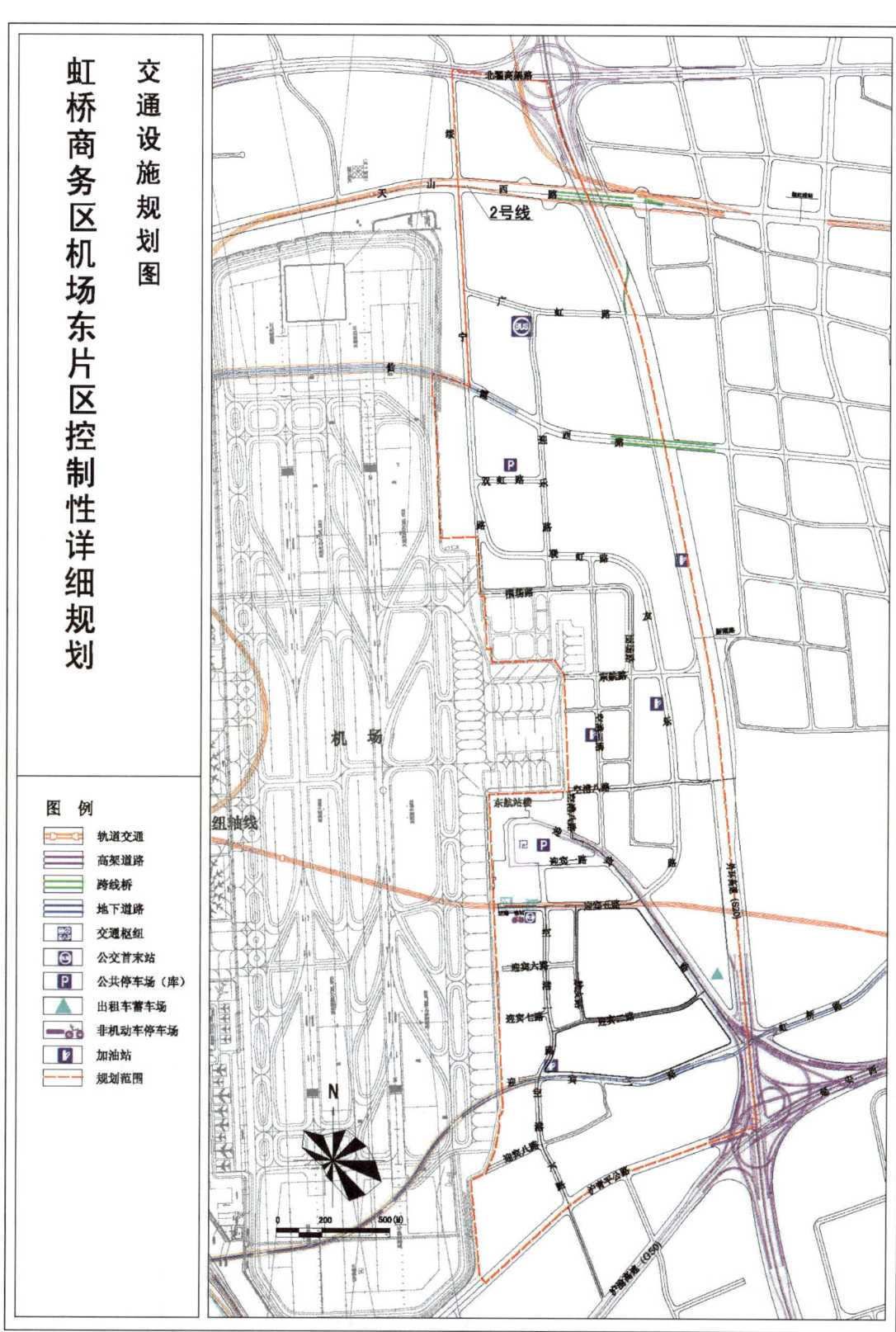

图1-27 交通设施规划图

1.4.2.3　构筑安全可靠的基础设施保障系统

1）打造高效可靠的雨污系统

规划对东片区的水系进行梳理优化，并相应调整地区雨水管网。东片区雨水采用强排模式，并在迎宾一路以北、空港三路以东设1座雨水泵站，雨水系统规划如图1-28所示。对现有地区污水管网进行改造，并废除现状污水净化设施。规划提升排水标准，在空港三路和迎宾五路下敷设DN400污水管，在其他道路下敷设DN300污水管。污水系统规划如图1-29所示。

2）构建安全经济的供给系统

规划提升东片区供给系统（供水、供电、燃气等）的安全性、稳定性、可靠性、经济性和合理性。

供水系统采用环网布局模式，保证地区供水水压、水质，供水系统规划如图1-30所示。电力系统进行改造，保留现状变电站及地下线路，并在规划道路下敷设电力电缆或电力排管；供电系统规划如图1-31所示。燃气系统按照商务区能源规划对输送标准及管道布局进行优化，在各条道路下敷设0.1 MPa天然气管；燃气系统规划如图1-32所示。

3）建设"智慧虹桥"，推进"三网融合"

规划充分考虑东片区内部各功能区之间以及与周边地区的通信衔接，保证通信网络的完整性及通信资源的充分利用。保留现状通信机房及移动基站，同时在各条道路下加排通信导管。通信系统规划如图1-33所示。

1.4.2.4　塑造特色鲜明的城区形象

为改善东片区城市面貌，规划对城市设计进行了初步研究。城市设计总平面图如图1-34所示，图1-35为城市设计鸟瞰图。并建议重点对T1航站精品区及迎宾一路、空港一路—空港六路及中航油地块进行更新改造。

1）T1精品航站区

T1精品航站区是东片区功能和结构的核心，是塑造城区形象的关键点。规划在功能关系及布局、交通方式组织、公共活动空间、立体空间组织方式、标志性建筑塑造等多个方面进行了重点研究。规划布局结构形成5个功能区，即航运功能区、航空及后勤管理保障功能区、航空贵宾服务区、商务综合功能区、广场及交通集散功能区，如图1-36所示。

规划交通组织按照"上进下出，互相分离"的原则，对车流和人流进行合理组织。出租车及社会车辆均通过地上二层送客，地下一层接客；公交巴士结合站前广场组织交通流线，轨道交通站点通过地下一层及地面广场同航站楼联系，如图1-37所示。

2）迎宾一路、空港一路—空港六路

迎宾一路、空港一路—空港六路是进入东片区的主要通道，近期建设重点是对其景观环境进行整治。规划在"体现统一性，注重节奏性，保障交通性"的原则下，重点对绿化空间设计、广场空间布置、街道家具配置和新老建筑关系等进行深入研究，如图1-38所示。

图 1-28 雨水系统规划图

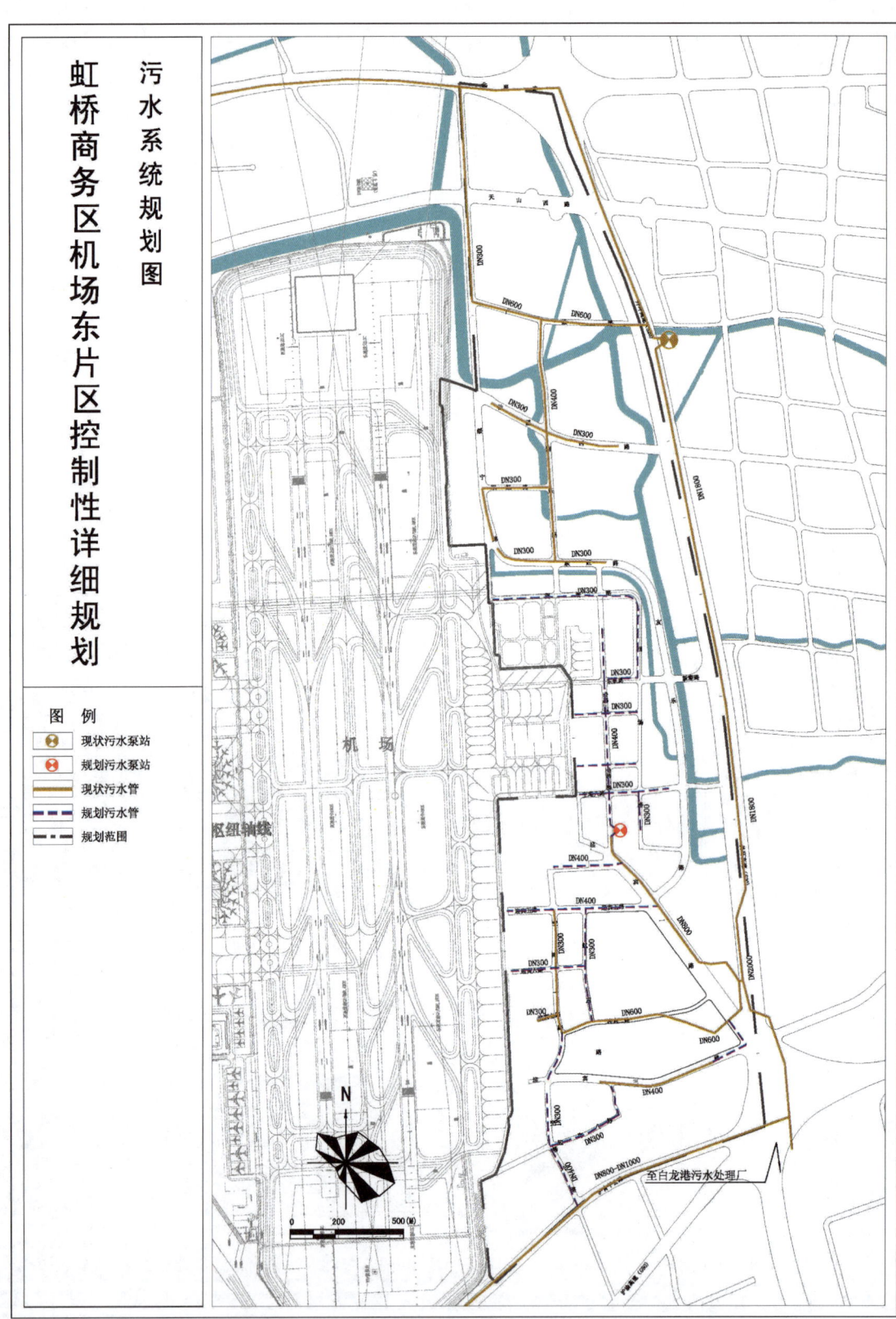

图 1-29 污水系统规划图

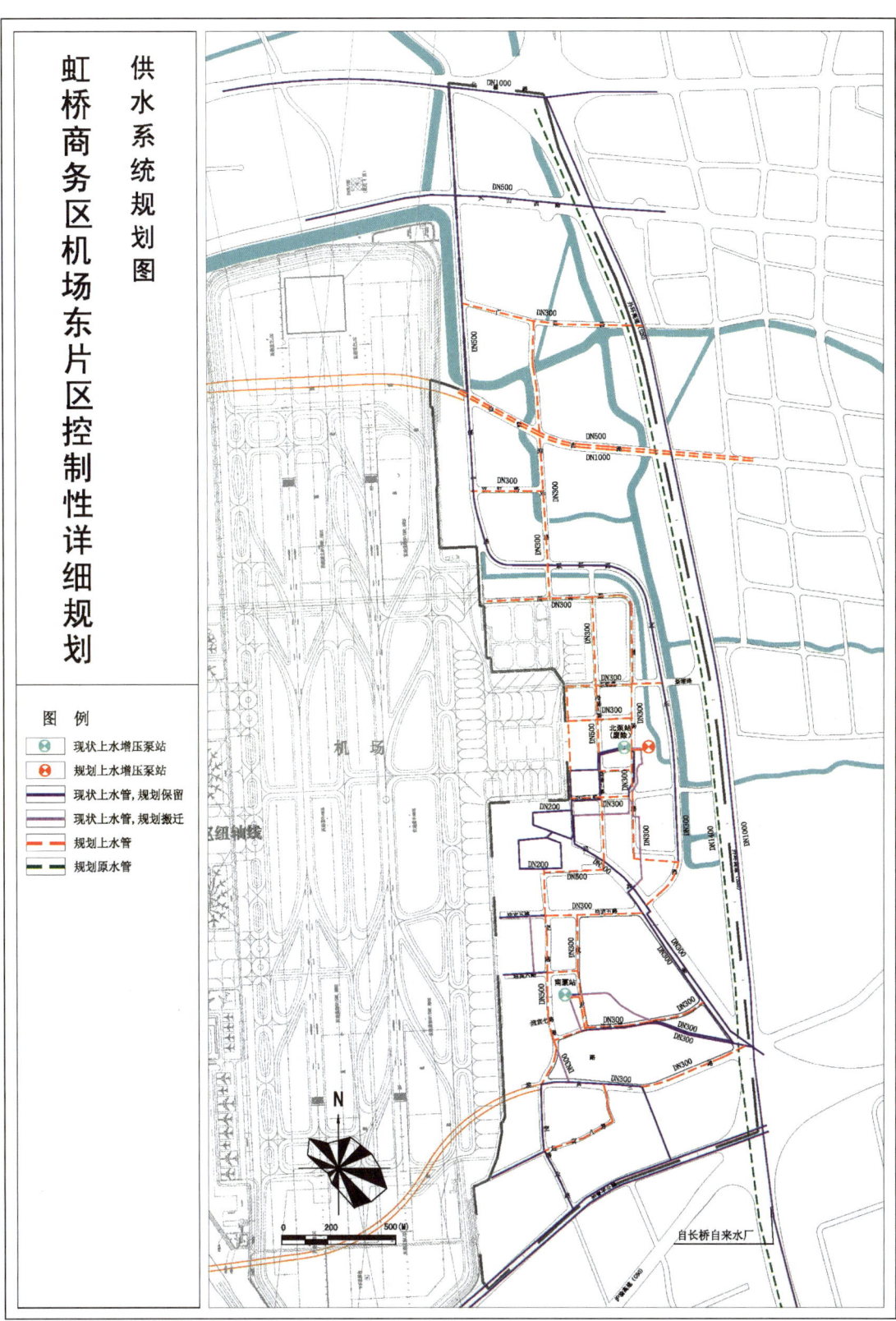

图 1-30 供水系统规划图

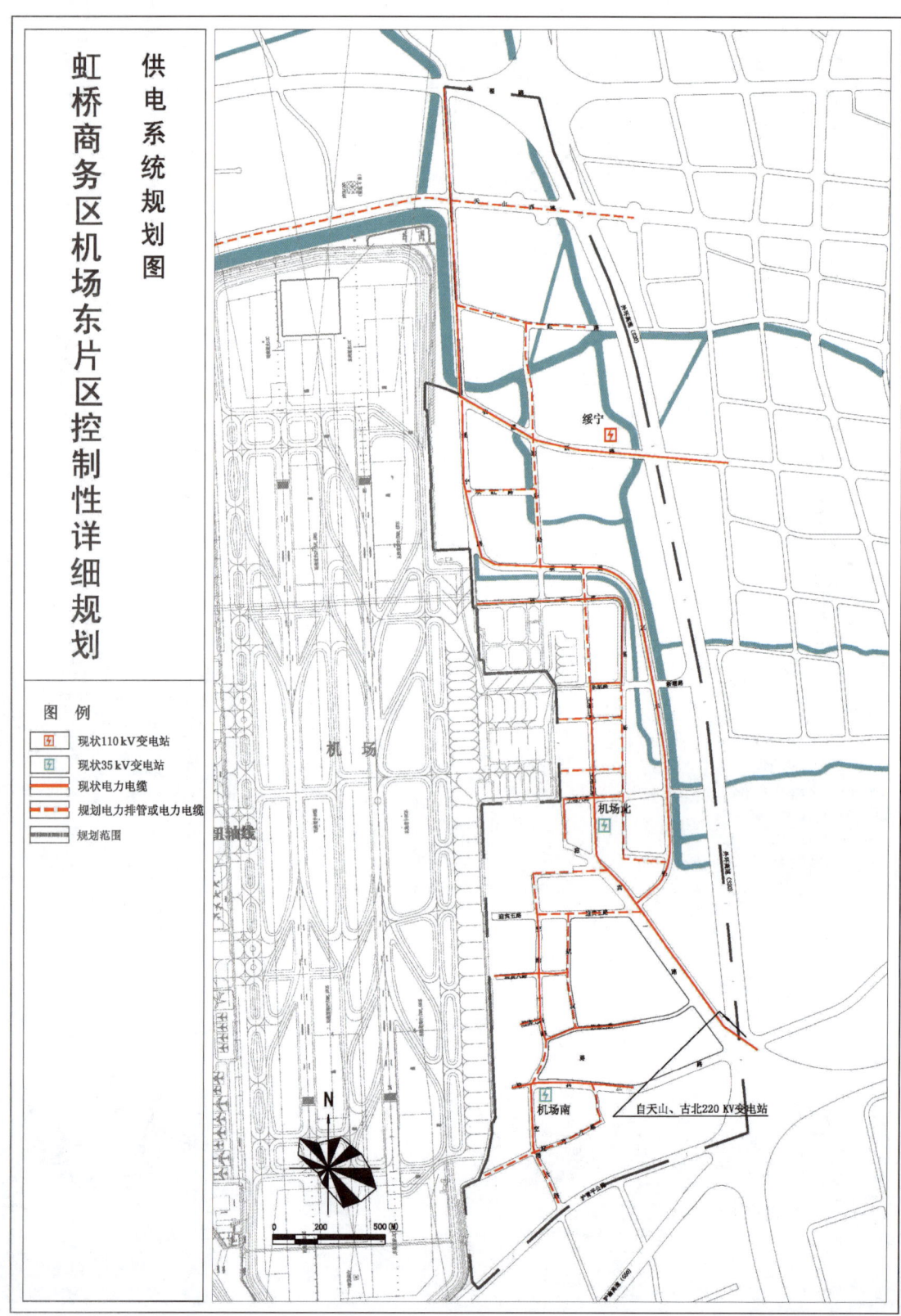

图1-31 供电系统规划图

图 1-32 燃气系统规划图

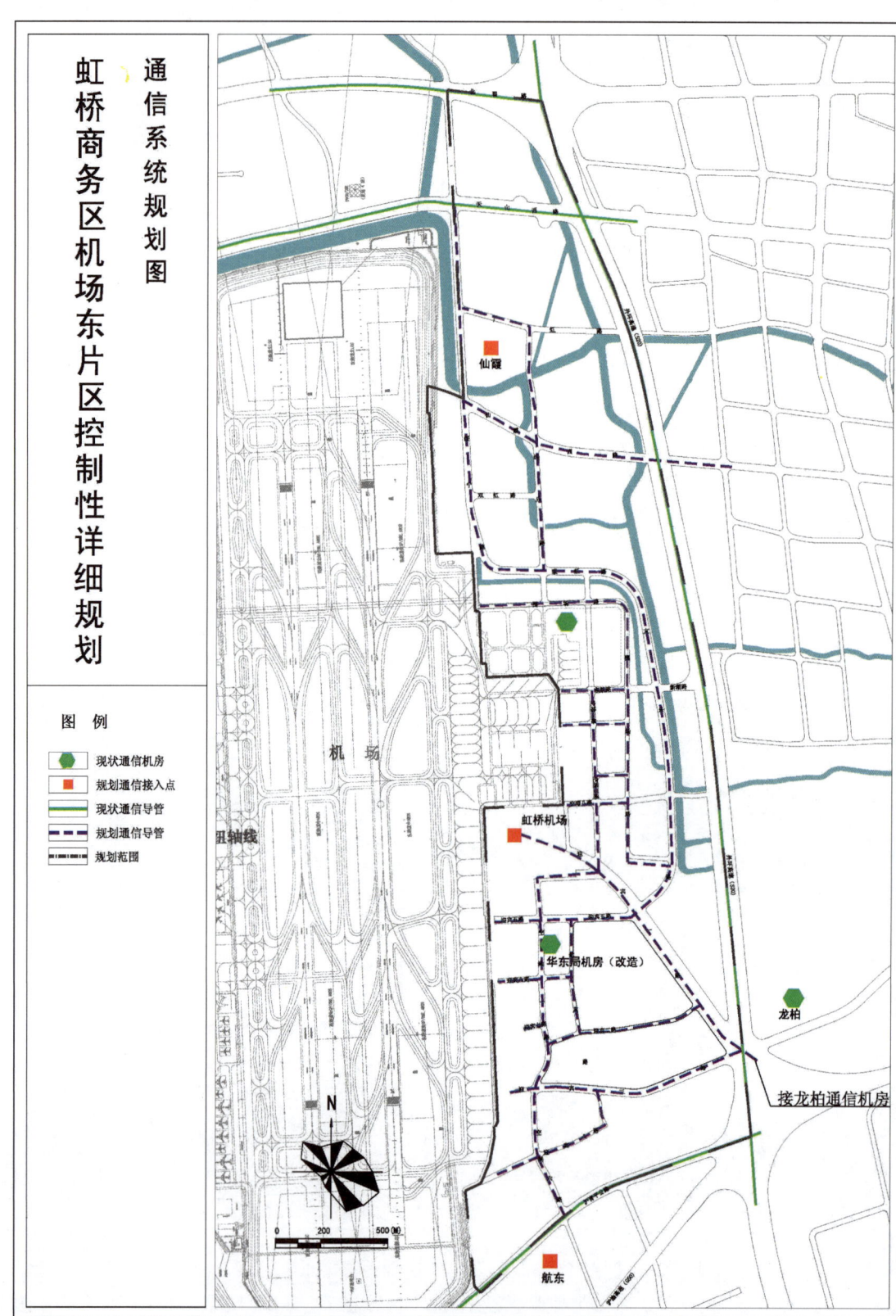

图 1-33 通信系统规划图

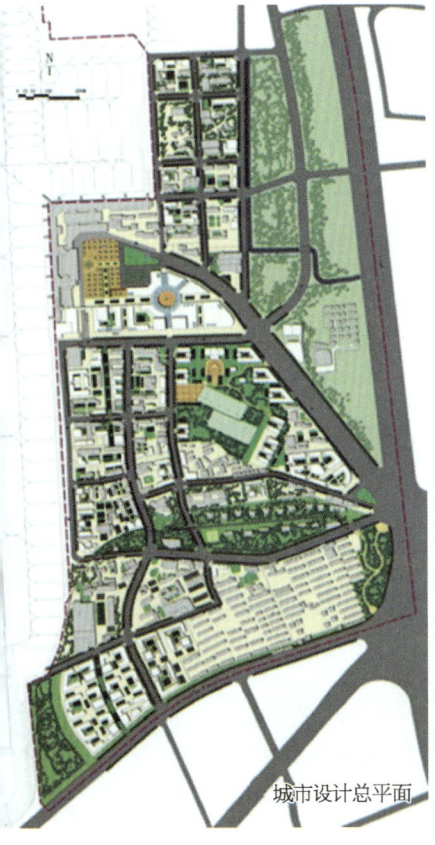

城市设计总平面

图 1-34 城市设计总平面图

图 1-35 城市设计鸟瞰图

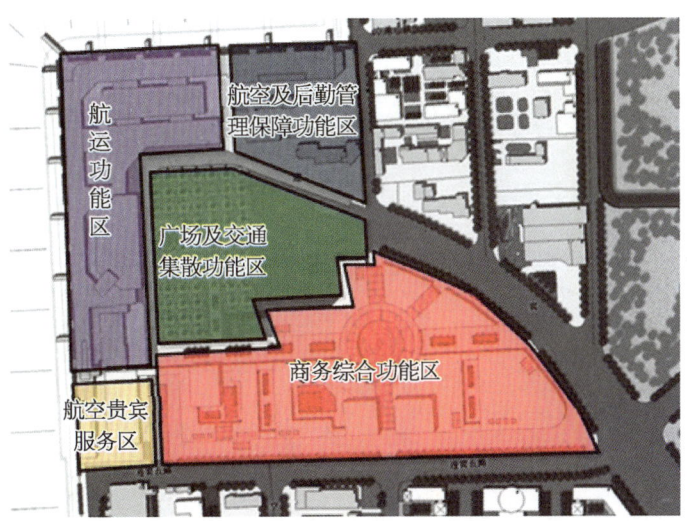

图 1-36 航站区功能分区示意图

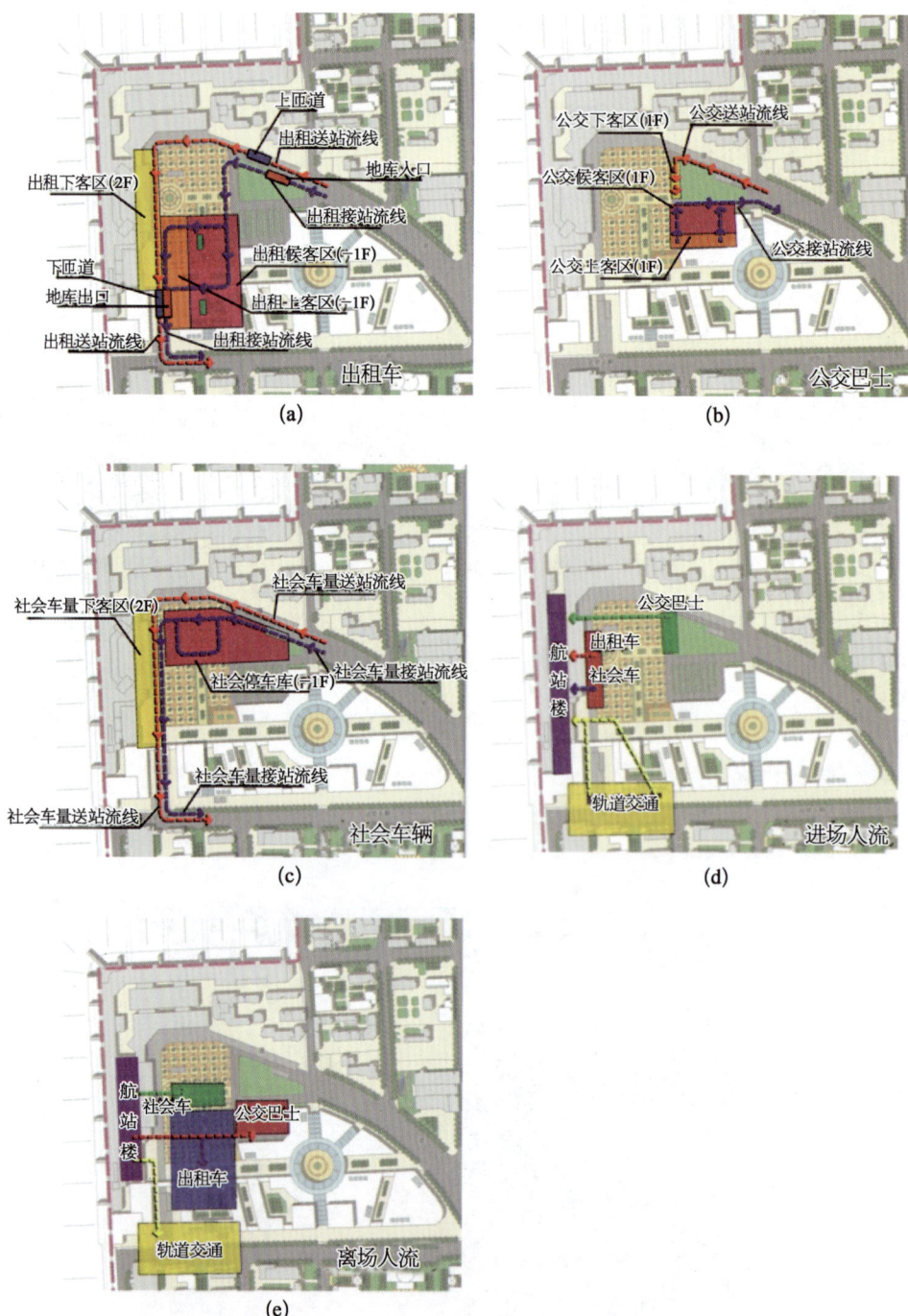

图 1-37 航站区交通组织示意图

图 1-38 主要通道示意图

3）中航油地块

中航油地块位于迎宾一路南侧，面积约 17 公顷，是机场正常运行的重要保障设施。本次规划在充分征询航油集团及相关单位意见的基础上，综合考虑动迁成本及机场周边用地情况，对该地块采取"确保区域交通，部分重新开发，其余保留整治"的开发策略，即：

（1）打通东西向横穿中航油地块的道路——迎宾五路；

（2）迎宾五路以北属于 T1 精品航站区的用地重新开发；

（3）地块南部油罐所在区域现状保留；

（4）沿迎宾一路、空港一路及迎宾五路的用地进行改造整治，保障区域景观形象，如图 1-39 所示。

2013 年 10 月 20 日，《虹桥商务区机场东片区控制性详细规划》经上海市政府批准发布。

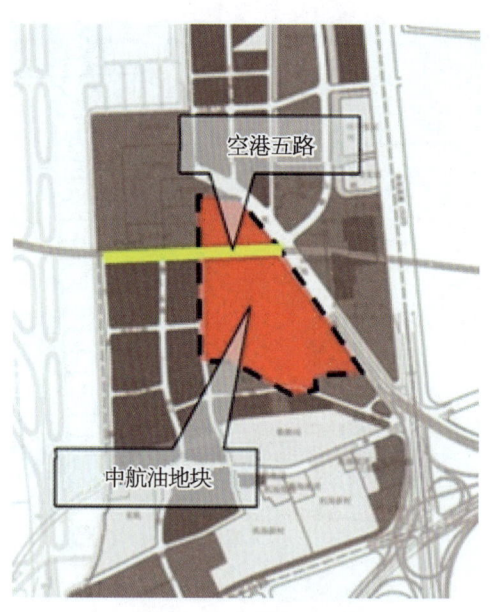

图 1-39 中航油地块图

1.5 虹桥东片区综合改造大事记

2012 年 9 月 14 日,东区指挥部第一次全体会议暨成立大会。

2013 年 1 月 17 日,东区指挥部第二次工作会议。

2013 年 10 月 20 日,上海市政府批准《虹桥商务区机场东片区控制性详细规划》。

2014 年 3 月 11 日,污水专业规划评审。

2014 年 4 月 11 日,水系、雨水专业规划评审。

2014 年 5 月 22 日,供水专业规划评审。

2014 年 5 月 26 日,市政一期项目建议书批复。

2014 年 6 月 23 日,水系、雨水专业规划批复。

2014 年 7 月 1 日,供水专业规划批复。

2014 年 7 月 2 日,污水专业规划批复。

2014 年 7 月 14 日,道路专业规划批复。

2014 年 12 月 20 日,T1 开工。

2015 年 1 月 16 日,燃气专业规划批复。

2015 年 6 月 29 日,市政一期工程可行性研究批复。

2015 年 7 月 15 日,交通中心开工。

2015 年 10 月 16 日,市政一期初步设计批复。

2015 年 12 月 21 日,取得市政一期一标段施工许可证。

2015年12月26日,市政一期一标段开工。
2016年5月23日,取得市政一期二标段施工许可证。
2017年3月16日,T1 A楼投入使用,交通中心投入使用。
2017年9月27—28日,市政一期竣工。
2018年10月15日,T1 B楼投入使用。

第 2 章
基于绿色理念改造虹桥机场 T1

机场建筑由于其功能和空间需求,其能源和资源消耗强度大,所以开展绿色设计对机场节能降耗和改善室内环境具有重要意义。虹桥机场 T1 的改造凝聚了设计行业的持续努力,具有良好的改造效果和示范效应。本书第 1 章介绍了虹桥东片区规划的总体方案。本章将总结虹桥机场 T1"绿色建筑"改造的实践经验,从改造前的策略定位、一体化改造的相关技术到后续的绿色运营进行了全过程系统性的阐述,为未来高质量的绿色机场设计提供参考和借鉴。

2.1 绿色改造需求、目标与策略

2.1.1 绿色改造需求

在虹桥机场东西两个航站区的发展格局中,东边的 T1 航站区由于建设年代久远,设施设备比较陈旧,规划建设的标准较低,与西边 T2 航站区发展不匹配的矛盾日渐突出,从而影响了虹桥机场整体生产服务水平的提升。为进一步提升虹桥机场的生产运行保障能力,提升服务水准与服务能级,启动了 T1 的综合改造工作。在改造同时解决了降低机场能耗问题和提高了室内舒适性。

改造前和原建筑建造年代虹桥机场东片区示意图,分别如图 2-1、图 2-2 所示。

2.1.1.1 航站楼舒适性要求

随着时代发展,现代大型航站楼室内外环境营造的舒适性要求比以往有了很大的提高,航站楼不仅仅是一个交通建筑,更是一个城市的门户,需要向出发与到达旅客提供一个舒适的环境。而虹桥 T1 由于建设较早,在舒适性方面已不能满足现代机场室内舒适性的要求,因此在机场改造时势必面临着室内环境质量的提

图 2-1 改造前

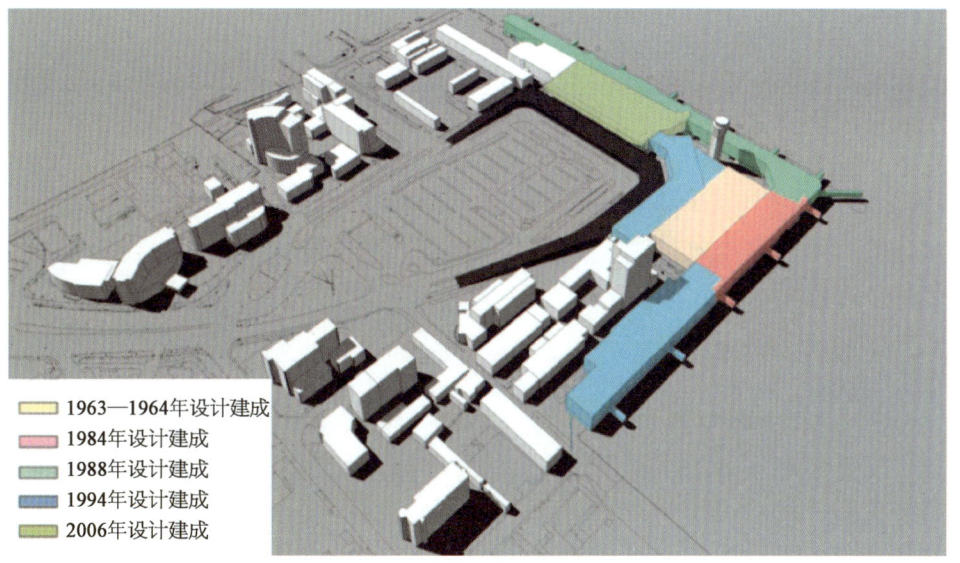

- 1963—1964年设计建成
- 1984年设计建成
- 1988年设计建成
- 1994年设计建成
- 2006年设计建成

图 2-2 原建筑建造年代

升,包括适宜的热环境、光环境及声环境等。

1) 热环境

要求室内温湿度在适宜的范围内波动,夏季避免直接的太阳辐射以达到较好的体感温度。航站楼室内人流量大,应能保证室内有充足的清新空气,并有良好的空气流通,一方面可以有效调节室内温湿度,同时也使人感觉更为舒适;但应避免较强的吹风感。

2) 光环境

对光环境,不仅要求足够的照度,还应在白天尽可能地提供自然采光,在大型建筑物内人对自然的心理需求会更加强烈,因此自然采光不仅担负了采光功能,还会对人的心理起到一定舒缓作用;采光需要有一定的均匀度,避免光照强度产生较强烈的变化差异,避免造成眩光。

3) 声环境

一方面对飞机起降等有基本的隔声要求,以保证室内的相对安静;另一方面航站楼空间较大,还需要注意控制室内的混响时间,以保证旅客能够清晰地听到航站楼广播。

2.1.1.2 不同功能的环境品质需求差异

航站楼内部功能复杂,对于舒适性的需求不同,功能空间有不同的侧重。在改造设计时还要响应不同功能的不同室内环境需求。

1) 航站楼空侧

候机空间是人们主要停留的地方,因此对声、光、热环境的要求均很突出。要求有良好的空气质量、适宜的温湿度;空间有足够明亮宽敞的空间效果;此外,空侧还有开阔视野的要求,人们希望能看到飞机的起落。因此对采光、视野、通风、温湿度均有要求。

2) 航站楼陆侧

该区域既是办票大厅,也是送行处,人流量很大,要求有充足的新风,还要避免眩光,方便人们寻找标志。采光质量与通风是办票大厅环境营造的重点。

3) 航站楼安检区

安检是人们集中排队等候时间较长的空间,人员密度较大,首先应该有较好的通风,保证人员生理上的舒适性。其次宜尽可能改善自然采光,以缓解人们等候焦急的心理情绪。

2.1.1.3 航站楼节能性要求

1) 航站楼运行特点

机场建筑一大突出特点就是客流量大,持续运行时间长,全天只在凌晨部分时间客流才会有所减少;加上室内各种设备运行,导致室内发热量很大,这使得机场在室外气候较舒适时室内也会有过热现象。另外,改造后航站楼体量大,建筑室内多高大空间,体积大,对室内舒适度要求较高,因此对新风量、照明等均要求较高。

2) 航站楼能耗特点

航站楼建筑的运行特点决定了其能耗巨大。机场建筑的运行费用基本占了机场运营费用的 25%。而全国几个主要机场单位面积耗电指标远超过当地公共建筑指标。虹桥 T1 改造前一年(2013 年)年总用电量 1 433.48 万 kW·h,柴油 655 t,有很大节能需求与潜力。

2013 年虹桥机场 T1 逐月用电量如图 2-3 所示。

改造伴随扩建,建筑体量进一步增大,室内空间加高,使建筑能耗进一步增长。改造引入更多商业餐饮功能,照明、热水消耗都会有显著增加。航站楼改造伴随着机电设备的更新与扩容,智能化管理系统介入,航站楼能耗组成比例虽然空调能耗仍占主导,但照明与其他设备用电比例会有一定提升。因此对于航站楼改造,更需要关注建筑的节能设计。

在一般机场能耗组成中,制冷与采暖能耗占首位,占总能耗的 40%~50%;照明与办公设备相当,分别占 25%~30%(图 2-4)。可见对于机场节能,主要应关注其室内的热环境与光环境。

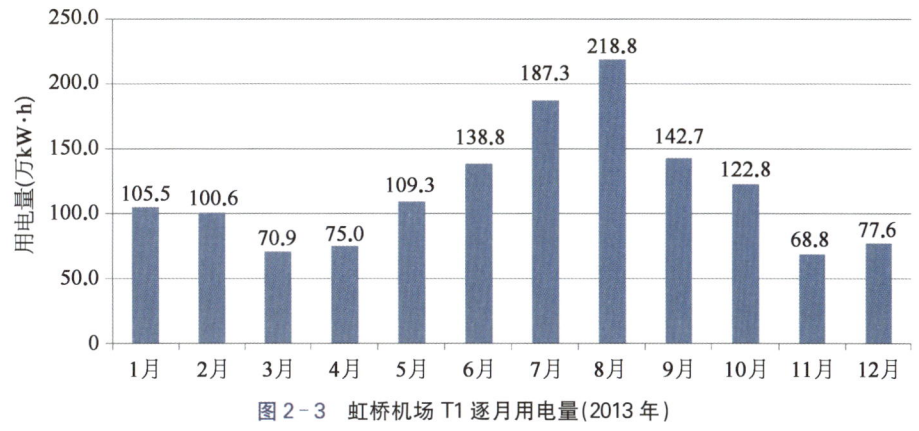

图 2-3 虹桥机场 T1 逐月用电量(2013 年)

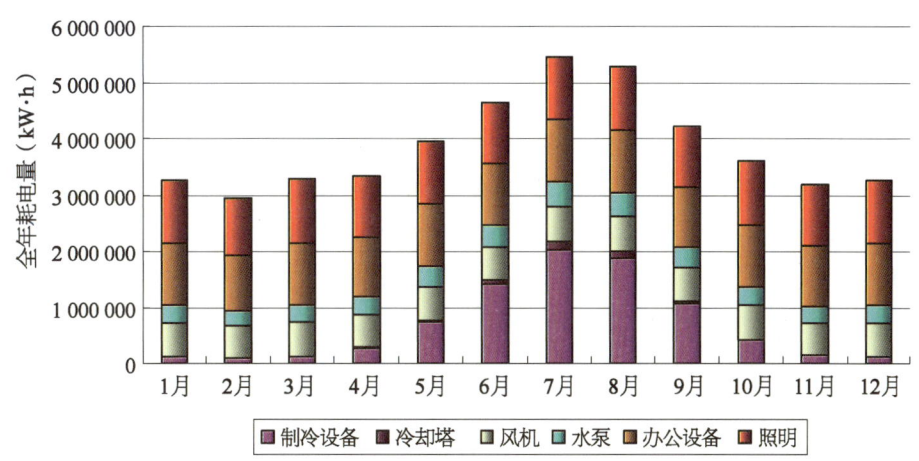

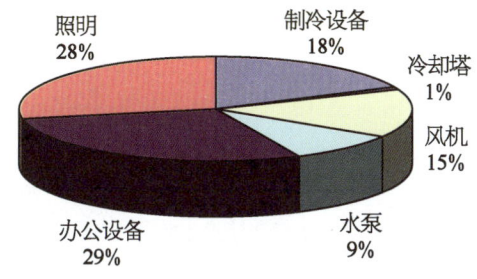

图 2-4 机场能耗组成

3) 高舒适性要求下的节能需求

航站楼扩容改造全面提升了其室内高舒适性,扩大了规模,势必带来建筑能耗的增长。因此改造设计时更需要注重建筑的节能,从根本上控制降低能耗增长的幅度。

2.1.2 绿色改造目标

绿色建筑是在资源、环境与空间品质之间寻求最佳的平衡,通过建筑、结构、机电各个专业的综合设计,使历史得以延续、当下能够适用、未来可以发展。

虹桥T1绿色改造就是基于航站楼建筑对舒适性、节能性需求,同时兼顾原有建筑特点,寻求建筑与环境的充分契合才能以最小的资源、能源消耗获得最大的舒适性。

基于T1建筑改造与扩建的项目特点,实现可持续设计,选择绿色改造的适宜性目标:

(1) 充分利用既有建筑,对其实现功能提升与再利用;
(2) 进行被动式气候适应设计,营造高效舒适的空间;
(3) 选用高效机电设备,适当引入可再生能源的辅助利用;
(4) 制定合理的管理运行策略,最终实现建筑低碳生态低成本的运行。

2.1.3 绿色改造策略

基于本项目改造的特点与绿色改造适宜性目标,虹桥T1改造的绿色策略如下:

1) 基于原有建筑特点充分利用既有建筑

新的设计应充分尊重原有建筑的发展历史,并充分利用既有建筑与材料,使新建部分与原有建筑协调、原有建筑焕发新的光彩,并达到如下节材目标:

通过结构检测与加固尽可能保留旧有建筑结构;
对既有建筑进行功能与空间品质提升;
扩建部分延续既有建筑风格;
充分循环利用拆除的构件材料,物尽其用并使原有材料融入新建部分中。

2) 适应气候契合环境的改造设计

适应上海本地气候特点,并充分考虑将来建筑的运行特点,从设计到运行实现低成本低能耗。

以上海气候与环境为条件,采取适宜技术措施,控制成本。
根据气候特点与运行时间,采取恰当运行管理策略,节省能耗。

3) 建筑造型设计与功能品质营造同步

建筑的造型设计与功能品质营造同步,建筑形体、空间设计同时兼顾美学、功能与室内物理环境的舒适。

在建筑造型、组织内部功能的同时考虑其对内部空间品质的影响。
通过建筑本身的设计,营造通风、采光、舒适的良好空间品质。

4) 设计结合运行管理措施,共同提高能效

航站楼的绿色改造不仅是在设计阶段,更需要结合绿色运行、管理措施,使绿色技术在航站楼运行的全过程中得以贯彻。

改造设计充分考虑航站楼的运营特点,使技术能够在运营阶段更好地得到利用。

改造设计的同时制定运营管理措施,使技术的贯彻得到保障。

2.2 绿色与设计一体化改造

2.2.1 自然通风改造

上海地区全年主导风向为东南风,夏季炎热而漫长,太阳辐射强烈;冬季寒冷而潮湿,但时间较短;过渡季温度适宜,自然气候舒适。因此航站楼改造设计时可以尽可能利用过渡季室外的舒适自然环境来改善室内环境品质,减少空调运行时间。

2.2.1.1 改造难点

基于改造的自然通风优化设计需要将被动式设计与建筑外形设计进行有机的结合,充分利用建筑原有形体设计特点,进行自然通风设计。本项目自然通风改造难点主要有:

(1) 原有建筑结构体系的影响使开窗设计受到一定限制;

(2) 建筑结构和空间的改变使国际联检厅空间被围在中央,通风困难;

(3) 通风措施与建筑的风格衔接与协调,不能任意设置通风构造,需要与整体风格统一。

2.2.1.2 改造措施

虹桥 T1 自然通风改造设计重点关注航站楼人员活动频繁的公共空间,包括陆侧办票大厅、安检区、大进深的国际联检大厅、空侧候机厅等。根据公共空间所处航站楼位置不同、功能需求不同,分别设计不同的自然通风改造措施。

1) 结合立面设计,通过建筑表面风压分析,合理选择立面开窗位置与形式

对于进深较小、采用单侧通风为主的公共空间,分析表面正、负风压分布,结合建筑表面风压合理选择立面开窗位置与形式,通过合理设置进、出风口达到改善内部通风的效果,实现在较小开窗面积和较低工程造价的基础上,实现最大化的自然通风效果。

根据上海主导风向计算表面风压,再根据表面风压分布,优化布置可开启窗扇与门,并对内部空间布置优化分析,组织形成明显的通风回路,以改善航站楼公共空间的室内自然通风效果。建筑表面风压分布如图 2-5 所示。

改造中尽可能减少对原有建筑的改动,通过表面风压分析充分利用风压,在最有效之处增加或改变开窗位置与形式。

2) 利用体形与空间改造加高空间,增加高侧窗

办票大厅位于航站楼陆侧,是旅客送行处,人流量很大。该区域一侧通过建筑立面联系室外,另一侧通常与安检等功能区域连接,内部分隔较少。大厅陆侧建筑立面的开启扇可作为主要的风路入口,但往往受限于与安检等区域连通,只能采用单侧通风的方式,且受原有建筑结构体系限制外窗开启面积有限,因此通

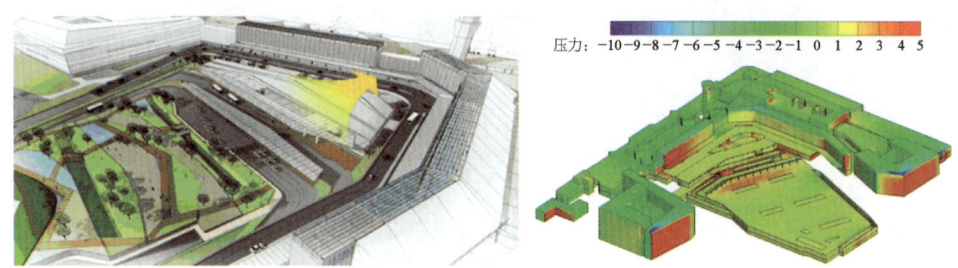

图2-5 全年主导风向下表面压力分布

风先天条件较差。

绿色设计紧密结合建筑空间改造,利用办票大厅加高的尺度变化在高处增设高侧窗,并利用加高的体量,在安检侧高起的立面处也增设侧窗,以充分利用热压与风压拔风的效果改善室内通风品质。

对比分析了办票大厅增加高度后的高侧窗对通风效果的影响(图2-6),加高了入口大厅的空间高度(图2-7),既缓解了室内压抑感也增加了开启窗之间的高度差,更有利于形成良好的通风风路。利用CFD模拟反复分析与验证,春、秋季节通风模拟结果如图2-8、表2-1、表2-2所示。过渡季通风量与平均风速均有所上升,人行区域的静风面积大大减少,提高了旅客的体感舒适度。

图2-6 高侧窗实景照片

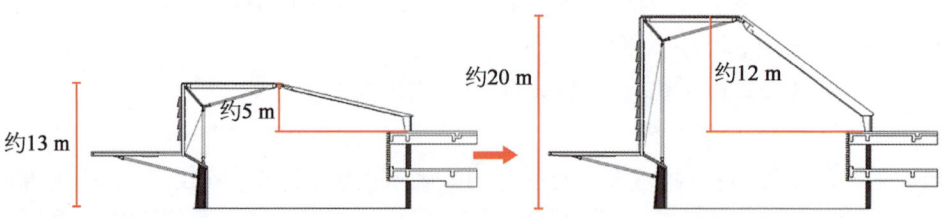

图2-7 设计加高入口大厅的空间高度

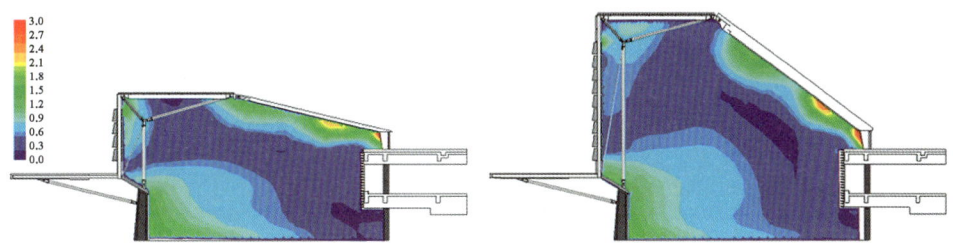

图 2-8 通风模拟剖面风速云图

表 2-1 春季通风模拟

	改进前	改进后	增幅
通风量(m³/s)	41.3	41.9	1.4%
1.5 m 平均风速(m/s)	0.60	0.64	6.7%

表 2-2 秋季通风模拟

	改进前	改进后	增幅
通风量(m³/s)	39.4	42.4	7.6%
1.5 m 平均风速(m/s)	0.61	0.64	4.9%

3) 利用原有天窗改造为高起的通风塔

虹桥 T1 B 楼安检大厅位于航站楼进深较大的区域,改造前,安检大厅由于其位置和功能空间特点,室外直接进风量较少,自然通风先天条件往往较差。在航站楼中,一方面安检区前空间进深较大,且高度小于办票大厅,气流较难进入;另一方面安检大厅受办票顶部两层空间遮挡,较难形成通畅的气流,如图 2-9 所示。

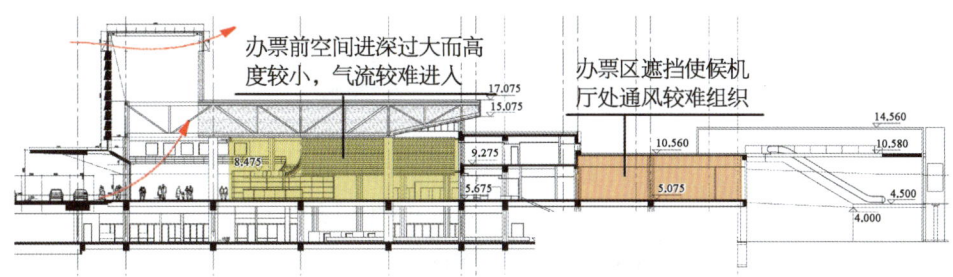

图 2-9 办票与安检大厅通风问题分析

影响这一区域通风的主要问题是前后空间不能连通与缺少进出风口,因此对这一区域的自然通风改进策略是:利用天窗改造的机会将其设为高起的通风塔,加强风压与热压的拔风效应(图 2-10)。

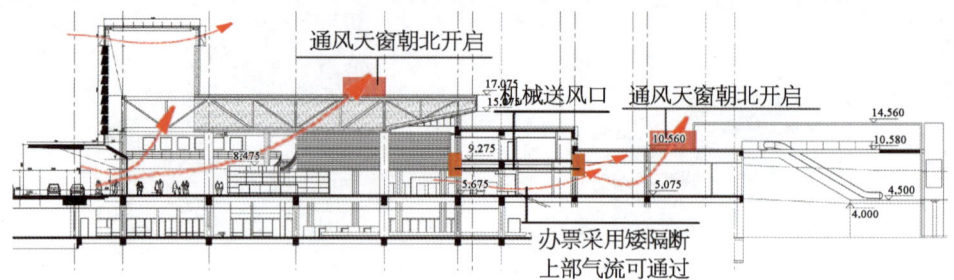

图 2-10　通风策略示意图

充分利用办票大厅顶部与两层建筑之间高差间的高侧窗,扩大其开启范围,增加进出风量,从而加强带动大进深办票空间内的气流流动。利用原有安检区上空的天窗,拔高其高度,形成通风塔,在不破坏原有楼板条件下,增加进出气流量。

天窗与通风塔改造及天窗与通风塔通风剖面示意图分别如图 2-11、图 2-12 所示。

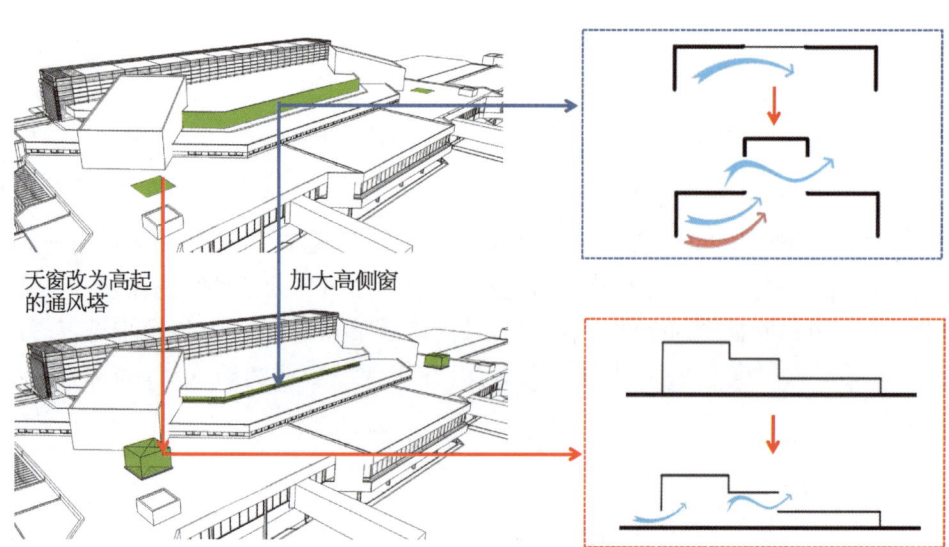

图 2-11　天窗与通风塔改造示意图

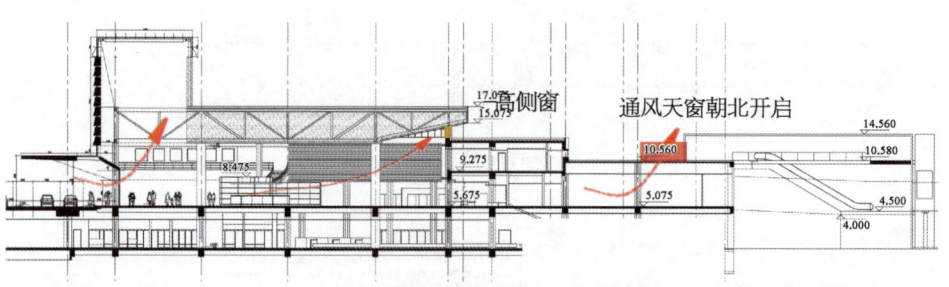

图 2-12　天窗与通风塔通风剖面示意图

通过通风塔增加的通风量与航站楼总体的换气次数见表2-3。从表2-3可以看出,通风塔的设置可以明显提高航站楼办票和安检大厅的换气次数。

表2-3 通风塔与确定方案整体通风效果

季节	通风塔风量(m³/s)	换气次数(次/h)
春季	10.84	4.76
秋季	8.52	3.74

4)侧向无法开窗时增设通风塔

与B楼安检大厅相似,A楼国际联检厅也位于航站楼进深较大的区域。如图2-13所示,改造前其通风的主要障碍在于:一方面被其他空间围合在中部,缺少直接对外的接触面,因此不易形成自然通风;另一方面,顶部没有天窗,且完全被国际贵宾厅遮挡,室外风难以进入联检大厅,因此通风条件较差。

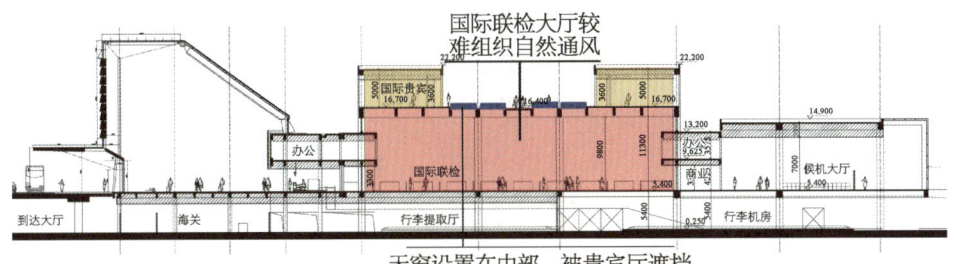

图2-13 国际联检厅通风问题分析

在这样的条件下,主要改造策略是想办法捕捉自然风,尽可能引入内部,先通过设计方法改善,再辅以机械送风。主要设计改善措施如下。

(1)在顶部结合采光需求加设通风塔。在屋面通过设置高起的通风塔,将室外风引入国际联检厅,增加室外风的直接进入量。

通风塔原理即利用穿堂风加强气流流速从而形成负压区,将底部空气提升起来带动整个空间的空气流动。在屋面通过设置通风塔的方式将室外风引入国际联检厅,增加室外风的直接进入量(图2-14)。

通过加设通风塔(图2-15),可以减弱南侧入口大厅对国际联检厅的遮挡影响,加强风压拔风效应。

图2-14 通风塔空间效果示意图

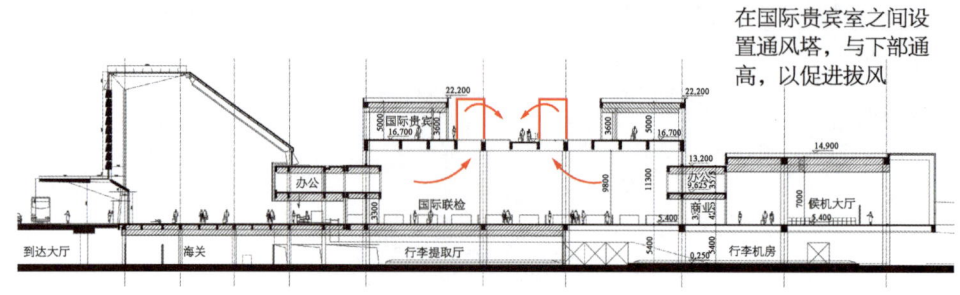

图 2-15 通风塔示意图

对拔风塔设置的通风促进作用进行了模拟验证,图 2-16 为气流的剖面矢量图,可以明显看到上升的气流在通风塔出风口有较高的风速。

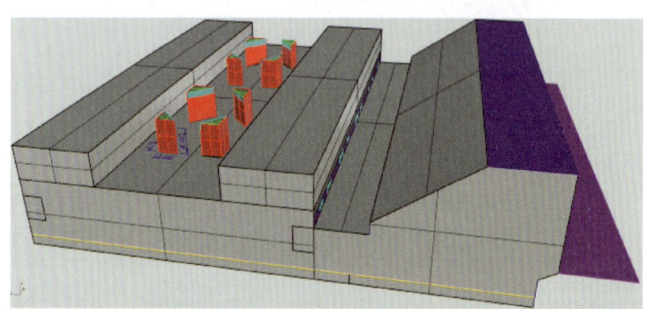

图 2-16 通风塔布置与剖面矢量图

对通过通风塔的风量及建筑室内总进出风量进行统计,见表 2-4,可以看到通风塔对增加通风量的作用,特别是在秋季,它增加了整个空间 25.14% 的通风量。对于国际联检大厅约 39 000 m^3 体量的大空间而言,屋面增设 8 个通风塔,可开启面积为 5.0 m×1.2 m,开启扇上悬外开 30°,开启高度 4.4 m,过渡季节可增加 3~4 次/h 通风换气量。单个通风塔开口面积比例占联检大厅 0.16%,平均每个通风塔增加约 0.4 次/h 的通风换气量。

表 2-4 通风塔通风量与总风量分析

季节	总通风量(m^3/s)	换气次数(次/h)	通风塔通风量(m^3/s)	增加百分比
春季	94.49	4.4	8.5	9.00%
秋季	74.45	3.5	18.72	25.14%

同时,与大空间的结构体系设计相结合,将大空间的立柱与采光通风塔相结合,一并解决采光、通风、结构与空间设计的难题,将难点转变成为设计亮点。通

风塔实景照片如图 2-17 所示。

图 2-17 通风塔实景照片图

（2）设置高侧窗。大厅直接对外的界面过少，因此首先需要充分利用现有的外墙与屋顶面，充分设置可开启窗。在南北两侧墙面设置高侧窗，尽量将屋顶设备远离这些开启窗设置（图 2-18）。此外，顶部天窗设置为可开启，增加对外可开启面以增加进出气流量。

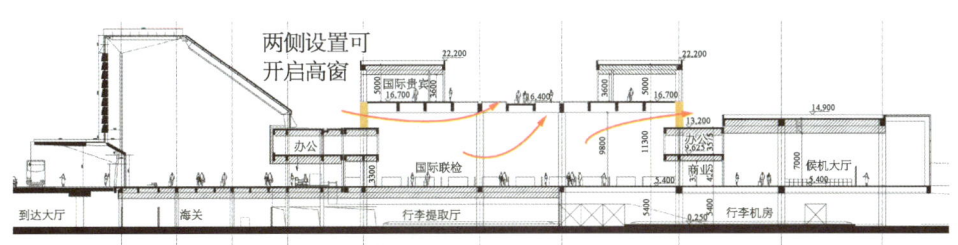

图 2-18 合理开窗通风示意图

2.2.2 自然采光改造设计

航站楼属于业务繁忙的交通建筑，要求全年 365 天、每天 24 小时都保证正常运营的光环境，不间断运营、照明能耗高，因而如能合理地利用自然光线，其人工照明将有很大的节能潜力。

2.2.2.1 改造难点

对于虹桥 T1 而言，在自然光的合理应用上存在如下难点：

（1）空间布局复杂、自然采光困难。航站楼的联检大厅、安检厅等区域处于建筑中部，无法利用侧面采光。

（2）空间尺度大，内部采光质量较难实现。办票大厅、候机厅等进深较大，建筑深处自然采光、大厅内采光均匀度等均存在问题。

（3）既有航站楼功能空间已基本确定，某种程度上其采光透明构件的位置和大小也处于难以大改的状态，因而在其光环境改造中应注重针对性和适宜性。

2.2.2.2 改造措施

对于航站楼这一超大体量的建筑而言，除了具有较多类似于候机厅、出发大厅等与室外相衔接、可利用侧窗采光的空间外，还有很多处于建筑中部、不可利用侧窗采光的大空间，例如联检大厅、连接通道和商业区域等。这类内部区域往往属于不间断运营，即需要一直维持一定照度的区域，因此，如能针对性地引入自然光线，补充这类区域的人工照明，将具有很大的节能效益，尤其对于连接通道这一对照度波动不敏感的区域，白昼大部分时间段的照明均可以采用自然光来替代。此外，自然光线的引入，也能让身处建筑内部的旅客感知外界的环境变化，从而提高舒适感。故而，在条件允许的情况下，内部空间应探讨通过增设顶部天窗等方式改善自然采光的可能性。

1) 结合造型的天窗设计

A楼办票厅净空增高后设置倾斜屋顶造型。结合四季阳光角度分析，确定倾斜屋面最佳倾角设置为40°，使早晚与冬季角度较低的阳光经屋面内表面反射增强室内光照，同时避免了夏季与过渡季正午过强的辐射反射；斜屋面内表面采用散射性较好的反光材料。设置顶部天窗，同时设置遮阳格栅或遮阳帘，打散或过滤强光（图2-19）。

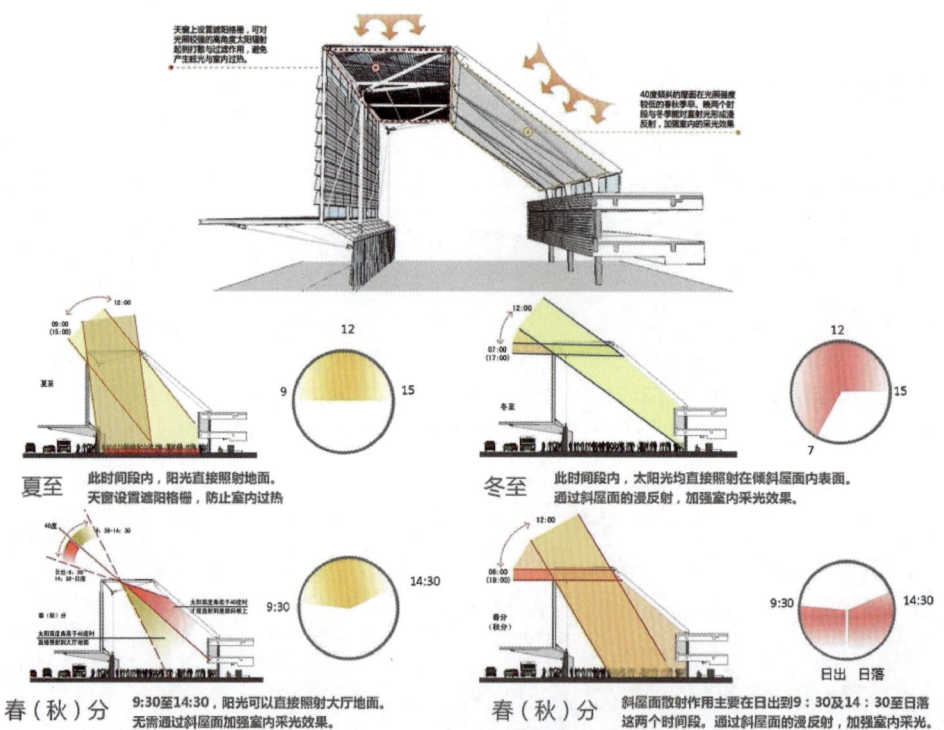

图2-19 合理设置天窗分析图

2) 指廊顶部的采光改善

指廊进深内部设置条形天窗以改善其采光（图2-20）。天窗下设置格栅以防止眩光,使光线更加柔和。

图 2-20 指廊顶部采光改善实景照片

3) 内部空间的顶部采光改善

A 楼国际联检厅处于航站楼陆侧与空侧之间,对外界面很少(图 2-21)。为改善其采光效果,结合屋顶结构设计,与通风塔相结合,设计了多个屋顶天窗,使联检厅能够保持明亮,而减少人工照明(图 2-22)。

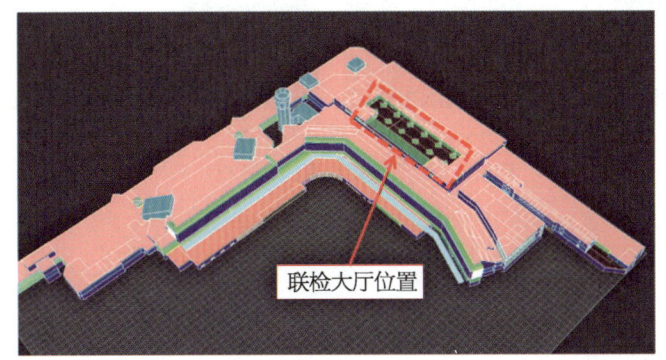

图 2-21 联检大厅位置图

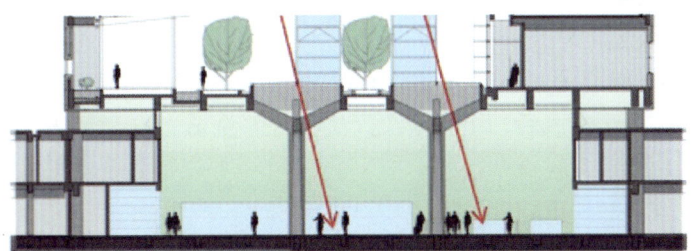

图 2-22 通风塔与天窗结合示意图

基于联检大厅尺度,分析不同天窗地面面积比条件下的室内自然采光分布,如图 2-23 所示。

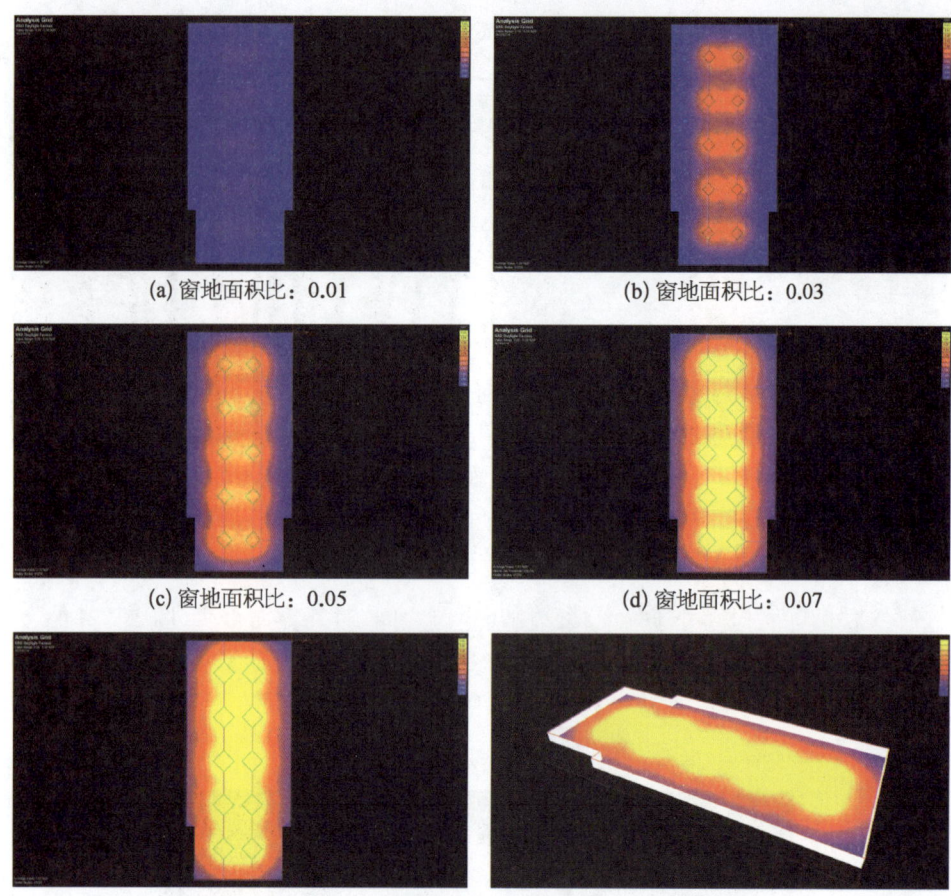

(a) 窗地面积比：0.01
(b) 窗地面积比：0.03
(c) 窗地面积比：0.05
(d) 窗地面积比：0.07
(e) 窗地面积比：0.09

图 2-23 不同窗地面积比条件下的室内自然采光分布图（一）

随着窗地面积比的增加，室内的平均采光系数呈现为线性增加的趋势；采光均匀度在窗地面积比从 0.01 变化 0.03 的过程中增加较多，由 0.17 上升到 0.28，其后随着窗地面积比的进一步增加，其趋势逐渐变缓（图 2-24）。此外，就窗地面积比与采光等级的关系而言，当窗地面积比接近 0.03 时，室内平均采光系数达到了Ⅳ级要求（上海地区 1.1%）；当窗地面积比接近 0.05 时，室内平均采光系数达到了Ⅲ级要求（上海地区 2.2%）。

根据分析，综合采光、通风及结构等各方面，选择窗地面积比接近 0.03 的天窗均匀分布方案。改造后，T1 联检大厅的采光系数分布图和室内视觉照度效果图如图 2-25 所示。联检大厅的天窗下侧区域具有较好的自然采光效果且自然光影响区域的均匀性也较好。

2.2.3 建筑遮阳改造设计

航站楼由于视野等需求，大面积采用玻璃幕墙设计。一方面幕墙等透明构件的应用为建筑的立面效果提供了更多的可能性，也从一定程度上改善了室内的自然采光，但另一方面，透明构件面积的增加自然也易引起夏季太阳热量的增加以

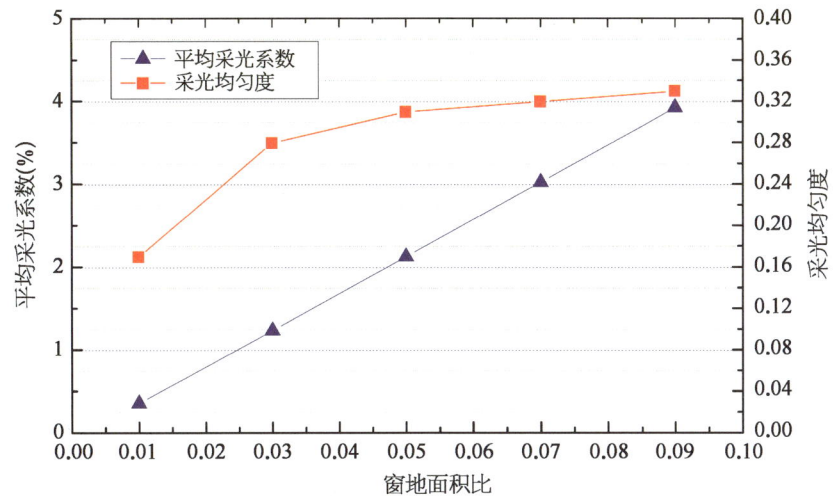

图2-24　不同窗地面积比条件下的室内自然采光分布图(二)

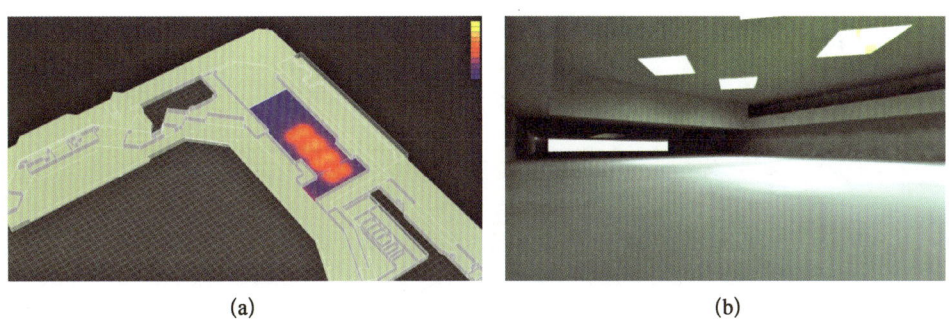

图2-25　联检大厅采光系数分布图(a)与室内视觉照度效果图(b)

及眩光的影响,造成人员的不舒适性和制冷设备能耗的增加。特别是虹桥T1,由于L形布局,其有很长的一个空侧立面朝向西侧,面临很大的西晒问题。因此,结合目前虹桥T1采用玻璃幕墙的现状,在改造中通过遮阳构件的增设削弱太阳直射辐射所引起的不利影响是不可或缺的。

2.2.3.1　改造难点

对于虹桥T1而言,其自身功能和性质的特点使得建筑遮阳改造存在如下难点:

(1) B楼空侧朝向西向,西晒问题与视野采光需求产生巨大矛盾;
(2) 遮阳构件的增设应当尽量不影响相关功能空间的自然采光效果;
(3) 遮阳构件的增设应注重与航站楼本身建筑造型的统一,不影响美观。

2.2.3.2　改造措施

首先对建筑各向立面进行遮阳需求的分析。表2-5和图2-26所示为建筑东南西北四个立面在整个夏季和全年最热日的单位面积累计辐照值。

表2-5 夏季和全年最热日的单位面积累计辐照值统计

方位	单位面积累计辐照量(Wh/m²)			
	夏季直射辐射	夏季全辐射	最热日直射辐射	最热日全辐射
东向立面	106 151	225 677	2 837	3 394
南向立面	159 765	279 290	4 144	4 701
西向立面	114 585	235 569	3 329	3 886
北向立面	52 976	172 505	1 841	2 399

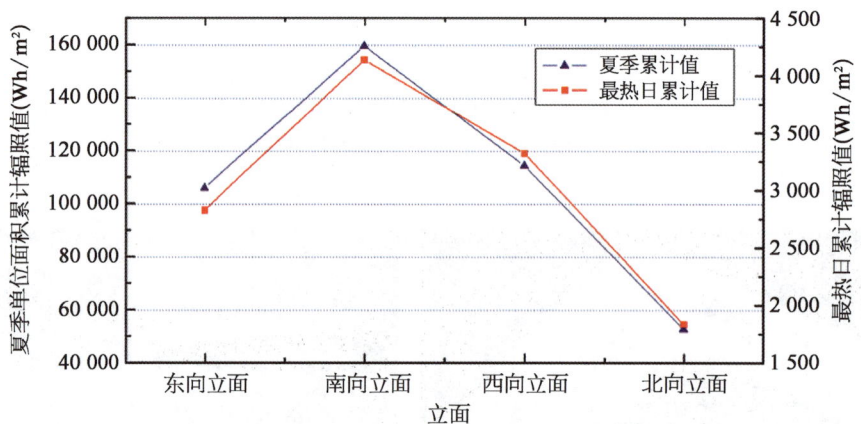

图2-26 夏季和全年最热日的单位面积累计辐照值关系曲线

比较表2-5和图2-26中的数据可以发现,除了南向,主要辐射强度较高的就是西向和东向立面,其中西向要比东向所受辐射还要高一些。因此,东、南、西三个朝向均有考虑遮阳的必要性,另外,在早上和下午太阳高度角较低的时刻,东、西两个朝向还有考虑防眩光的需要。

虹桥T1陆侧以实墙为主,玻璃面积较大的区域主要集中在空侧西向和北向两个立面,因此遮阳需求最高的就是空侧西立面。

1) 西立面设置外遮阳

结合结构改造、外立面改造在空侧立面设置穿孔铝板外遮阳,以钢架固定在立面上,距离立面约1.5 m。此方案可遮挡大部分太阳辐射,同时高度控制在人行高度以上,使室内光线更为柔和的同时并不影响视野与采光(图2-27、图2-28)。

2) 登机桥根据不同朝向设置外遮阳

登机桥主体为玻璃幕墙,须减少空调负荷,平衡视野。根据其不同朝向受日照特点,最终在西向、西南向设置了不同倾角的竖向遮阳百叶(图2-29)。

3) 天窗下部设置内遮阳

天窗的存在,除了在太阳高度角较高的夏季会增加室内的太阳热量,也易因为室内照度的突变引起眩光。此外,天窗正下方区域的平均照度过高,远超过正常的照明需求。

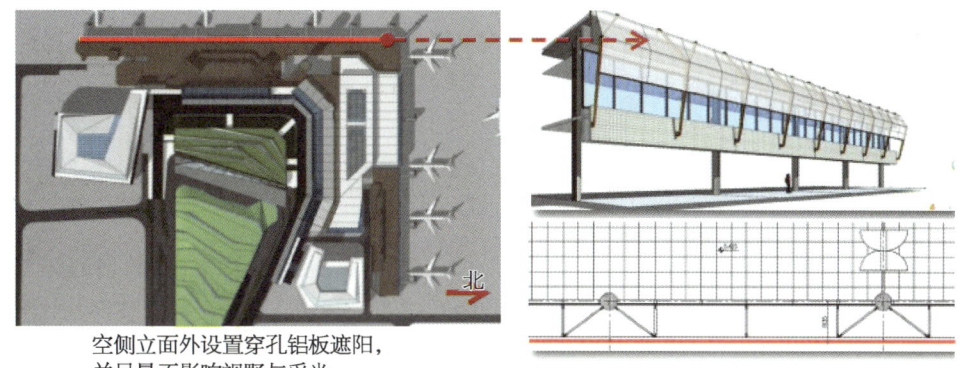

空侧立面外设置穿孔铝板遮阳，并尽量不影响视野与采光

图 2-27　西立面设置外遮阳的分析图

图 2-28　西立面外遮阳实景照片

图 2-29　登机桥外遮阳实景照片

综合考虑运行效果、运行维护与成本等各方面因素，虹桥 T1 顶部天窗主要以采用固定形式的遮阳为主，包括室内遮阳帘、遮阳格栅和具有一定孔隙率的遮阳构件（图 2-30）。其优点是无须调节，运营维护方便；缺点是虽能起到较好的防眩光和遮阳效果，但对采光也有一定程度的削弱。

2.2.4　围护结构改造设计

虹桥 T1 的围护结构保温隔热改造设计，首先考虑结合立面及内部功能的改造，对窗墙比进行优化调整，突破目前国内航站楼都是玻璃幕墙的认知局限，从节能角度优化立面设计；其次根据围护结构热工性能要求，选择合适的保温隔热材

图 2-30　天窗下内遮阳实景照片

料与构造形式。

2.2.4.1　改造难点

（1）原有立面风格需要延续，外立面改造需要根据原有建筑立面形式进行，对立面窗墙比改造受到局限。

（2）对于需要保留外立面的部分，必须根据原有围护结构的构造与材料，选择合适的保温隔热材料与构造形式，而不破坏原有立面。

（3）原有建筑已设置保温的，需要考虑原有保温层的性能及其经过多年的老化、破坏作用，现有的保温性能对整体保温隔热性能的影响。

2.2.4.2　改造措施

1）基于立面特点与内部功能需求的窗墙比优化

从功能上看，航站楼陆侧主要用于办票、托运与送行，客流基本处于往来流动状态，关注于内部事务，而基本没有观景的视野需求，因此建筑透明玻璃部分在满足采光需求基础上，完全可以尽可能地减少面积，以降低热量的内外传递。另一方面，虹桥 T1 原来立面风格并非全玻璃幕墙建筑，从延续原建筑风格角度，也需要考虑增加实墙的可能性。

因此，在对原有陆侧立面的改造中，对比分析了改造为全玻璃幕墙（窗墙比 0.83）与石材幕墙＋保温、上下设置横向条窗（窗墙比 0.29）两种围护结构做法的各方面影响。两种做法均按满足现行节能标准要求进行设计，如图 2-31 和表 2-6、表 2-7 所示。

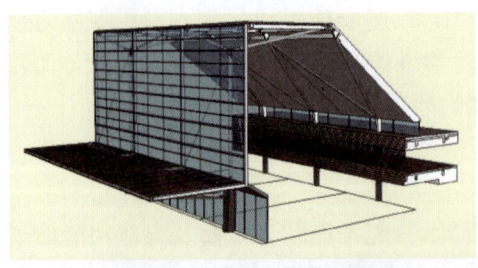 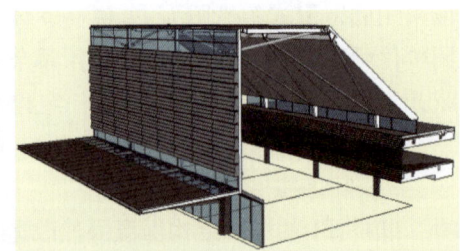

(a) 做法一：大面积玻璃幕墙　　　　(b) 做法二：石材幕墙

图 2-31　两种陆侧改造方法

表2-6　两种做法满足节能标准要求的各项系数

比较方案	透明幕墙		屋面	外墙	天窗	
	传热系数 K [W/(m²·K)]	夏季综合遮阳系数 SC_w	传热系数 K [W/(m²·K)]	传热系数 K [W/(m²·K)]	传热系数 K [W/(m²·K)]	夏季综合遮阳系数 SC_w
全玻璃幕墙方案	≤2.2	≤0.30	≤0.40	≤0.70	≤2.5	≤0.30
石材幕墙方案	≤3.2	≤0.45				

注：以满足上海市工程建设规范《公共建筑节能设计标准》(DGJ 08-107—2012)中的甲类建筑相关要求为目标。

表2-7　两种做法窗墙比对比

类别	全玻璃幕墙方案	石材幕墙方案
窗墙比（南）	0.83	0.29
屋顶透明部分比例	0.30	

（1）造价对比。根据两种做法不同窗墙比，按《公共建筑节能设计标准》要求进行玻璃材料选择（表2-8），其中对于全玻璃幕墙方案，由于窗墙比较大而必须选择传热系数较小的材料，且夏季综合遮阳系数仍然达不到要求，需要加设外遮阳或由其他部分围护结构热工性能提高而进行补偿。而石材幕墙方案则可以适当放松对玻璃性能的要求。

表2-8　两种做法满足节能标准要求的材料做法

比较方案	玻璃幕墙选型	热工性能指标达标情况			
		传热系数 K [W/(m²·K)]		夏季综合遮阳系数 SC_w	
全玻璃幕墙方案	隔热金属型材多腔密封窗框 K≤5.0；6 mm中等透光反射 low-E+12 氩气+6 mm透明	K≤2.2	√	SC_w≤0.5	×
石材幕墙方案	隔热金属型材窗框 K≤5.8；6 mm中等透光反射+12空气+6 mm透明	K≤3.1	√	SC_w≤0.34	√

相应的造价估算见表2-9。可以看到，由于石材幕墙低窗墙比的做法，在达到同样节能标准时可节省15%的投资成本。

表2-9　两种做法造价估算

比较方案	透明幕墙		石材幕墙		铝板幕墙		总计
	面积(m²)	造价(万元)	面积(m²)	造价(万元)	面积(m²)	造价(万元)	万元
全玻璃幕墙方案	8 376	2 200	/	/	1 594	1 600	2 098
石材幕墙方案	2 970	1 500	5 406	2 000	1 594	1 600	1 782

注：该比较不计入轻钢雨棚、轻钢屋面、玻璃天棚、钢结构等。

(2) 能耗对比。当其他部位热工性能均按公共建筑标准要求取值时,估算全玻璃幕墙方案能耗约为 228~238 kW·h/(m²·年),而石材幕墙方案能耗约为 195 kW·h/(m²·年),可见即使按同样的节能标准设计,全玻璃幕墙方案仍比石材幕墙方案能耗约高出 17%~22%(图 2-32)。因此,降低窗墙比有显著节能效益。

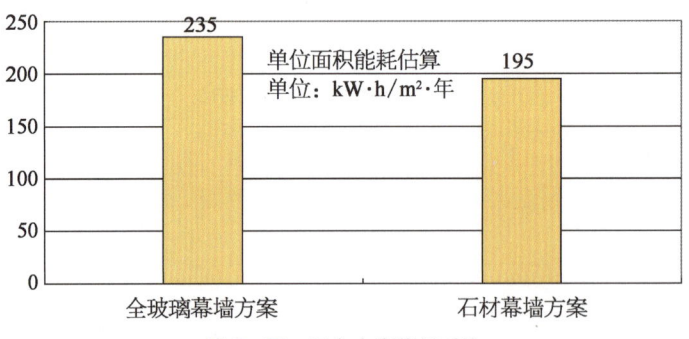

图 2-32 两个方案能耗对比

(3) 采光效果对比。由于有上、下两段横向条窗的设计及天窗设计,两个方案都能满足基本采光要求,采光系数大于 2% 的面积相同。但从图 2-33~图 2-35 所示的模拟分析图中可以看到,全玻璃幕墙方案中采光系数大于 20% 的面积比石材幕墙方案大得多,很容易造成室内过亮而导致的眩光,也会影响内部旅客查看电子显示屏的视觉舒适性。从陆侧办票大厅功能看,查看电子显示屏与各种标志对旅客而言非常重要,应尽可能避免过亮的反光眩光等。因此,从采光角度,也并不是全部玻璃设计最优。

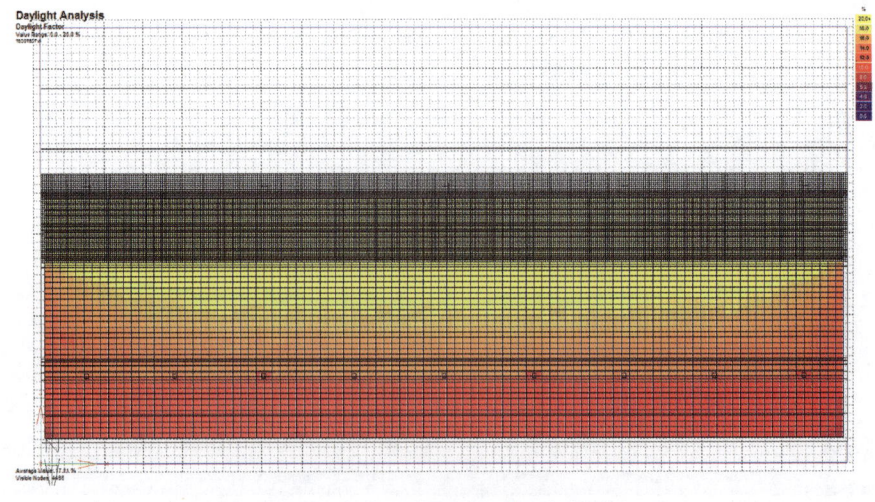

图 2-33 玻璃幕墙方案采光系数图

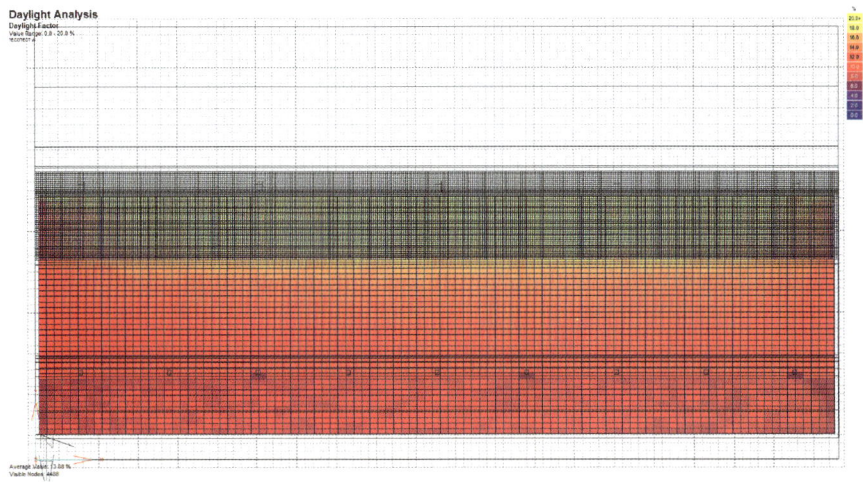

图 2-34 石材幕墙方案采光系数图

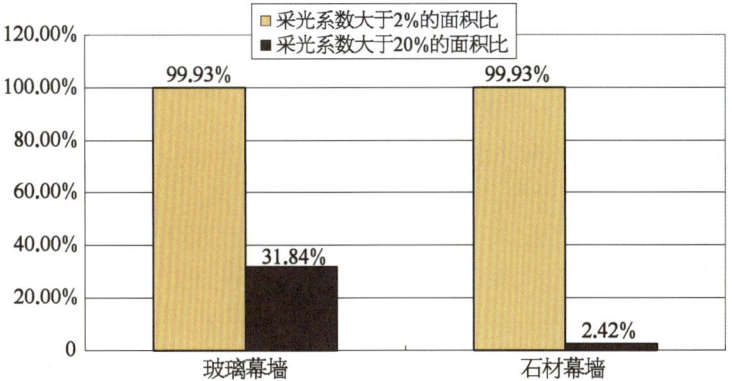

图 2-35 两个方案采光系数对比图

(4) 改造设计。最终陆侧立面改造为铝板幕墙,预留顶部高侧窗(图 2-36)。

图 2-36 最终陆侧立面

2) 外墙节能改造

原有航站楼外墙采用240 mm黏土多孔砖,无保温设置,传热系数达1.79 W/(m²·K),现行标准要求传热系数为0.8 W/(m²·K),因此必然需要重做或增设保温层。

(1) 针对保留原有外墙。保留原有外立面,只能在墙体内侧设置内保温。做法如下:

第1层:原外墙饰面层。

第2层:水泥砂浆,厚度20 mm。

第3层:烧结多孔黏土砖(原有),厚度240 mm。

第4层:轻钢龙骨内填岩棉板保温层,厚度60 mm(原50 mm)。

第5层:石膏板饰面层。

(2) 针对外挂饰面外墙。对于这种外墙,保温做法较为简单,只需要在基层墙体外设置保温层即可。因为防火要求,选择岩棉等吸湿性较强的保温材料,为防潮防水,需要在保温层外加设一道防水透气膜。保温做法如下:

第1层:外墙饰面层。

第2层:防水透气膜。

第3层:岩棉保温层,厚度50 mm。

第4层:蒸压加气混凝土砌块B06,厚度200 mm。

第5层:水泥砂浆,厚度20 mm。

(3) 金属幕墙。对于金属幕墙,需要将保温材料填充到饰面板与背衬板之间,由于没有其他基层墙体,保温层所需厚度较大。做法如下:

第1层:铝板饰面。

第2层:岩棉保温层,厚度100 mm。

第3层:背衬板或其他支撑结构。

(4) 涂料外墙。航站楼底层辅助办公用房等的外立面采用涂料饰面。由于保温材料一般吸湿性较大,当外饰面为涂料时为防止保温材料吸湿降低了保温性能,采用内保温的保温构造形式,同样内部需要做石膏板饰面。做法如下:

第1层:外墙饰面层。

第2层:水泥砂浆,厚度20 mm。

第3层:蒸压加气混凝土砌块B06,厚度200 mm。

第4层:轻钢龙骨内填岩棉板保温层,厚度50 mm。

第5层:石膏板饰面层。

3) 屋顶节能改造

(1) 保留屋顶。由于航站楼改造前一年刚刚进行了屋面的翻修,重新铺设了防水层,为避免增加保温对原有防水的破坏而选择了在屋面下增设内保温的做法。保温材料选择岩棉,以钢丝网包裹,用岩棉专用钉固定在板底,并设置防坠落吊顶以保证安全。其构造做法如下:

第1层:细石混凝土(内配筋),厚度40 mm。

第2层：憎水膨胀珍珠岩制品，厚度50 mm。

第3层：1∶3水泥砂浆找平，厚度20 mm。

第4层：钢筋混凝土结构楼板，厚度120 mm。

第5层：岩棉板，厚度70 mm。

第6层：吊顶。

(2) 扩建部分混凝土屋顶。采用泡沫玻璃作为保温层。做法如下：

第1层：种植土或其他装饰面层。

第2层：细石混凝土（内配筋），厚度40 mm。

第3层：1∶3水泥砂浆找平，厚度20 mm。

第4层：泡沫玻璃保温板，厚度125 mm。

第5层：1∶3水泥砂浆找平，厚度20 mm。

第6层：1∶8水泥加气混凝土碎料实铺（屋面找坡），最薄处厚度30 mm。

第7层：钢筋混凝土结构楼板，厚度120.0 mm。

(3) 扩建部分金属屋顶。金属屋顶在防水防火材料下设置岩棉板，做法如下：

第1层：防水卷材（PVC）。

第2层：玻镁防水防火板。

第3层：岩棉板，厚度100 mm。

第4层：三元乙丙防水隔气层。

第5层：压型钢板。

第6层：钢结构支撑体系。

2.2.5 机电系统更新改造

2.2.5.1 机电系统更新难点

由于近年来我国建设设计规范有很多调整与更新，新老规范的不同需要在改造过程中予以落实，所以对改造区域与原有区域的界面梳理十分重要，同时需要建立相应的新老区域系统的设计原则。在项目设计前，对原有航站楼机电和设备系统进行评价，确定需要检测的内容，同时对现有设备进行利用的评估，这是确定航站楼机电改造方向的前提。

2.2.5.2 原有机电系统与设备

虹桥T1从1964年建设A楼，经过历年的改建与扩建，到1991年建成了由A、B楼组合的虹桥T1，在2008年对B楼进行了建筑的装修翻新，两大航站楼在运行期间均进行了不同范围和程度的功能、机电设备与系统的更新与改造。改造的范围和程度各不相同，且有些改造未留下完整的资料，设计依据文件不足。虹桥T1设备的使用年限相差更大，有些设备从未进行过更新，有些设备刚完成更新改造。原先的系统、机房及设备在使用过程中暴露出缺陷，需要在改造中综合考虑。

1) 虹桥 T1 空调冷热源

现状航站楼 A 楼设有两个冷冻机房,航站楼 B 楼设有一个冷冻机房,冷源方案采用离心式冷水机组供冷,冷水系统为一级泵定流量、二级泵变流量系统。热源引自总体锅炉房,管线接至三个冷冻机房内,经换热送至各空气处理末端,热源采用蒸汽锅炉集中供热的方式。

冷冻机房内设备已经过历次改造与更新,表 2-10 为航站楼 A 楼各设备投入使用年限统计。

表 2-10 现有 A 楼冷冻机房机组配置

机房位置	设备名称	数量	生产厂家	投入使用时间
A 楼 D 段机房	离心式冷水机组(400RT)	3	Carrier	1996 年
	冷冻水泵	3	ITT	2008 年
		1	川源股份	2005 年
	冷却水泵	3	ITT	2008 年
		1	川源股份	2005 年
	热泵	1	桂林水泵	1995 年
	热交换机组	1	八一暖通设备	1997 年
A 楼东机房	离心式冷水机组(450RT)	2	Carrier	1994 年
	冷冻水泵	3	BELL&GOSSETT	2005 年
	冷却水泵	3	PANTAIR WATER TECHNOLOGIES	2005 年
	冷却塔	1		2008 年
	热交换器	1	上海光化机械厂	1998 年

A 楼运行情况:根据现场调研发现,两个冷冻机房相互连通,机房内的冷冻机及水泵均经过了设备更新,但水泵的流量和扬程与系统并不完全匹配,由于设备较新,运行状况好于 B 楼。

航站楼 B 楼为 1991 年建造,在综合楼地下室设有冷冻机房为整个 B 楼供冷。B 楼冷源系统现有两台 450RT 和一台 800RT 的离心式冷水机组:两台 450RT 的离心机组(York)于 1991 年配置使用,采用 R11 冷媒;一台 800RT(Carrier)的离心机组是 2008 年新增的机组,采用 R134a 冷媒。现有 B 楼冷冻机房制冷机组配置见表 2-11。

表2-11 现有B楼冷冻机房制冷机组配置

机组名称	机组型号	制冷剂	单位电压	单位电流	额定频率	数量
冷冻机(绿) (450RT)	YTJ3K3EI5CMF	R11	380 V	1 200 A	50 Hz	2台
	生产厂商					
	York international corporation					
冷冻机(灰) (800RT)	机组型号	制冷剂	单位电压	RL AMPS	OLT AMPS	额定频率
	02XR-467LGH52S	R134A	380 V	910	983	50 Hz
	试验压力		最大工作压力	数量	生产厂商	
	1 407 kPa		1 276 kPa	1台	Carrier	

航站楼B楼冷水系统原为一次定流量、二次变流量系统,经过改造,目前采用一次定流量系统,由于水泵经过更新,目前运行情况良好。现有B楼冷冻机房水泵配置见表2-12。

表2-12 现有B楼冷冻机房水泵配置

	电动机型号	功率	额定频率	转速	数量	扬程
水泵(蓝)	ELD 280S-4	75 kW	50 Hz	1 485 r/min	2	28 m
	单位电流	单位电压	生产厂商		投入使用时间	
	140 A	380 V			2007年	
	电动机型号	功率	额定频率	转速	数量	扬程
	ELD 5M-4	55 kW	50 Hz	1 475 r/min	5	50 m
	单位电流	单位电压	生产厂商		投入使用时间	
	103 A	380 V			2007年	
水泵(红)	电动机型号	功率	额定频率	转速	数量	扬程
	TM365TSTDS8663AP	52 kW	50 Hz	1 480 r/min	2	25 m
	单位电流	单位电压	生产厂商		投入使用时间	
	112 A	380 V	WAUSAU,WISCONSIN 54401 U.S.A		2001年	

航站楼B楼冷却水系统在2008年增加800RT离心机时增加过冷却塔,原1991年安装的冷却塔运行效果不理想,但由于系统有一定的富余量,目前冷却塔和冷却水泵可继续使用。现场温度计的数据显示冷却水的供、回水温度为28℃、32.5℃左右,属正常范围。

2) 虹桥T1空调末端系统

虹桥T1 A楼分散设有24个空调机房,共有32台空调箱。分别于1990年、2004年、2006年、2007年和2008年进行过空调箱的更换,自控系统只有开关机组的功能,其他控制功能已失效。航站楼A楼的空调管线自建造以来均未经过改造更新。

航站楼 B 楼共设有 9 个空调机房,共有 23 台空调箱,于 2002 年、2003 年、2005 年、2008 年逐步轮流更换,空调箱生产厂家也各不相同(如新晃、York、苏州安发等),所使用的为初效过滤器,目前于 2002 年和 2003 年更换的空调箱风量明显不足,设备老化现象严重,经常产生故障,2005 年以后更换的空调箱运行效果良好,风管、水管和自控系统均无进行过改造。

航站楼 A 楼空调风管、水管、阀门、保温材料等均使用至今,未经过任何改造更新,风管保温脱落情况比较严重,水管的老化现象显现;航站楼 B 楼于 2008 年更换过一次吊顶,目前状态是吊顶的装修尚可继续使用,但吊顶内空调管线已陈旧老化。

2.2.5.3 机电系统更新改造方案

航站楼机电改造中,暖通专业主要设计内容为空调冷热源设计、末端系统设计、通风设计、消防防排烟设计、节能环保设计和自动控制设计,各部分内容的设计方法和关注点与新建项目和局部改造项目有所不同。

虹桥 T1 空调方案的分析要点与系统确定原则如下:

(1) 排摸原有系统的容量、形式、设备使用状况和系统使用效果,确定对原有系统的利用方案;

(2) 进行新建区域与改造区域的空调容量计算,分析负荷特点;

(3) 进行方案可行性和经济性分析,确定合理的冷热源方案;

(4) 结合运行管理部门的管理需求,弥补系统在运行管理上的不足;

(5) 达到系统方案合理、配置容量恰当、控制系统搭建满足运行要求。

虹桥 T1 改造项目涉及现有建筑为航站楼主体 A 楼、B 楼及虹港大酒店,涉及新建建筑为北地块开发(酒店和办公)、交通换乘中心、南侧地块商业综合体,各地块所需冷、热负荷估算见表 2-13。

表 2-13 空调冷、热负荷估算

区 域	建筑面积(m²)	冷负荷(kW)	热负荷(kW)	备 注
A 楼	73 370	11 700	4 650	本期实施
贵宾楼(虹港改造)	12 165	1 500	850	本期实施
新建交通换乘中心商业	65 440	1 500	430	本期实施
B 楼	46 210	7 400	4 150	本期实施
南侧地块商业开发	85 000	9 500	6 000	远期开发
北侧地块开发	38 509	3 900	2 700	远期开发

对于虹桥 T1 冷源方案的确定,从投资经济性的角度出发,对不同冷源方案进行初投资和年运行费用的分析比选,结果见表 2-14、表 2-15。

表 2-14　不同冷源方案初投资比较结果

冷源方案		初投资(万元)	比率(%)
分散式方案	常规离心冷水机组 + 一次泵系统	4 643.2	100
集中式方案	常规离心冷水机组 + 二次泵系统	5 098.3	109.8
	冰蓄冷 + 离心冷水机组 + 二次泵系统	6 158.1	132.6
	水蓄冷 + 离心冷水机组 + 二次泵系统	6 076.7	130.9

表 2-15　不同冷源方案年运行费用比较结果

比选项目	分散式方案	集中式常规方案	集中式冰蓄冷方案	集中式水蓄冷方案
机机房主要设备配电量(kV·A)	7 990	6 890	6 245	4 510
基本电费(万元/年)	258.9	223.2	202.3	146.1
电度电费(万元/年)	1 021	918	745	633
年运行费用(万元/年)	1 279.9	1 141.2	947.3	779.1
比率(%)	100	89.2	74.0	60.9

经过上述不同方案初投资和年运行费用的分析,可以看出集中式水蓄冷 + 离心式冷水机组 + 三次泵的整体投资回报效益更好。结合前述从系统能源管理、运行维护等方面的分析结果,最终虹桥 T1 空调冷源方案确定为集中式水蓄冷 + 离心式冷水机组 + 二次泵系统,热源方案为集中锅炉房供热,具体系统配置见表 2-16。

表 2-16　虹桥 T1 冷热源系统配置

设备类型	规格容量	数量
离心式冷冻机	1100RT 水蓄冷主机,电量 775 kW,10 kV,COP = 5.8	3
	550RT 水蓄冷主机,电量 397 kW,10 kV,COP = 5.8	2
水蓄冷主机一次冷冻水泵(兼蓄冷水泵)1	460 t/h,20 mH$_2$O,45 kW	4(3+1)
水蓄冷主机一次冷冻水泵(兼蓄冷水泵)2	230 t/h,20 mH$_2$O,22 kW	3(2+1)
冷却水泵(对应蓄冷主机)	990 t/h,25 mH$_2$O,110 kW,定频	4(3+1)
冷却水泵(对应基载主机)	495 t/h,25 mH$_2$O,55 kW,定频	2
冷却塔	990 t/h,55 kW	3
	495 t/h,37 kW	2
释冷泵 1	700 t/h,15 mH$_2$O,55 kW,变频	4(3+1)
	210 t/h,15 mH$_2$O,15 kW,变频	1

(续表)

设 备 类 型	规 格 容 量	数 量
释冷泵 2	500 t/h,15 mH$_2$O,37 kW,变频	3(2+1)
	150 t/h,15 mH$_2$O,11 kW,变频	1
板式换热器(冷)1	6 500 kW	3
板式换热器(冷)2	4 300 kW	2
二次冷冻水泵(A 楼外区)	400 t/h,25 mH$_2$O,45 kW,变频	4(3+1)
二次冷冻水泵(A 楼内区)	160 t/h,25 mH$_2$O,17.5 kW,变频	2(1+1)
二次冷冻水泵(B 楼+交通中心外区)	350 t/h,25 mH$_2$O,40 kW,变频	4(3+1)
板式换热器(热-A 楼)	2 850 kW	2
二次热水泵(A 楼)	270 t/h,25 mH$_2$O,30 kW,变频	3(2+1)
板式换热器(热-B 楼)	2 400 kW	2
二次热水泵(B 楼)	230 t/h,25 mH$_2$O,30 kW,变频	3(2+1)
免费冷却板式换热器	2 100 kW	1
蓄冷水槽(含布水及保温)	7 800 m^3+2 800 m^3	2

2.2.5.4 机电系统的绿色节能措施

机电系统的绿色节能是航站楼改造项目须重点关注的内容,由于目前国家及地方节能规范的要求与新节能设备与系统的不断出现,老航站楼在节能方面有许多地方需要改进与提高。航站楼改造在机电节能方面应注重投资控制及运行管理的有效性,不能单一地只是增加系统。从提高系统整体节能效果出发,航站楼的机电系统绿色节能主要体现在以下几个方面。

1) 自然能的充分利用

自然能的利用在航站楼的改造中主要表现为自然通风和过渡季节空调系统的室外新风运行。从节能的角度看,自然通风是自然能利用的最佳选择,但往往改造项目缺乏这一条件,需要通过空调系统引入室外风消除室内余热。在 T1 改造中,充分考虑了自然通风的可实施性,但由于既有建筑改造受到一定的局限,过渡季节大空间须通过空调箱实现全新风运行,内区办公及商业须通过新风空调箱实现部分时间段的室外风运行。由于大空间(安检区域、商业回廊等)空间较大,且整个航站楼有比较多的开口部位,在大空间内无须设置排风装置,但对内区部分设置排风系统将有效地提高新风的导入效应。

2) 变频技术的采用

老航站楼的设计由于造价和设备的原因,很少采用变频技术,原虹桥 T1 空调水系统及风系统均为定频。随着变频设备和谐波处理设备成本的降低,变频技术在航站楼中的应用变得越来越广泛。航站楼变频技术主要分为水系统和风系统两部分,在虹桥 T1 改造项目中,借鉴浦东 T2、虹桥枢纽 2 号航站楼以及南京禄口国际机场的成功经验,对空调冷热水泵和大于 15 kW 的空调箱均采用了变频技术,为改造区域的节能运行提供了条件,也为未来航站楼进一步的节能改造提供了案例。

3) 控制与检测系统的建立

虹桥 T1 原有设计的能量计量还只停留在初级阶段,均为基本能量的测量系统,在虹桥 T1 改造中,建设方设立了课题,与设计方一起对能耗检测与管理系统进行重点研究,希望通过研究,为大型枢纽型机场进行智慧能效管理平台的建立提供示范案例。智慧能效管理平台主要具有以下三方面的作用:

(1) 统一能效管理平台的综合统计与分析。通过对网络通信架构与能源采集技术的研究,建立系统构架;通过历史数据的采集和归类的研究,提出能耗预测的理论分析。在两者基础上,建立统一的能效管理平台,对上海机场集团内各航站楼相同区域内的能耗进行统计、对比和分析,提供管理者学习和改进的手段。

(2) 制定适合机场性质的统一的能耗监测技术规范。在上海市《大型公共建筑能耗监测系统工程技术规范》的基础上,根据机场建筑的特点,对能耗数据的分类、分项进行规划研究,对计量装置的选型和配置进行统一,对系统构架和软件的选择提供指导性建议。

(3) 建立能效管理的规章制度和管理措施。在建立统一的能效管理平台的基础上,可建立能耗统计、能源审计、能效公示、用能定额和超定额加价等制度,提高机场集团节能运行管理水平,培育企业内部的节能意识,为高能耗区域的进一步节能改造准备条件。

2.3 后续绿色运营

2.3.1 第一年运行现状

2.3.1.1 总能耗

虹桥 T1 自 2017 年 3 月开始试运行,2017.4—2018.3 为完整的一年运行期,全年总用电量 1 832.9 万 kW·h,总天然气用量 39.3 万 m^3,折算单位面积用电量指标 195(kW·h)/m^2,单位面积天然气用量指标 4.18 m^3/m^2。逐月用电量数据如图 2-37 所示。

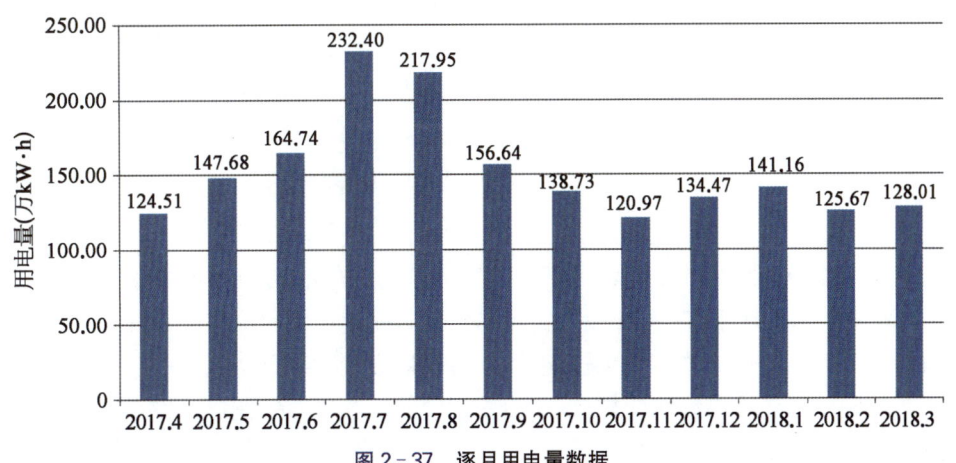

图 2-37 逐月用电量数据

以发电煤耗发和等效电法折算的总能耗指标分别为 213.56（kW·h）/m²、224.86（kW·h）/m²。与改造前即 2013 年的能耗数据相比，年总能耗指标降低 10.4%（等效电法）（图 2-38）。

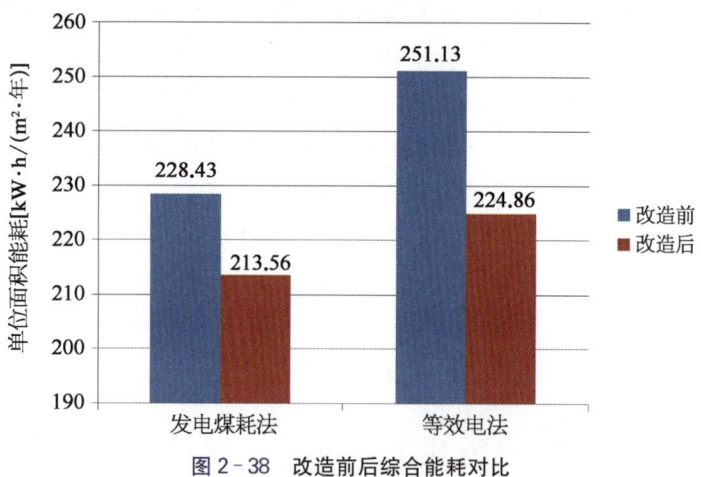

图 2-38　改造前后综合能耗对比

2.3.1.2　供暖与制冷能耗

能源中心全年天然气消耗量 39.37 万 m³，改造前燃料为柴油，改造后为天然气，统一换算成标煤进行对比，改造后单位面积燃料耗量降低 50.2%。能源中心供热季天然气消耗量逐月变化及改造前后供热燃料消耗对比分别如图 2-39、图 2-40 所示。

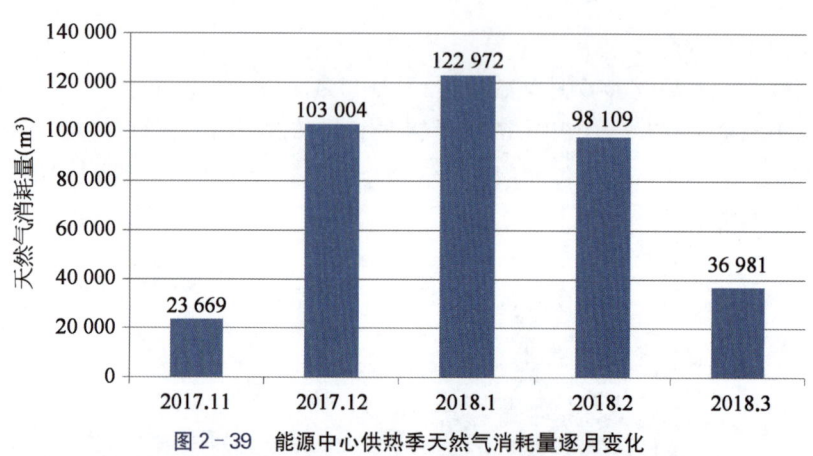

图 2-39　能源中心供热季天然气消耗量逐月变化

自 2017.5.12—2017.10.26 制冷系统运行，能源中心制冷系统总电耗 266.86 万 kW·h，其中冷水机组能耗占比达到 71.4%，冷却水泵和冷冻水泵各占 12% 左右，5 月、10 月等过渡季节水泵输配系统的能耗占比较高。

能源中心制冷系统能耗构成（制冷季）如图 2-41 所示，制冷系统各部分能耗逐月变化如图 2-42 所示。

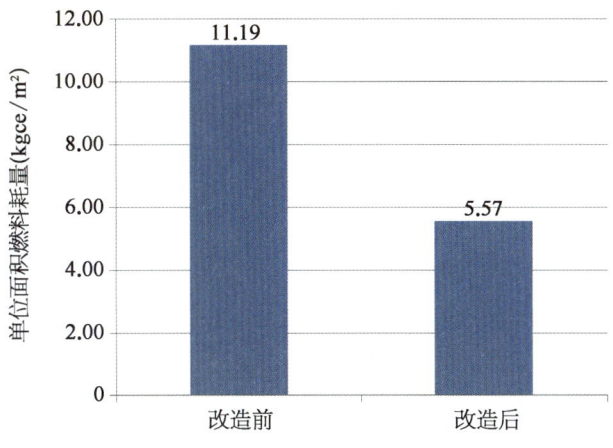

图 2-40 改造前后供热燃料消耗对比

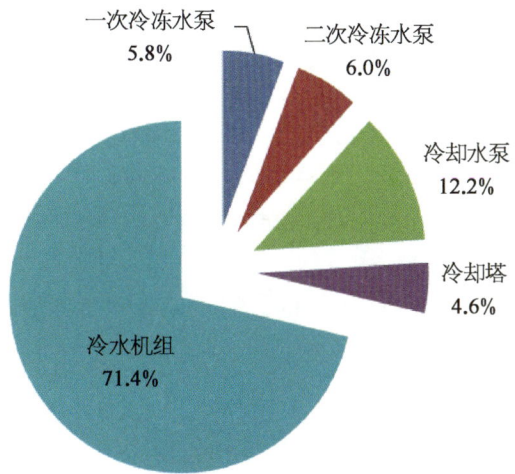

图 2-41 能源中心制冷系统能耗构成（制冷季）

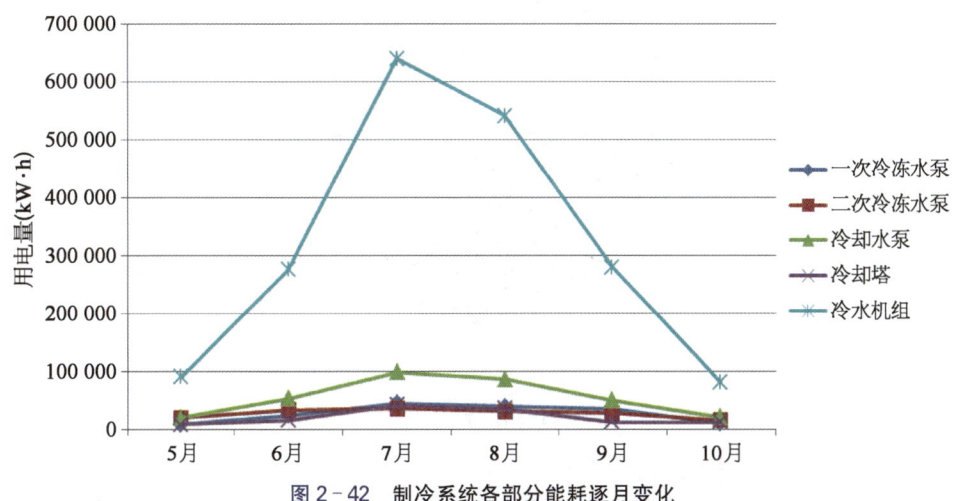

图 2-42 制冷系统各部分能耗逐月变化

2.3.1.3 能耗区域及分项构成

全年电耗构成中,航站楼侧占比75%,能源中心侧占比25%,其中航站楼侧用电量常年在100万 kW·h 的高位,且全年变化幅度较小,显示除空调系统外的设备设施用电强度高。航站楼与能源中心各月用电量对比如图2‑43所示。

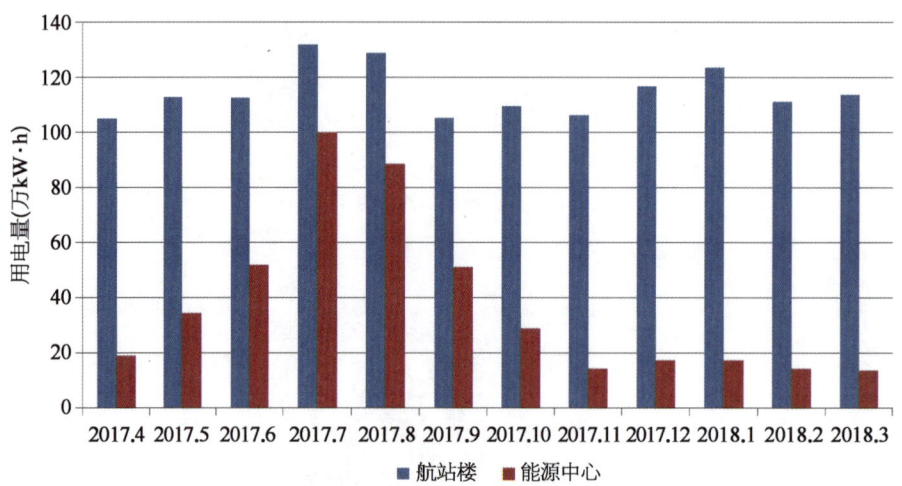

图 2‑43 航站楼与能源中心各月用电量对比

以分项计量系统中2018年1月的数据来说明航站楼能耗构成,如图2‑44所示。

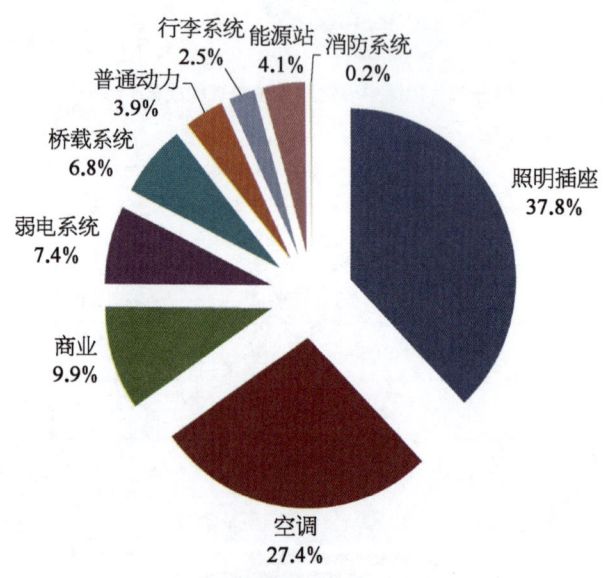

图 2‑44 航站楼用电量分项(2018年1月)

可以看出,照明插座用电量占到航站楼总用电量的37.8%,为占比最大的分项能耗,照明设备仍然具有较大的节能空间;航站楼空调系统用电占 27.4%,是占比第二的分项能耗。

2.3.2 绿色运营提升策略

1) 冷站运行优化

改造后设备、系统更新扩容,在运行策略更加照顾舒适性、关注室内品质前提下供暖能耗强度降低明显,主要得益于围护结构性能提升,保温性能加强,同时锅炉热效率提升,燃油改天然气后使用更高品次的能源也起到重要作用。

后续将在能源站优化运行上进行能源站系统测试,分析主机、输配系统运行状态及效率,同时根据测试结果,进一步优化能耗监控系统,研发定制优化运行策略,实现监控系统自动控制,寻找节能优化空间。

2) 自然通风、新风优化控制

解决控制界面的交互问题,结合室外气象监测数据精细化控制可开启窗扇,使得现有通风天窗、侧窗在过渡季节可更好地投入使用,确保室外气候合适时可以开启,最大限度引入室外新风。

结合过渡季节室外温湿度与风速监控数据,将航站楼值机侧入口屏蔽门设置为一段时间内长期开启,最大限度利用建筑开口进行自然通风。

后续将开展渗透风测试,利用航站楼入口屏蔽门经常开启的功能性现状,对值机侧的新风供应策略进行评估分析,减少冬夏季新风机组开启,节约能耗。

3) 照明运行改善策略

进一步根据自然采光实际效果,对照明进行合理分区,实现照明的精细化分区控制。同时在原有照明控制系统上加入照度控制,自动检测环境灯光的强弱,在光照不足条件下开启或者调整灯光亮度,在超过预定亮度值时关闭局部照明,减少能源消耗。

2.3.3 绿色运营预期目标

根据运营第一年的能耗状况,及后续将开展的运行改善措施,预期可实现建筑运行能耗的有效降低。照明和空调能耗在整体航站楼能耗中的比重超过50%,运行策略的重点在于降低空调、照明能耗,通过冷站运行优化、自然通风优化、新风供应策略优化、照明运行策略改善等,预期可以将各分项能耗分别降低(表 2-17)。

表 2-17 预期分项能耗降低幅度

分 项 能 耗	预期降低幅度(以第一年运营能耗作为基准)
照明	20%~30%
航站楼空调系统	10%~15%
能源站	10%~15%

预期建筑综合能耗指标可降低到 200(kW·h)/(m²·年)，可实现建筑能耗较改造前降低 20% 以上的目标(图 2-45)。

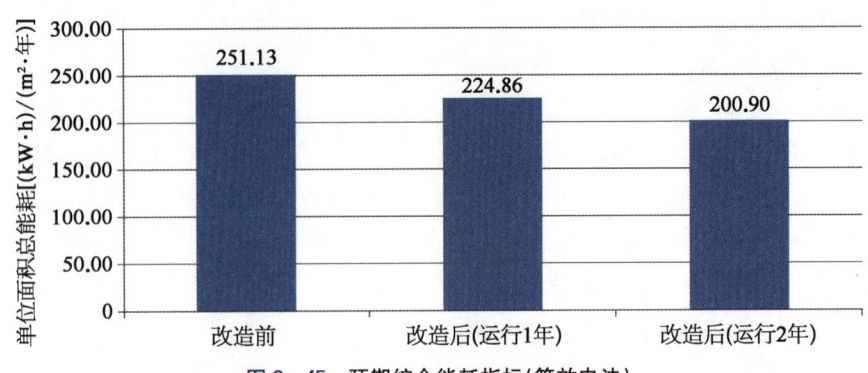

图 2-45 预期综合能耗指标(等效电法)

第3章
不停航施工改造虹桥机场 T1 及交通中心

本书第2章重点介绍了虹桥 T1"绿色建筑"的设计理念和取得的成效。本章介绍满足"以运营为导向"的虹桥机场 T1 改造及交通中心工程不停航施工方案。

虹桥机场 T1 自建成以后历经多轮改造和扩建。在本次改造前,虹桥机场 T1 由 A 楼、B 楼组成,建筑面积为 8.2 万 m²,楼前地面 P1 停车场为 T1 的配套停车场。2010 年 3 月,虹桥机场 T2 开航后,T1 服务于日韩和港澳台包机以及国内低成本航空公司(春秋航空)。2012 年,T1 的实际运营使用状态如图 3-1 所示:A 楼大部分停运,局部运营的为国内区域(包括办票厅、安检二区、离港行李分拣区);B 楼处于运营中,主要为国际区域(包括办票厅、安检三区、候机厅、行李分拣区、达到厅)以及国内区域(包括候机厅和到达厅)。

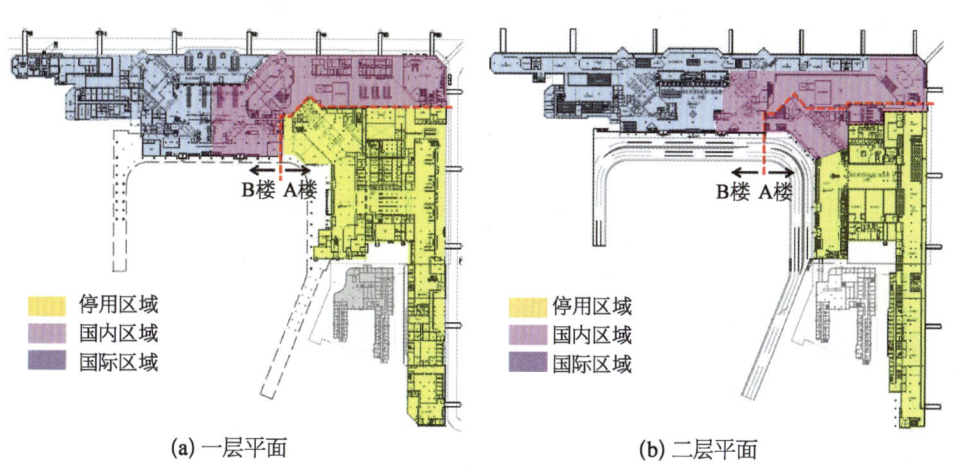

(a) 一层平面　　　　　(b) 二层平面

图 3-1　2012 年虹桥机场 T1 使用状态示意图

根据虹桥机场的运行条件，T1 的日韩国际航班、港澳台地区航班以及春秋国内航班在改造工程施工期间仍须在 T1 运行。因此，改造工程势必将采用分阶段的不停航施工方案，位于 P1 停车场的交通中心工程随之也将根据 T1 的运行需要组织陆侧交通翻交方案，以期与 T1 改造施工同步开展、同步投入使用。

3.1 虹桥机场 T1 不停航施工方案的比选和策划

3.1.1 虹桥机场 T1 不停航施工方案的提出

虹桥机场 T1 是由不同年代设计建造的建筑组合起来的（详见图 3-2）。几经改造，楼宇的机电系统和弱电系统穿插于不同年代的建筑区段中，情况错综复杂。不停航施工必须在综合考虑航班运行、建筑结构、机电弱电系统等情况的基础上，合理制定分阶段实施的方案。其中，确保航班正常运行是不停航施工方案考虑的重中之重。

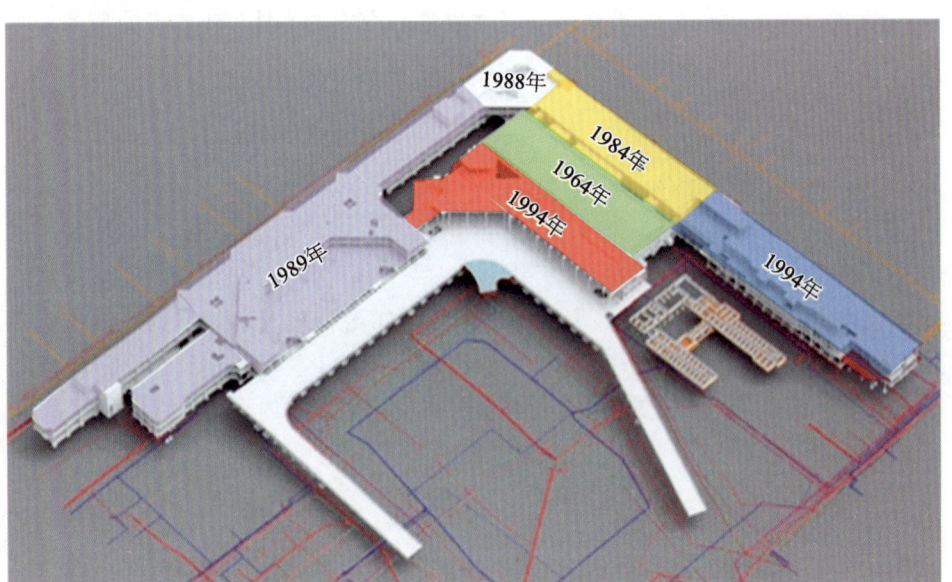

图 3-2　虹桥机场原 T1 设计建造年份示意图

基于以上考虑，不停航施工策划首先提出了对航班运行影响最小的"A+B+C"三阶段不停航施工改造方案（以下简称"三阶段改造方案"）。即，第一阶段，维持 B 区国际、C 区国内区域运行，A 区（包括 A 楼已停用区域和 A 楼国内安检二区）实施改造；第二阶段，国际航班搬入改造好的 A 区运行，维持 C 区国内区域运行，B 区国际区域实施改造；第三阶段，国内航班搬入改造好的 B 区运行，C 区实施改造，改造完毕后国内国际航班调整至最终设计模式运行。平面图见图 3-3。

在对三阶段改造方案深入分析后发现，这一方案面临的最大问题是：在全

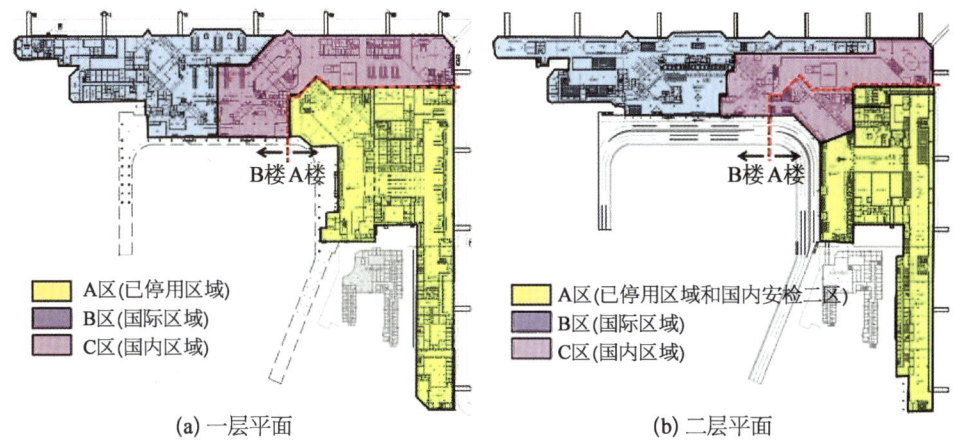

图 3-3 "A+B+C"三阶段改造方案分区平面示意图

部改造完成前,各改造阶段运行区域功能存在情况各异的不完整性,均须采用临时过渡措施以保障运行。例如,三阶段改造将切断现有机电、弱电系统,新系统将在全部改造完成后才形成完整的系统,而现状国内功能 C 区的机电和弱电系统不是独立系统,是由 A、B 两区相应机房供给的,因此在每个阶段改造前都需要对系统进行大量的补偿工作,才能确保运行区域的正常运作。又如,A 楼的办票大厅屋面及外立面在 C 区改造施工完成前无法封闭,采取临时围护结构封堵必须考虑施工操作的可行性和经济性,势必会对旅客的感官舒适度造成一定的影响。

因此,施工策划结合建筑现状和改造设计方案又提出了"A+B"二阶段不停航施工改造方案(以下简称"二阶段改造方案")。即,第一阶段将 A 楼内的国内功能并入 B 楼,B 楼承担全部国内国际航班运行,整个 A 楼进行改造;第二阶段,国际航班搬入 A 楼正式运行,国内航班在 A 楼内过渡运行,B 楼进行改造,改造完毕后,国内航班搬入 B 楼正式运行,A 楼内的国内过渡区域调整至国际区域。

采用这一方案将大量减少系统补偿的工作量、缩短工期,但是国内和国际功能在两个改造阶段都将合并在一个楼里运行,需要机场运行方和航空公司在改造施工期间克服办票柜台、安检通道、登机口、行李转盘等资源紧张的困难。

3.1.2 方案的比选和确定

为最终确定相对科学合理的不停航改造施工方案,建设方与运行方共同从多角度对上述两个方案进行了深入分析比较。

1) 运行和施工风险分析

从运行角度来看,若采用二阶段改造方案,则国际国内航班在两个改造阶段都将合并在同一楼内运行,对运行资源影响较大。表 3-1 为虹桥机场 T1 航班在 2012 年的运行资源状况,红字部分为采用二阶段改造方案在 A 楼改造阶段将无法使用的资源。

表3-1　2012年虹桥机场T1航班运行资源状况

运行资源	国际、地区	国内(春秋航空)
值机柜台	B楼　29个	A楼　20个
安检区域	B楼　7条(四区)	A楼　5条、B楼　7条
候机厅	B4、B5、B9、B10、B11、B12、B15	A9～A10、B1、B2、B3、B6～B8
机桥位	10、11、12、14、15、16号 91～97号	6、8、9号 32～36、41～44、81～85号
到达行李提取	B楼6～8号转盘	B楼5号转盘

若采用二阶段改造方案,运行资源在A楼改造阶段缺口见表3-2。

表3-2　二阶段改造方案在A楼改造阶段的运行资源缺口

运行资源	国际地区	春秋航空
值机柜台	值机柜台国际国内动态错峰调配,可基本维持现状	值机柜台国际国内动态错峰调配,缺少20个
安检通道	维持现状	缺少5条
候机厅	维持现状	缺少面积约1 500 m²
机桥位	少一个近机位,可使用远机位	缺少3～4个登机口
到达行李提取	维持现状	维持现状

而三阶段改造方案在前两个阶段改造时,保留C区国内功能;当第三阶段改造时,A、B区均已建成。因此,对运行资源整体影响不大。由此,从运行角度来看,二阶段改造方案要比三阶段改造方案存在较大的资源缺口,运行风险也较大。

从施工角度来看,首先三阶段改造方案在实施时,因为三个区域界面和原有建筑结构分段不吻合,造成某些部位无法实现施工区与运营区域完全隔断,因此对防火分隔以及防尘、防气味、防噪声等带来很大问题。而二阶段改造方案可以做到根据原有建筑结构分段划分界面,可实现施工区域和运行区域的完全隔断。其二,三阶段改造方案在改造期间须进行大量和多次的临时系统补偿,新旧系统并网难度大,对原有系统运行的稳定性也存在较大风险。而二阶段改造方案只须进行少量系统补偿,大大减小了此类风险。其三,三阶段改造方案中第三阶段C区的改造面临被两侧运行区域包围的局面,施工流线与旅客流线存在交叉,交通组织难度大,部分结构补缺的材料和机械进出场、混凝土浇筑等尤为困难。要避免对两个运行区域的影响,施工必须安排在航后进行,而航后施工组织则更加困难,施工周期加长则对运行影响的时间也更长。而二阶段改造方案基本无上述问题。

综上,三阶段改造方案相对二阶段改造方案的运行资源较为充足,但为了保障这些运行资源,改造工程将面临较大的施工风险。

2) 工期和投资分析

如表 3-3 所示,不考虑开工前系统补偿等准备工作时间,以桩基施工开始至整个 T1 改造完毕,三阶段改造方案所需要的总工期为 58 个月,二阶段改造方案所需要的总工期为 43 个月。二阶段改造方案将比三阶段改造方案节省 15 个月的时间。

表 3-3 不停航施工改造工期分析

方　案	第一阶段工期	第二阶段工期	第三阶段工期	总工期
A+B+C 三阶段	28 个月	15 个月	15 个月	58 个月
A+B 二阶段	28 个月	15 个月	/	43 个月

对于改造费用来说,如表 3-4 所示,三阶段改造方案的临时系统补偿估算费用约为 2 450 万元,二阶段改造方案临时系统补偿估算费用约为 200 万元。二阶段改造方案将比三阶段改造方案节省约 2 250 万元。另外,二阶段改造方案在工期上比三阶段改造方案节省了 15 个月,则施工管理费和监理费方面可节省约 6 150 万元。因此,从以上两个方面来讲,"A+B"二阶段改造方案比"A+B+C"三阶段改造方案可节省投资约 8 400 万元。

表 3-4 不停航施工改造系统补偿费用分析

方　案	施工阶段	须补偿的系统	估算费用
A+B+C	第一阶段 A 区改造	给水系统、空调系统、强电系统、弱电系统、行输系统	1 400 万
	第二阶段 B 区改造	给水系统、空调系统、强电系统、弱电系统、行输系统	900 万
	第三阶段 C 区改造	各系统与新建 A、B 楼并网,局部补偿系统无法拆除而废弃于管弄或吊顶内	150 万
	合　计		2 450 万元
A+B	第一阶段 A 楼改造	少量补偿	200 万
	第二阶段 B 楼改造	无须补偿	0
	合　计		200 万元

通过以上比较和分析,策划最初提出的三阶段改造方案,在改造各阶段运行资源相对充足,但为了保障这些运行资源,改造工程将面临较大的施工风险,而施工风险反过来又会给运行安全带来风险;并且三阶段改造方案的工期要比二阶段改造方案多 15 个月,这意味着无论是施工还是运行都要增加 15 个月的风险;再加之工程经济性的考虑,最终建设方和运行方都一致认可虹桥机场 T1 改造工程采用"A+B"二阶段不停航施工改造方案。

3.1.3 不停航施工方案策划

在确定二阶段改造方案的大原则下,对施工方案进行了深入策划。策划重点要解决的问题,一是在A楼改造阶段,国际国内航班均在B楼运行的保障方案;二是在B楼改造阶段,国际国内航班均在A楼运行的保障方案。解决这两个问题,将是改造工程施工组织的前提和基础。

1) A楼改造阶段之B楼运行保障方案

在前期不停航施工方案比选过程中可知,二阶段改造方案在A楼改造阶段,A楼停用改造,须将A楼内的国内功能搬迁至B楼,即国际国内航班都在B楼运行,导致办票柜台、安检通道、登机口、行李转盘等运行资源非常紧张。为了确保运行需要和安全,对B楼进行一定的改造、增加一些运行资源是非常必要的。施工策划利用B楼以及周边有限的空间,根据国际国内航班的运行现状和特点,经过几轮的现场踏勘、运行沟通,最终确定了开工前B楼适应性改造方案。

B楼适应性改造总建筑面积为6 702 m^2,分两个区域,主要改造内容为在区域一增加国内安检通道和扩建远机位厅,在区域二增加国内离港流程(包括办票、安检、候机、行李)。其中区域一建筑面积2 915 m^2,改造内容为:改建B楼到达3#门北侧商铺为安检区;加建新增安检区通向国内远机位厅的旅客通道;改建机坪六段业务用房为国内远机位厅,连通现有B6~B8远机位厅。区域二建筑面积3 547 m^2,改造内容为:改建B楼南侧的旧食堂二层为值机大厅,改建17号贵宾室为可转换远机位候机厅,在17号贵宾室南侧搭建二层彩钢板房作为临时业务办公用房;在食堂西侧新建轻钢结构的出港行李分拣房;改建T1南侧综合楼二层南侧的部分业务用房为综合机房。根据春秋国内航班高峰运行特点和虹桥机场运行保障方案,改建后的区域一作为常态使用,区域二作为高峰时段使用。具体如图3-4所示。

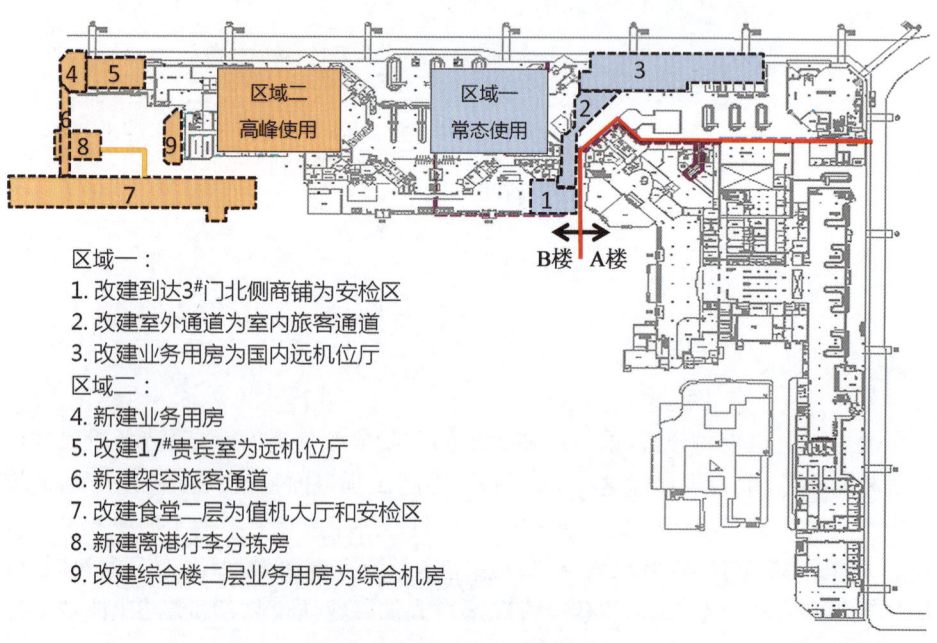

图3-4 B楼适应性改造示意图

通过改造,可以实现的资源情况见表3-5(红色字体部分为适应性改造新增资源)。

表3-5 B楼适应性改造后可实现的运行资源情况

运行资源	原B楼国际	区域一(国内)	区域二(国内)
值机柜台	29个(国际国内动态使用)		新增10个
安检通道	7条	7条+新增5条	新增5条
候机面积	3 950 m²	远机位厅800 m² + 新增远机位厅1 500 m²	新增国际国内可转换远机位厅750 m²
登机口	5个桥位(其中B12改造为国际国内可转换登机口)	2个远机位新增4个远机位	新增3个远机位
离港行李分拣	国际国内动态使用3条行李线		新增1条
到港行李提取		国际3个、国内1个转盘	

上述改造方案经运行单位和设计单位测算,在航空业务量没有明显涨幅,以及运行部门错峰动态使用办票设施等保障方案成立的前提下,国内国际共用B楼时,设施资源能满足使用要求。

2) B楼改造阶段之A楼运行保障方案

改造后的A楼为国际功能;为保障A楼启用后,B楼改造期间的国内功能,将在新建A楼局部区域设置国内过渡区域。国内过渡方案出发流程为:办票岛A岛24个人工柜台给国内临时使用;办票A岛后侧的办公区改为临时安检区,与临时安检区最近的2个近机位和2个远机位登机口供国内使用(详见图3-5)。

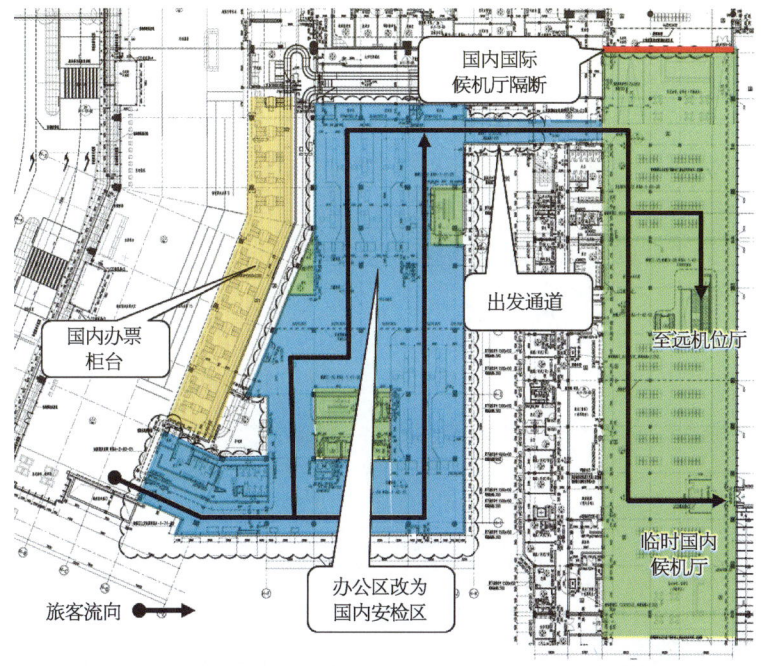

图3-5 B楼改造阶段,A楼国内过渡区域出发层平面示意图

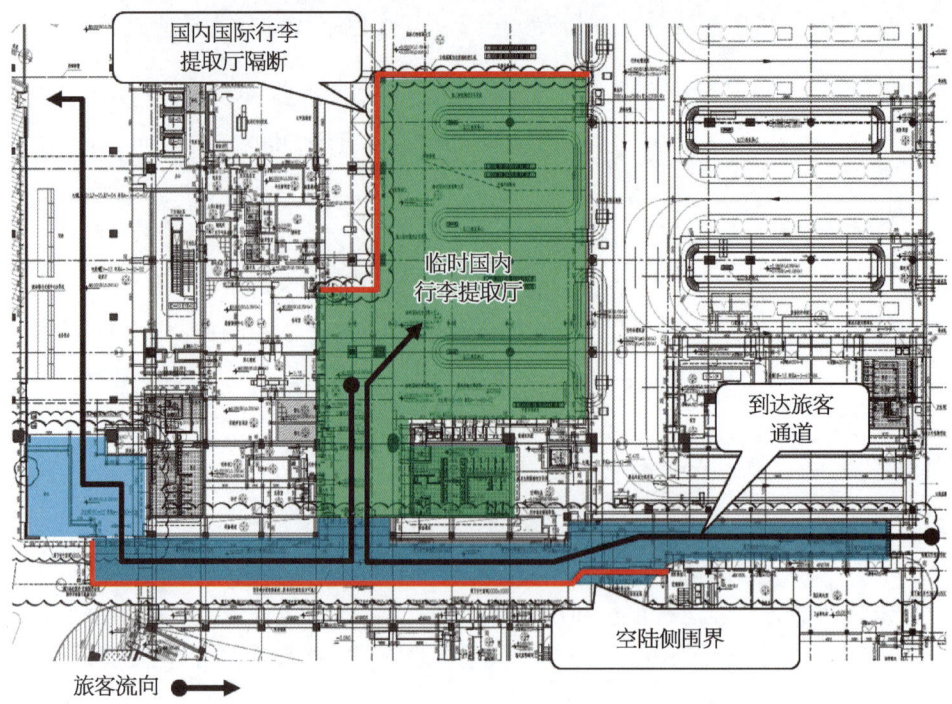

图3-6　B楼改造阶段,A楼国内过渡区域达到层平面示意图

到达流程为：利用室外通道作为临时国内到达通道,使用2个行李提取转盘及离港转盘系统(详见图3-6)。

国内过渡区域出发层涉及改造内容：将A楼国际46个人工办票柜台中的A岛24个改由国内柜台,相应出发行李线改由国内使用；办公区改为国内安检区2 100 m²,设安检通道10条；搭建出发通道140 m²；增加国内、国际候机厅隔断。

国内过渡区域到达层涉及改造内容：A楼共计5个行李提取转盘中的2个给国内使用,增加国内、国际行李提取厅隔断；搭建室外旅客到达通道,增加该通道处空、陆侧围界。

表3-6为上述国内国际共用A楼时过渡方案可以实现的主要资源情况与永久设计方案及现状的对比。

表3-6　A楼国内过渡方案可实现的主要运行资源对比

方案	办票大厅	近机位登机口		远机位登机口		远机位候机厅		行李提取转盘数
		国际	国内	国际	国内	国际	国内	
永久设计方案	6 500 m²	10	3	4	6	1 700 m²	2 300 m²	5(国际) 3(国内)
A楼国内过渡方案	3 700 m²(需求3 200 m²)	5	3	1(利用近机位做远机位出发)	4	/	1 700 m²	3(国际) 2(国内)
2012年T1运行现状		6	3	/	3	/	800 m²	3(国际) 1(国内)

根据表 3-6 的分析,在航空业务量均没有明显涨幅的前提下,国内国际共用 A 楼的办票厅、登机口、候机厅及行李提取,能满足使用需求。

B 楼改造完成后,国内功能搬至 B 楼,则上述 A 楼内的临时国内办票、候机、行李提取厅恢复为国际功能,相应隔断和出发通道拆除;临时国内安检区域恢复为办公区域。

经过以上策划,虹桥机场 T1 改造工程以"A+B"二阶段不停航施工改造为大原则,工程实施分为以下几个阶段:

(1) 开工前保障阶段。B 楼适应性改造,A 楼春秋航班搬至 B 楼运行。

(2) A 楼改造阶段。国际国内航班在 B 楼运行,A 楼改造(在 A 楼设国内临时过渡区域)。

(3) B 楼改造阶段。国际国内航班搬至 A 楼运行,B 楼改造。

(4) 恢复阶段。A 楼国内过渡区域设施拆除,恢复永久设计功能。

3.2 虹桥机场 T1 不停航施工的难点及对策

3.2.1 工程分 A、B 楼两个阶段组织施工,施工组织协调要求高

1) 难点分析

改造工程按照施工策划方案分两阶段实施,第一阶段改造为 A 楼改造工程,该阶段国内、国际功能均集中在 B 楼运行。根据设计 A 楼为国际航班区域,因不停航施工需要,在第二阶段 B 楼改造期间,除将国际功能从 B 楼迁入 A 楼运行外,同时须在 A 楼设置临时国内航班过渡功能。第二阶段 B 楼改造工程完工后,国内航班迁入,并将 A 楼内部临时国内航班区域按施工图恢复成国际航班运行区域。整个工程分阶段施工组织要求高。

2) 对策

在 A 楼改造和 B 楼改造施工分界线,不能以 A 楼和 B 楼之间的建筑分界线作为划分依据,必须结合 T1 的实际情况和运营需求进行确定。

(1) 一层 A、B 楼分界线上有四间边检用房、一间变电所、一间银行自助网点位于 B 楼运行区域内,无法在 A 楼改造期间进行施工,则考虑在 B 楼改造期间实施。一层 A、B 楼施工界面划分图如图 3-7 所示。

(2) 二层出发大厅的约会点跨 A、B 楼,考虑其机电、弱电系统接入 B 楼,因此约会点与 B 楼同步施工。位于候机厅 A、B 楼交接处附近的 10# 登机桥,根据运行需要,将与改造后的 A 楼同步投入使用,因此位于 B 楼的 10# 登机桥对应候机厅与 A 楼同步改造施工。二层 A、B 楼施工界面划分图如图 3-8 所示。

3.2.2 航站楼改造,机电系统须多次补偿及预留接口要求高

1) 难点分析

本工程 A、B 楼机电系统相对独立,主机房主要设置在 A 楼,分控机房主要设置在 B 楼。本工程 A、B 楼分两阶段进行改造施工,在 A 楼改造完成后,须预留机电系统接口至 B 楼。根据设计图纸对 A、B 楼两阶段改造分界线的设置,交界处

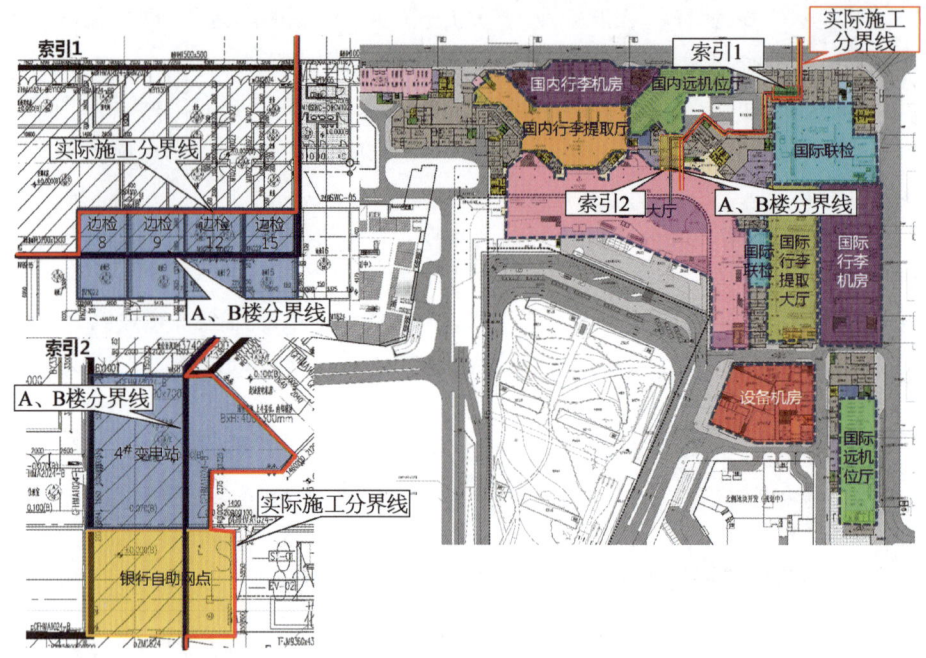

图 3-7 一层 A、B 楼施工界面划分图

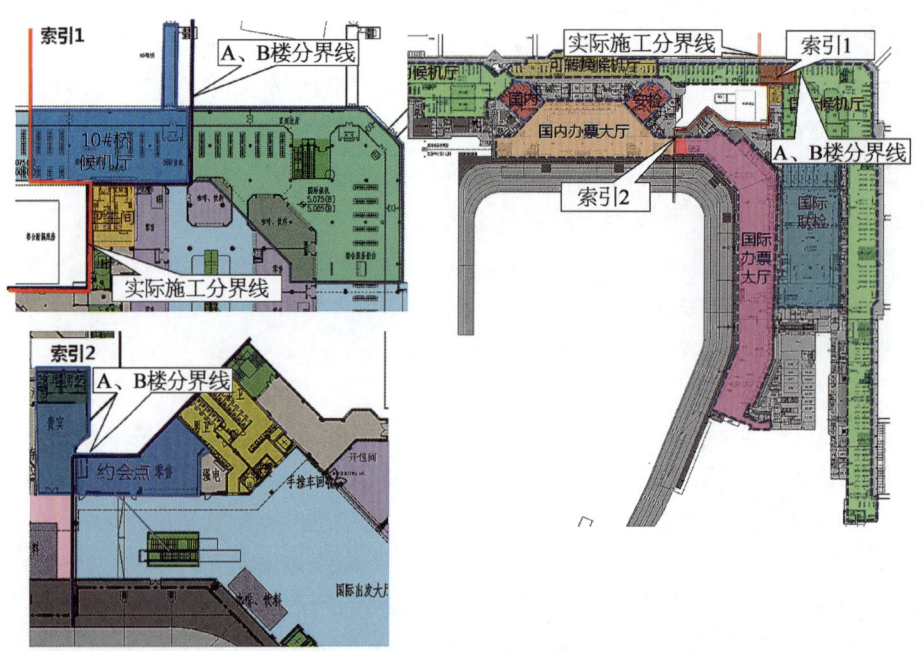

图 3-8 二层 A、B 楼施工界面划分图

机电系统存在功能交叉,A 楼改造施工时,有部分机房处于运营的 B 楼区域,无法实施改造施工,故须进行系统补充。

2) 对策

A 楼与 B 楼各机电系统接驳施工的主要内容、风险和不停航措施见表 3-7。

表 3-7 A、B 楼各机电系统接驳施工内容、风险和不停航措施

系统	施 工 内 容	难点及风险	不 停 航 措 施
电气	从新建 4# 变电所站变电所低配间敷设电缆至 B 楼区域、塔台、登机桥、楼层配电间等区域	电缆敷设路由经过 A 楼已运行区域,接驳时可能会对已有管线设备造成影响	A 楼施工时设临时电源,接驳时夜间停航时段施工,同时对已有管线进行保护
暖通	底层到达层边检区域西侧风管、空调水管与 B 楼空调机房接驳	风管、空调水管路由经过 A 楼已运行区域,接驳施工时可能会对已有管线设备造成影响	A 楼施工时预留阀门,接驳时夜间停航时段施工,同时对已有管线进行保护
给排水	A 楼新建水泵房上水管至 B 楼区域上水管接驳;A 楼消防水管与 B 楼消防水管接驳	水管路由经过 A 楼已运行区域,接驳施工时可能会对已有管线设备造成影响	A 楼施工时预留阀门,接驳时夜间停航时段施工,同时对已有管线进行保护
消防报警	B 楼新建消防报警系统及塔台、ACC 机房报警系统接入 A 楼消控中心	并网时,会对 A 楼产生不稳定因素	B 楼调试完成以后,并入 A 楼系统

3.2.3 与周边工程施工协调要求高

1) 难点分析

虹桥东片区整体改造包括了 T1 改造工程、交通中心工程和市政配套工程三个项目。其中新建高架为市政配套工程范围,原有楼前高架上部改造为交通中心工程范围,原有楼前高架下部改造为航站楼改造工程范围,故对于改造工程的整体性、协调性要求很高。

2) 对策

(1) 交通中心工程深基坑位于航站楼前的现状 P1 停车场,T1 部分室外管线穿越其施工区域,故交通中心深基坑开挖前,对该部分管线进行搬迁及切断,确保 T1 运行区域的使用要求。

(2) 根据 T1 改造工程设计方案,交通中心工程的冷源、热源均由 A 楼新建 C 段地下室的能源中心供应,并通过地下共同沟连接,两者的施工进度必须做到总体协调可控。

(3) 根据市政配套以及交通中心工程的设计方案,T1 现有楼前高架起坡段需要拆除新建。A 楼新建 C 段能源中心与交通中心的共同沟位于现状楼前高架起坡段下方,共同沟结构位置与现状高架下部结构局部重叠。故三个项目须密切配合,及时拆除老高架匝道,保证共同沟及时进行施工,确保各相关项目工期节点目标实现。

3.2.4 周边环境复杂,深基坑施工管理要求高

1) 难点分析

本工程 A 楼新建 C 段能源中心基坑面积 4 500 m²,开挖深度 10 m 左右,基坑围护设计方案采用一道混凝土支撑和一道钢支撑。由于地下室为大空间结构,结构板缺失情况较多,换撑施工难度较大;能源中心深基坑与保留 A 楼 A 段结构距

离 9 m 左右,与南侧楼前高架距离 12 m 左右,与东侧变电站距离 18 m 左右。在基坑 3 倍开挖深度范围内的周边环境极其复杂,对于基坑变形控制要求极高;根据地质勘察报告,本工程 5-2 层存在微承压水。同时 A 楼 D 段既有工程桩桩底标高正好在 5-2 层,基坑降水可能对 A 楼 D 段桩基础造成一定的影响。

2) 对策

(1) 增加 A 楼 D 段、A 楼 A 段、楼前高架的监测点位,观察建筑沉降及楼前高架水平位移,根据现场情况调整降水速率。

(2) 地下室为大空间结构,零层板缺失部分较多,无法作为换撑板带,严格按照基坑围护设计工况进行斜抛撑换撑施工。

(3) 除常规疏干深井之外,考虑到 5-2 微承压水虽无直接影响,但为确保基坑施工安全,在正式降水之前进行抽水试验,确保降水安全。

3.2.5 航站楼改造对结构加固、新老结构衔接施工要求高

1) 难点分析

本工程 A 楼结构改造为拆除部分结构、保留部分结构、加固部分结构、新建部分结构的改造形式,对结构加固施工和新老结构衔接提出了较高的施工要求。

2) 对策

(1) 由于新老结构存在沉降差,故施工前收集掌握老楼相关结构资料,复核老结构的轴线、标高,随后与设计方协商确定新建结构实际施工轴线、标高。新老结构衔接处采用搭板设计,根据设计沉降量计算结果,新建结构抬高 1‰高度,搭板初期为新结构向老结构方向形成 1‰坡度,待新结构沉降稳定后,老结构向新建结构形成 1‰反向坡度,以解决新老结构沉降差问题。

(2) 施工中注意对老结构的保护,防止施工机械碰撞保留结构。注意节点处理,做好衔接处的细部处理。施工中重点关注沉降缝、屋面防水的施工质量控制。

(3) 本工程结构加固采用了增大截面加固法、外包型钢加固法、粘贴钢板加固法、粘贴纤维复合材加固法、增设支点加固法、植筋技术、锚栓技术、裂缝修补技术、BRB 支撑等多种加固形式,且加固区须待结构加固施工完毕,才可进行上部结构施工。故考虑加固部分按不同楼层分别组织加固施工,增加施工投入量,增大施工作业面,加快施工进度,以确保后续工序及时展开施工。

3.3 虹桥机场 T1 改造工程不停航施工管理

虹桥机场 T1 改造工程按照"A+B"二阶段不停航施工改造方案,于 2014 年 5 月开始 B 楼适应性改造,9 月 B 楼适应性工程竣工,11 月投入使用;2014 年 12 月开始 A 楼改造,2016 年 11 月竣工,2017 年 3 月 A 楼投入使用;2017 年 8 月开始 B 楼改造,2018 年 8 月竣工,10 月 B 楼投入使用;2019 年 1 月 A 楼国内临时过渡设施拆除。至此,虹桥机场 T1 改造工程完美收官。

工程按前期确定的不停航施工改造方案顺利完成,其间未对航班运行、空防安全产生过任何不良影响,这得益于在科学和精细策划的基础上,建设单位与运

行单位、各参加单位的通力协作,摸索并制定出一系列不停航施工管理办法和举措。在整个改造建设过程中,这些办法和举措逐渐形成有效的管理制度,也可为今后其他航站楼改造的不停航施工管理给予借鉴。其具体管理要点如下。

3.3.1 管理目标

为了虹桥机场T1改造工程施工安全,保证机场正常安全运营,参照《民用机场运行安全管理规定》(民航局第191号令)及机场相关安全生产管理规定,结合改造工程实际情况,通过不停航施工组织、协调和实施中的过程管理,确保航站楼的正常运行秩序。以"运行为建设创造条件,建设为运行做保障"为前提,实现"空防安全、运行安全、管线安全、施工安全"的管理目标。

3.3.2 不停航施工管理体系与职责

虹桥机场T1改造工程是以建设单位——上海机场建设指挥部为责任单位,以相关施工总包单位、监理单位和设计单位为实施单位,以虹桥机场公司以及机场公安分局等为协作单位,构成不停航施工管理体系,履行各自的管理职责,解决不停航施工的各类问题。

1)建设单位

上海机场建设指挥部作为航站楼不停航施工的建设管理主体责任单位,负责在项目规划阶段编制审定工程设计文件中的不停航施工内容,在工程策划阶段编制招标文件及合同文件中的不停航施工内容,明确不停航施工的相关规章制度及管理机制;在工程实施阶段协调不停航施工管理体系内各单位间的联系沟通,督促各相关单位编制不停航施工实施方案,并组织进行审核;全面负责不停航施工各阶段的过程管理工作,协调处置不停航施工中遇到的各类问题。

2)运行单位

虹桥机场公司作为运行管理单位成立专责部门,作为机场运行管理方对口工程建设的总协调机构,负责协调各运行保障单位、部门与建设指挥部之间的所有工作联系;组织各运行保障单位审核不停航施工实施方案。各运行保障单位、部门负责审核各自运行管理职责范围内的不停航施工实施方案;参与不停航施工中的各类技术调查工作;在不停航施工期间对现场运行保障进行监督管理,对所属各类管线在不停航施工中进行巡视监护;及时处置不停航施工中影响航站楼运行的突发事件;负责对进出禁区的人员、车辆进行验证检查工作;负责机场围界大门管理和围界的巡查;负责治安、空防、防火等监督管理。

3)设计单位

在项目规划设计阶段针对不停航施工的特殊性对设计方案进行优化和调整;为工程提供相关设计文件及图纸,与施工总包单位、监理单位、管线使用单位商议切实可行的管线保护方案,出具保护方案图纸。

4)施工总包单位

在工程策划和实施阶段编制不停航施工实施方案,制定保障航站楼正常运行管理的相应措施;根据相关法规、条令、规章制度和机场相关管理规定,对所属人员进行安全培训、考核和管理；制定并落实各项不停航安全管理措施；制定本单位的应急救援方案及施工计划；在不停航施工过程中，无条件服从建设单位和运行单位的统一指挥。

5）监理单位

在工程实施阶段配合建设指挥部审核不停航施工实施方案；监督施工总包单位落实不停航施工安全管理措施，进行全过程旁站监理；对存在的安全问题，及时提出处理意见和建议。

6）机场公安分局

负责对航站区不停航施工中空防安全、消防安全、治安管理的指导、监督、检查工作；负责审批航站区不停航施工道路交通组织方案；针对工程情况简化审批流程，为加快推进不停航施工顺利实施创造工作条件。

3.3.3 不停航施工管理界面

为确保航站楼运行安全平稳有序，在不停航施工开展期间，须采取有效措施设立临时围界作为物理分隔，将不停航施工影响区域划分为施工区域和运行区域，其中施工区域内的全部管理责任由建设单位承担，运行区域内的全部管理责任由运行单位承担。

1）临时围界设置

临时围界设置高度应满足机场运行保障部门的要求，围界结构应坚固稳定，室内临时围界应具备一定防火、密闭、隔音、阻隔粉尘的性能，室外临时围界应能够抵御强风侵袭。临时围界搭设完毕后，由运行单位相关安全职能部门牵头组织验收合格后方可使用。临时围界设施的管理及日常维护由施工总包单位负责，由建设单位和监理单位进行日常监督。

2）界面管理

虹桥机场T1改造不停航施工区域包含施工区域独立和施工运行区域交叉两类情况。施工封闭管理要求分别如下：在不停航施工过程中，施工区域与运行区域相对独立，不涉及禁区管理，人机物料的通行及运输不会对航站楼正常运行造成影响，在采用临时围界做到空间分隔的情况下，施工区域的封闭管理及人员管理由建设单位和施工总包单位全面负责。不停航施工区域分布于航站楼运行区域内，无法与运行区域完全做到空间分隔，则临时围界周边运行区域的现场管理及巡视工作由相关运行保障部门负责，施工区域的封闭管理由建设单位负责，运行单位和建设单位承担各自的监管责任。

在施工区域独立的情况下，施工时间由建设单位视工程情况确定。如遇重大保障任务，则服从运行单位的统一指挥。在施工区域与运行区域交叉的情况下，施工时间的明确须以不影响航站楼正常运行为前提，由建设单位与运行单位共同协商后确定。

在航站楼内，对于因不停航施工封闭管理所造成的运行区域旅客引导流程变化，按照运行单位的要求设置相应临时标志。对于因不停航施工造成航站楼及周边交通组织发生变化的情况，则按机场公安交警及运行单位的要求设置相应临时交通引导标志。

3.3.4 不停航施工中的管线管理

针对在航站区不停航施工期间可能影响到的各类管线,包括机场内部管线和非机场产权的管线(供电、供水、雨污水、弱电、航油、空管、煤气等),建设单位制定了以下管线管理规定:

1) 预先排摸

在不停航施工开展的准备阶段,建设单位会同管线使用管理单位,排摸施工区域内各类与机场运行相关并仍继续使用的管线,并做好相应保护措施。

2) 方案制定

针对不停航施工过程中各类管线的拆除、搬迁和保护工作,制定专项的施工实施方案,并经过建设单位及相关管线管理单位的审核、批准。

3) 实施监管

在管线施工期间,严格按照管线施工实施专项方案进行施工,杜绝无序、违规作业。建设单位及各相关管线管理单位共同行使监管职责。

4) 应急处置

施工总包单位制定相关的管线施工应急预案,在不停航施工期间,一旦发生因管线施工造成的突发情况,严格按照应急预案实施处理工作。

3.3.5 应急保障

建设单位组织施工总包单位在工程开工前编制航站区不停航施工应急预案,应包括管线损坏紧急抢修、突发事件紧急撤离、车辆受损占道紧急处置、意外伤亡事故紧急处置等内容。运行单位参与不停航施工应急预案的审核工作,结合机场运行要求提出意见,并根据自身情况制定相应的运行保障应急预案,定期与施工总包单位共同组织应急预案的演练。具体应急措施如下:

(1) 在机场遭遇大面积航班延误,造成大量旅客积压、滞留机场等问题,按照机场相应应急预案及机场运行保障部门的要求,无条件改变施工计划,保证航班运行安全和顺利。

(2) 在施工过程中人员设施出现不正常状态以及火灾等情况的发生,及时向有关部门通报,改变施工保证航班运行安全。

(3) 在施工期间遇有突发事件,严格按照应急撤离广播的安排进行紧急撤离施工现场。

(4) 在控制区内进行不停航施工期间,建设单位和施工总包单位相关负责人全程监督管理,在发生突发事件后,由建设单位负责人统一指挥下达指令。

(5) 施工总包单位在收到建设单位负责人下达的应急处理指令后,无条件服从管理和指挥,组织人员按照应急预案进行处理或参加抢修。

(6) 施工期间成立抢险队伍及配备抢险用的机具、设备(包括通信设备),承担机场的抢险任务。

3.3.6 不停航施工安全管理

（1）在不停航施工期间，定期对施工区域实施安全检查，保持各类临时安全标志、标志物清晰有效，临时灯光工作正常。

（2）施工区域内的各类电缆和管线应设置醒目标志。施工作业时注意对电缆和管线的保护，不得对其造成损坏。

（3）未经机场相关安全管理部门批准，不得使用明火，不得使用电、气进行焊接和切割作业，须按照机场管理流程办理一级、二级或三级动火申请。

（4）在机坪或邻近机坪处施工，应对堆放的易飘浮物体和材料加以遮盖，防止其被吹散影响机场正常运行。

（5）因施工而影响机场消防应急救援通道和集结点正常使用时，应将施工计划预先告知相关机场运行保障单位，并采取临时措施保障其安全功能。

（6）应与机场运行现场指挥机构建立可靠的通信联系，在不停航施工期间安排安全检查员现场全天候值守和检查。

（7）不停航施工区域的临时用水用电，应严格按照机场运行保障单位既有的用水用电制度规定执行。如施工区域与运行区域相对独立，应制定临水临电专项实施方案，并通过运行保障单位审批。

（8）人员管理：须进入控制区进行不停航施工的人员，应严格执行机场空防管理规定，向机场公安分局申请办理临时控制区通行证。对于非禁区的不停航施工人员管理，由施工总包单位统一办理制作施工人员通行证，对施工区域进行出入管理。

（9）车辆管理：进入机场控制区施工的车辆，应严格执行机场空防管理规定，向机场公安分局申请办理车辆禁区通行证。对于进入机场运行区域的施工车辆，须按照机场公安交警的要求办理通行证，特殊车辆须严格按规定路线行驶。

（10）机械设备管理：进入机场禁区施工的机械设备，必须在施工完毕后立即退出控制区或按机场运行保障部门的要求退至规定的停放区域。在机场飞行区净空管理区域的超高机械设备，按照相关管理要求向运行部门上报方案和设置警示设施。

3.3.7 不停航施工实施方案编制要求

根据上述不停航施工管理的各项要求，在虹桥机场 T1 改造工程的实施中，无论是整个工程的不停航施工方案还是过程中专项的不停航施工方案，作为建设单位都要组织施工总包单位，在充分征求运行单位意见的基础上，编制完整、可靠的不停航施工实施方案。不停航施工实施方案包括以下内容：

（1）工程简要内容说明，分阶段、分区域的不停航实施方案，建设工期进度计划。

（2）不停航施工封闭管理措施。包括施工平面图和分区详图，应详细说明施工区域、施工区与航站楼运行区域的分隔位置、围栏设置、堆料场位置、大型机具停放位置、施工车辆和人员通行路线和进出道口等。

（3）针对不停航施工区域各类管线的排摸、补偿、切断、保护、搬迁等措施。

(4) 不停航施工区域的交通组织方案及实施计划。

(5) 大型机械设备管理措施,包括对设备工况的说明和设置安全警示标志的措施,以及对不停航施工区域、无障碍物区和其他净空限制面的保护措施。

(6) 针对航站区不停航施工的不同类型(新建、改造、扩建),分别制定专项不停航施工实施方案。

(7) 不停航施工对机场空防安全的影响和应对措施。

(8) 不停航施工对设施设备系统安全的影响及应对措施。

(9) 不停航施工对航站楼消防安全的影响及应对措施。

(10) 不停航施工对公共安全的影响及应对措施。

(11) 不停航施工对航站楼运行区域环境的影响及应对措施。

(12) 不停航施工对航站楼主体结构安全的影响及应对措施。

(13) 不停航施工对航站楼交通运输安全的影响及应对措施。

(14) 风险评估及危险源分析方案,明确危险源辨识标准、风险评估依据,列出重要危险源清单。

(15) 突发事件的报告、调查及处置程序。

(16) 对施工人员与车辆进出不停航施工区域出入口的控制措施和进出控制区工具器材管理制度。

(17) 对施工中的飘浮物、灰尘、施工噪声和其他污染的控制措施。

(18) 不停航施工区域临电、给排水及排污等措施。

(19) 施工安全协调会议制度,明确所有施工安全相关方的代表姓名和联系电话。

(20) 对施工人员和施工相关车辆驾驶员的培训要求。

(21) 各相关部门的职责和监督检查的要求。

3.4 虹港大酒店拆除

虹港大酒店始建于1992年,位于迎宾一路688号,为一栋凹形框架结构建筑物,其主楼结构11层框架结构,另加机房层和水箱层,建筑总高度44 m,附属裙楼为3~4层砖混结构建筑,总建筑面积13 446 m^2。虹港大酒店处于虹桥机场T1改造工程规划设计范围内,其位置将改建成航站楼能源中心,也是确保2014年底虹桥机场T1改造工程桩基开工的选址所在。所以为了保证航站楼动工节点目标的顺利实现,虹港大酒店必须在2014年11月底前完成拆除、清运、场地平整及移交的各项工作,为航站楼的开工创造必备的条件。后经反复论证研究,虹港大酒店采用了"主楼爆破+裙楼机械"拆除的组合形式,也是国内第一次在运行中的民航机场实施临近建筑爆破拆除的工程案例。

3.4.1 拆除方案策划比选

根据表3-8方案进行综合考量及比选,虹港大酒店拆除最终选定爆破拆除(主楼)+机械拆除(裙楼)的拆除方案。

表 3-8 拆除方案策划比选

方式选择	机械拆除	爆破拆除	机械＋爆破
前期审批手续	建委系统，较简单（约 15 d）	建委系统及公安系统，较复杂（约 20 d）	建委系统及公安系统，较复杂（约 20 d）
前期措施	整体建筑安全维护，结构安全加固（目前拆除机械最高处可达 27 m，虹港主楼 44 m，须进行机械承载力验算及楼层加固）	定向爆破准备工作，裙楼爆破前期准备及保护工作量较大	机械拆除及定向爆破准备工作
对周边管线影响	基本不影响	距轨交 10 号线 387 m，基本不影响；距航油管 79 m，须采取航油管线监测及保护措施	距轨交 10 号线 387 m，基本不影响；距航油管 79 m，须采取航油管线监测及保护措施
施工安全性	持续危险性大	爆破瞬间危险性大，裙楼爆破效果可能不佳	爆破瞬间危险性大，裙楼拆除危险性一般
噪声	主楼及裙楼拆除噪声持续性严重	爆破瞬间噪声极大，主要为破碎噪声	主楼爆破瞬间噪声极大，裙楼拆除噪声持续性较严重
扬尘	持续性严重	爆破瞬间极严重	主楼爆破瞬间严重，裙楼拆除时持续性较严重
垃圾清运	相对集中性清运，对周边交通影响一般	相对集中性清运，对周边交通影响一般	相对集中性清运，对周边交通影响一般
施工周期(d)	95	50	55
费用（万元）	418.7	376.7	338.7

拆除区域示意图如图 3-9 所示。

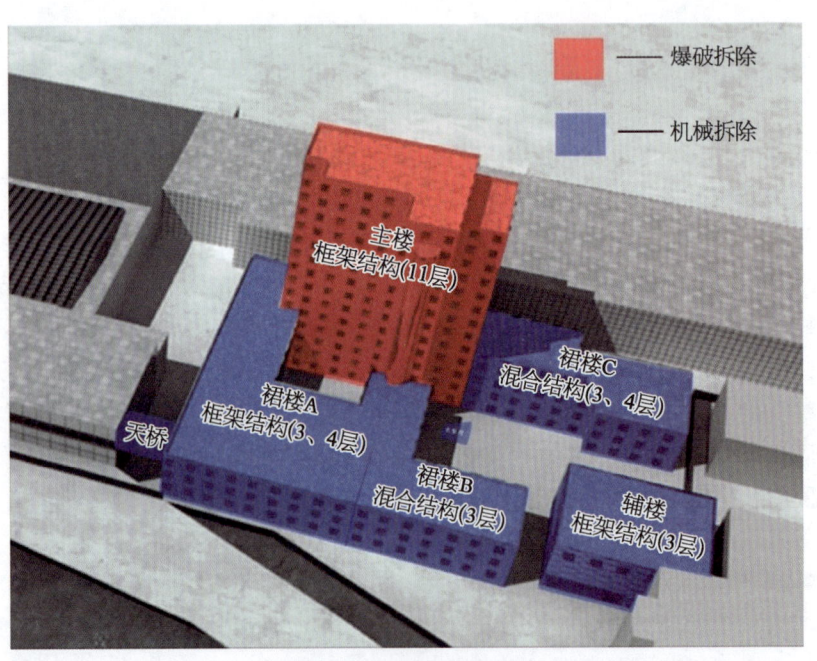

图 3-9 拆除区域示意图

3.4.2 拆除施工的实施与管控

3.4.2.1 施工防护措施

拆除区域西、北两侧道路边为机场的桥架管道、管线及空调机组系统,拆除裙楼和主楼施工前,对拆除区域外围四周搭设全封闭彩钢板围挡,挂好警示牌,防止周边人员进入拆除区。主楼爆破前,还须在主楼东、南、西、北四个方向搭设高度9 m 的安全防护钢管脚手架并悬挂警示牌。

3.4.2.2 地下管线保护措施

施工区内道路下方有多条管线,施工前必须将施工区内道路进行硬化加固并铺设8 mm 厚钢板,确保道路及管线不受损坏。在有地下管线区域,设立警示标志,配专业安全员指挥。

3.4.2.3 防尘措施

1) 主楼爆破拆除降尘措施

主楼爆破区域搭设9 m 高全封闭防护脚手架;房间内隔墙先进行拆除,垃圾及时清出楼外。爆破前对各个房间进行洒水,以减少灰尘产生;同时使用消防水提前对主楼的倒塌区域进行喷水工作,减少爆破扬尘。爆破前,在主楼四周,设置六个自动旋转喷头,爆破时全部打开,进行全角度喷淋,旋转喷头大面积全角度覆盖洒水,减少扬尘。爆破时,在主楼侧前方安装一台喷雾机,针对倒塌落地方向易产生大量粉尘的情况,爆破时打开喷雾机瞄准落地点方向有力喷洒水雾,可将爆破粉尘控制在倒塌区域而不外溢。

2) 裙房机械拆除扬尘控制措施

拆除前对被拆房屋的各个房间进行洒水作业,待每个房间充分被淋透后,方可进行机械拆除作业;机械拆除时同时进行喷洒作业(利用消防水);机械拆除后,对垃圾进行喷洒,控制扬尘。施工现场临时碎渣堆放处设置在避风位置,堆放期间进行洒水浇透;建筑垃圾清运车辆在装车完成后立即封闭顶盖。

3.4.2.4 噪声控制措施

通过搭设全封闭防护围挡,最大限度地将施工噪声控制在围挡范围内。施工方法上,采用长臂剪刀机拆除主体结构,大量使用液压鳄式压碎进行二次破碎拆除,可大大减小噪声的影响。在拆除施工时优化作业时间,尽可能避开机场高峰运营期间施工,特别是避免对机场运营区域的噪声影响。严格管理,控制拆除施工时间,白天拆除,夜间只做辅助作业。

3.4.2.5 易燃易爆物品的安全措施

存放易燃易爆气体钢瓶等的场地宜阴凉通风,有降温措施的场所,还要注意远离火源、热源,防止日光暴晒。每天对施工现场库房、动火现场进行巡视检查,确保仓库专用的消防设施、器材完好、有效;发现火种、电源及库房内与储存物品防火安全冲突的问题,要及时解决。氧气、乙炔瓶在使用过程中严格按规定放置,两瓶相距

5 m,严禁将氧气、乙炔瓶倒置,严禁将罐存煤气当乙炔气使用。运输、装卸氧气、乙炔时,要做到搬运时轻装轻卸,严禁撞击、横倒滚动气体钢瓶和液体容器。气体钢瓶在运输时要平放,瓶口朝着同一方向,不得交叉。瓶装高度不超过防护栏板,戴好气瓶安全帽,套上防震圈。施工现场不设置油料储存库,所有施工机械设备使用的油料,均由加油车定期定量配送至工地,确保工地无重大危险源。

3.4.2.6 动火作业管理措施

严格执行动火申报审批制度。严格执行"十不烧"制度,动火必须具有"二证、一器、一监护"。脚手架上、临时设施四周按规定设置足够的灭火器材,并由安全员检查落实到位。灭火器须由专人维修、保养,定期调换药剂,标明换药时间,确保灭火器效能保持正常。气割作业人员必须考核通过安全技术培训,方能上岗作业。安排专人每天下班后对工地临时设施进行一次消防巡查,消除事故隐患。

虹港大酒店拆除过程影像如图 3-10 所示。

图 3-10 虹港大酒店拆除过程影像

3.5 交通中心建设技术创新

交通中心工程作为 T1 升级改造配套工程,位于虹桥机场 T1 东南陆侧,原为 T1 陆侧换乘交通枢纽,其主要功能包含社会车辆 P1 停车场区域、公交车站点及出租车进出车道和上客点。新建交通中心主要包含地下停车库、换乘中心、出租车上客区及大巴候车区雨篷等,另外包括楼前高架保留段路面改造及立柱加固。交通中心工程总建筑面积 71 901 m^2,其中地上建筑面积 6 102 m^2,地下建筑面积 65 799 m^2,虹桥机场 T1 楼前高架保留段改造建筑面积 8 000 m^2。场地南侧紧邻迎宾一路,现存多栋建筑物(包括虹桥机场招待所、君悦宾馆、华港雅阁大酒店、航友宾馆二号楼等多层建筑)。场地西侧为航站楼 B 楼,须在交通中心施工期间使用,规划 B 楼在改造完成后到达层大厅与交通中心换乘大厅连接。北侧主要建筑有正在改建中的 T1 A 楼及拟建的能源中心。现状楼前高架桥为结合新建市政高架项目,须将现状高架桥上匝道拆除,与新建高架相连形成进场高架道路系统。拟拆除的上匝道段为三车道设置,车道宽度 3.5 m。

交通中心建设主体区域基坑面积约 37 660 m²，基坑周边延长约 840 m；两个连通道区域基坑面积约 385 m²，基坑周边延长约 138 m，地下一层、二层交界处延长约 120 m。地下二层区域基坑面积约 36 000 m²，开挖深度约 9.9 m；地下一层区域基坑面积约 1 800 m²，开挖深度约 5.95 m。基坑东侧存在一条管径为 ϕ500 mm 的航油管线，最近处距离基坑边线约 8.5 m；基坑西侧、西南侧、西北侧有迎宾一路高架道路分布，最近处距离基坑边线约 4.8 m；基坑东北角有新建高架道路桩基础分布，最近处距离基坑边线约 3.0 m；基坑东南角 1～2 倍开挖深度范围内分布多条市政管线，2～3 倍开挖深度范围内有若干多层建筑物。

总体来说，交通中心工程场地条件为典型的上海软土区域，东侧紧邻航油管线，南侧、西侧、北侧被紧邻的高架道路和运营中航站楼 A 楼和 B 楼环抱，保护对象对变形的敏感性极强，基坑环境保护要求极高，从客观上增加了基坑围护设计的难度。

交通中心工程基坑面积大、周围环境条件复杂且有不停航施工的要求，工期紧迫，造价控制要求高，同时需要考虑文明施工的因素。综合以上特点，本项目创造性地采纳了若干新技术、新工艺：采用超大面积深基坑整坑逆作方案，排桩采用新型绿色环保的压灌桩技术和"桩墙合一"国内领先技术，采用基坑支护结合基础托换技术。

3.5.1 创新采用超大面积深基坑整坑大开口逆作法设计方案

交通中心工程基坑面积巨大，周边环境复杂，对工程竣工的时限已经确定，交通中心工程工期极为紧迫。采用常规的顺作法方案将无法满足相关要求：首先，常规做法需要在基坑中部设置隔断分坑实施，无法满足工程工期要求。其次，交通中心工程变形控制难度大；采用顺作法方案有大范围的开洞，会对交通组织安排造成不便，并对旅客产生一定的心理压力。因项目的特殊性，最终确定本基坑工程采用整坑围护，逆作实施，利用逆作结构梁板代替临时支撑作为水平支撑体系的方案。逆作法方案的优势在于：

（1）逆作法设计方案利用刚度大的地下水平结构作为支撑，可有效控制基坑变形，对周围复杂的环境可起到有效的保护；

（2）逆作法首先完成地下室顶板，可为进出航站楼的地面交通改道以及北侧高架上匝道改造及早提供良好的场地条件；

（3）逆作法还可避免设置和拆除大量临时支撑对环境造成的影响，同时可实现工地文明施工、减少噪声污染，为 T1 不停航使用创造良好的环境。

逆作法须在结构梁板下方暗挖土方，出土效率成为影响逆作法基坑工程工期的重要因素。为加快出土效率，交通中心工程在基坑中部位置设置两个超大型出土口，便于土方开挖及外运。两个出土口尺寸分别为 83 m×48 m 和 75 m×48 m。大开口逆作的顺利实施，为加快交通中心工程进度创造了条件。根据逆作阶段对 B0 层、B1 层逆作楼板在周边水平荷载作用下的内力以及变形计算结果，楼板在相应的水平荷载作用下，B0 板和 B1 板的最大变形分别为 7.4 mm、16.3 mm，总体计算内力和变形均在可控范围之内，说明中部设置大开口可以确保基坑安全。

交通中心工程采用整坑逆作方案，结合分区开挖的安全措施，实现了对周边环境保护要求：基坑开挖至基底时，基坑东侧航油管线差异沉降仅 1/4 500，基坑西侧紧贴的高架道路实测的最大沉降约 10 mm，基坑开挖期间周边建构筑物的正常使用未受到影响。超大面积出土口的设置，显著地方便了基坑土方开挖施工，大范围减小了暗挖土方的区域，相对于传统布置小型出土口的逆作法工程，可节约工期约 100 d。采用整坑方案，省去了一排隔断排桩和止水帷幕，相对于传统分坑方案，可节约工程造价约 360 万元。

逆作结构楼板平面示意图如图 3‑11 所示，超大面积出土口实景图如图 3‑12 所示。

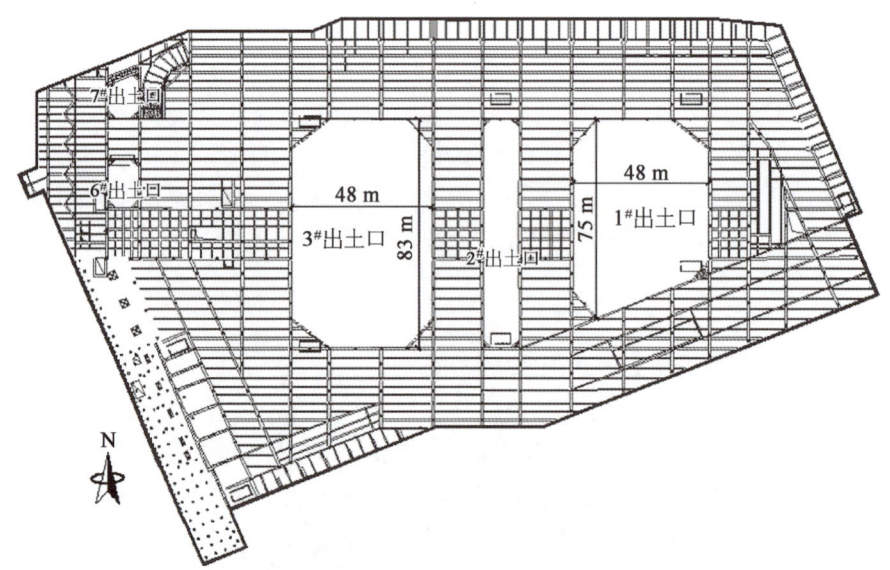

图 3‑11 逆作结构楼板平面示意图

图 3‑12 超大面积出土口实景图

3.5.2 在逆作法中首创采用"桩墙合一"排桩作为基坑围护体

交通中心工程采用"桩墙合一"新技术,围护排桩可以为地下室外墙提供额外的刚度、减小其正常使用阶段的变形,可减薄地下室外墙厚度约 200 mm,并省去基坑回筑阶段周边换撑体系及土方回填方量。

常规的灌注桩排桩作临时性围护结构,在地下室施工完成后遗弃于地下,会在基坑周围地层遗留下大量固体障碍物,存在着耗能高、资源浪费等问题。交通中心工程中创新性地考虑利用灌注桩排桩作为地下室外墙的一部分,即采用"桩墙合一"新技术。采用该技术,地下室外墙由原设计的 800 mm 厚减薄为 600 mm,基坑围护排桩设计与地下室外墙外边线紧贴,仅预留 150 mm 变形和防水层施工空间。交通中心工程逆作开挖至基底后,在"桩墙合一"排桩表面设置挂网喷浆面层,在面层上铺设防水层,然后单侧支模施工地下室外墙(图 3-13)。

图 3-13 "桩墙合一"技术地下室外墙单侧支模实施实景图

交通中心工程"桩墙合一"具体材料由坑外向坑内依次为:三轴水泥土搅拌桩止水帷幕,桩间压密注浆,钻孔灌注桩排桩,100 mm 厚挂网 C20 混凝土面层(灌注桩内外 50 mm),基层处理剂一道,4 mm 厚防水卷材(SBS 改性沥青),冷底子油一道,12 mm 水泥基聚合物防水涂料双层施工,预留约 30 mm 空间作为支护桩施工偏差以及开挖变形空间,单侧支模施工的自防水混凝土地下室外墙(图 3-14)。

采用"桩墙合一"技术,基坑工程造价节约主要体现在减小地下室外墙工程量、减小开挖及回填土方量、减小基坑围护体工程量三个方面。采用"桩墙合一"新技术设计相对于传统桩墙分离设计,可节约造价总计约 400 万元。

3.5.3 基坑围护排桩采用新型、绿色环保压灌桩的行业领先技术

常规钻孔灌注桩采用泥浆护壁工艺,泥浆排放量大,污染严重,且施工质量难

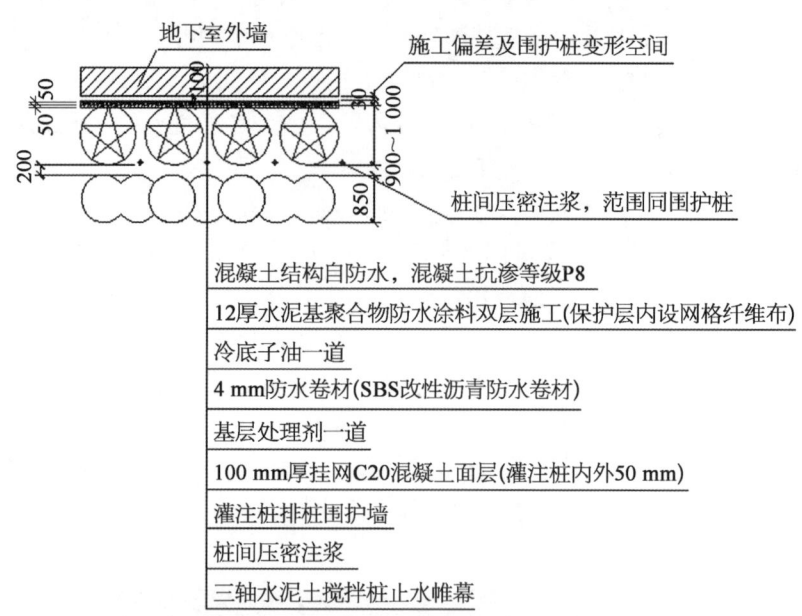

图3‑14 "桩墙合一"外墙防水节点平面样图

以控制。本项目的围护排桩首创在软土地区中采用了压灌桩新技术,克服了传统灌注桩技术的缺点。压灌桩技术在基坑工程中的应用体现了较高的施工速度,受桩长和地层条件影响,单桩成桩时间普遍在0.8～2 h之间,与常规GPS钻机成桩时间(根据大量工程时间经验,以30 m桩12 h成桩计)相比,效率大大提升。该方案成桩质量良好,能避免软土、砂土地区成桩缩径、断桩的施工质量问题,特别是采用全桩长套管施工的,桩身完整性和平整度均表现优异,尤其是配合应用"桩墙合一"技术的基坑工程,压灌桩相比于传统泥浆护壁钻孔灌注桩优势更显著,同时节能降耗,可实现整洁文明的工地形象。

交通中心工程压灌桩有较好的成桩质量:检测单位对交通中心工程122根全套管长螺旋钻孔灌注桩进行低应变动测:其中Ⅰ类桩占比84.4%,Ⅱ类桩占比15.6%,无Ⅲ、Ⅳ类桩。对交通中心工程10根全套管长螺旋钻孔灌注桩进行超声波透射法检测:其中Ⅰ类桩占比90%,Ⅱ类桩占比10%,无Ⅲ、Ⅳ类桩。交通中心工程围护灌注桩排桩共992根,桩径$\phi 700 \sim \phi 1\,000$ mm,全部采用压灌桩的施工工艺,相比于常规GPS钻孔成桩工艺,成桩效率可大大提升,节约工期约200 d。压灌桩可以利用护筒代替泥浆护壁,可大幅节约泥浆的工程量;相对于传统成桩工艺,可节约造价约400万元。

压灌桩效果示意图如图3‑15所示。

3.5.4 创新采用基坑支护结合基础托换新技术

逆作区域顶板结构施工完成后,在逆作区顶板上搭设供社会车辆行走的临时钢便桥,临时替代原高架上匝道(图3‑16)。钢便桥主体结构采用200型贝雷桥的形式,为多跨下承式结构。临时钢便桥利用交通中心逆作结构顶板作为承载结构,实现了在满足社会车辆行走、不停航施工的前提下,基坑实施与高架改造同步

图 3-15 压灌桩效果示意图

图 3-16 交通中心顶板上方的钢便桥现场实景照片

进行,加快了高架体系改造的工期;此外,临时钢便桥采用贝雷桥的形式,其架设速度和拆除速度加快,有利于提前对原高架上匝道进行拆除,进一步缩短高架体系改造的工期。

西南角地铁 10 号线连通道为地下一层结构,其穿越位置需要对高架道路基础进行托换,即拆除部分原高架基础、最终利用新建地下连通道结构作为新高架基础。在基坑实施期间,高架道路须利用 10 号线连通道基坑的竖向支撑体系作为临时托换,待地下结构和新建高架柱浇筑完成后进行第二次永久托换。该区域基坑竖向设置一道钢筋混凝土支撑,水平支撑体系也作为侧向约束,加强了临时托换立柱和立柱桩的安全储备。此外,在首层结构面以上和底板面以上分别设置托换钢梁,可在支撑拆除后替代水平支撑作为侧向约束,加强了临时托换立柱和立柱桩的安全储备。基坑竖向支撑体系不仅满足了基坑支护结构竖向承载能力的要求,而且成为连通道上方高架道路的临时托换体系。该方案不仅实现基坑实施与高架改造同步进行,也实现该处高架道路结构不拆除的前提下进行基础托换,满足不停航施工的要求。

高架正下方基坑结合基础托换实施效果图如图 3-17 所示。

图 3-17 高架正下方基坑结合基础托换实施效果图

3.6 交通中心建设交通组织翻交

3.6.1 交通中心建设交通组织翻交方案整体策划

交通中心的建设是在虹桥机场 T1 正常运营的条件下进行施工的,在航站楼前原址为集公交、大巴、出租车、私家车停车场于一体的地面交通枢纽,同时场地内纵横交错各类管线,重要管线包括航站楼雨、污排水总管,空管信号线,机坪供油管道等。改造交通枢纽中心,建设过程中必须保证虹桥机场 T1 在不停航条件下的正常运营。虹桥机场 T1 改造过程中的不停航运营概念基本可分为三个方面:① 空侧飞机正常起降;② 航站楼内运营管理保障;③ 交通组织搭配合理、流畅。本项目实施期间,将会成为空侧、陆侧及航站楼运营影响因素的外部诱因。

通过将上述三方面的功能因素进行综合排序,得出以下两个问题:① 本项目实施期间对交通组织的影响;② 本项目实施期间对管线的影响。

为了减少施工对交通组织的影响,对基坑方案进行优化,并提出采用逆作法施工,通过场内分块、分区翻交,确保楼前陆侧有足够场地满足运营车辆进出需求,达到不停航交通组织的基本要求。对于管线安全的保护,结合管线搬迁的时间安排及具体方案,对基坑桩基、围护进行分区分块实施,保障管线的安全。

为满足不停航的总体要求和交通中心工程的正常施工进展,保证旅客的正常换乘和航站区的正常运营,通过交通状况的数据收集和分析,最终确定交通中心总体交通组织布置思路:必须保留原有的所有交通形式。不停航原则下的交通组织以保证功能性完整为出发点,保证便捷性为主要要求,以功能补偿和位置调整为技术手段。

1) 航站楼楼前交通枢纽部分功能补偿措施

现状 P1 停车场(可容纳 632 辆小型车停放)日均进出车流约 2 150 辆次,主要承担提供旅客车辆及部分工作人员车辆停放功能,现状公交站点及出租车上客点也受 P1 区域改建影响。为满足运营要求和旅客出行需要同时保证施工进行,现状 P1 停车场部分功能需要搬离,为此采取如下措施:

(1) 新建 P0 停车场(可容纳 795 辆小型车及 20 辆大巴车停放),在交通中心施工期间供社会车辆停放,旅客由新设短驳摆渡车送至航站楼楼前;

(2) 改建 P2 停车场,调整 P2 停车场功能,使其满足交通中心施工期间公交车、短驳车、巴士及部分工作人员车辆的进出及停放条件。

新建 P0 停车场的选址必须在航站楼附近,在施工期间替代原 P1 停车场的部分配套功能,以满足改造项目的顺利进行并维持施工期间相关交通的井然有序。考虑实际用地条件及交通组织要求,新建停车场选址在友乐路西侧。

2) 公交车站及路线调整措施

现状 P1 停车场内的公交站点搬离,搬迁至紧邻航站楼区域的改建后 P2 停车场内,公交路线配合进行相应微调。现状公交线路共有 3 条(938 路已于 2014 年 3 月取消),高峰发车时间间隔为 10~15 min,全天运行 16~17 h,从公交实际运营情况和场地情况考虑,在 P2 停车场改造区域为目前在运营的每条公交线路设置两个泊车位,为规划中但尚未开通的线路预留一个泊车位。

3) 出租车调整补偿措施

对原楼前出租车排队系统的组成进行分析,并统计对应需求面积,见表 3-9。

表 3-9 原楼前出租车排队系统对应需求面积

楼前位置	车道情况	场区要求
高架上匝道北出租车进场	2 车道	/
到达层出租车上客点	8 车位	6 车位(144 m²)
楼前到达层	7 车道	4 车道(192 m²)
蓄车场池	5 车道(1 100 m²)	750 m²
迎宾一路楼前出场	4 车道	/

根据航班次数、旅客流量分析计算在项目实施期间出租车排队系统须补偿面积,见表 3-10。

表 3-10 出租车及部分社会车辆路由补偿

序号	楼前位置	需求情况	需求面积
1	站点发车最低车位数	车位数≥6 辆	$4 \times 6 \times 6 = 144 \text{ m}^2$
2	站点出租车缓冲车道（至发车位）占地面积	缓冲车道 6 根	4×6（车道）$\times 8$（车辆容积数）$= 192 \text{ m}^2$
3	旅客排队区域面积	≥200 人/小时（按 954 人/小时[高峰时段]：200≈5∶1）	$0.8 \times 1.5 \times 200 = 240 \text{ m}^2$
4	临时缓冲蓄车池	≥50 辆临时蓄车（按 530[高峰时峰值]：50≈10∶1）	$750(2.5 \times 6 \times 50) \text{ m}^2$
5	排队区面积	序号 1+2+3	576 m^2（取 600 m^2）

根据出租车排队系统需求，结合本项目实施期工况流程安排，在进行三种方案比较后，选择在项目实施过程中对场内出租车排队系统进行三次调整来确保项目顺利进展，由此引入"三次翻交两次切换"的概念。

3.6.2 交通中心建设交通组织翻交分阶段实施与管控

3.6.2.1 交通组织翻交分阶段实施

1）第一次道路翻交

出租车由现有上匝道北侧道路进场→穿越上匝道→进入航站 A 楼楼前高架下方停靠→现有 P1 与花坛间车道→穿过高架下匝道→P2 与下匝道间车道离场（图 3-18）。

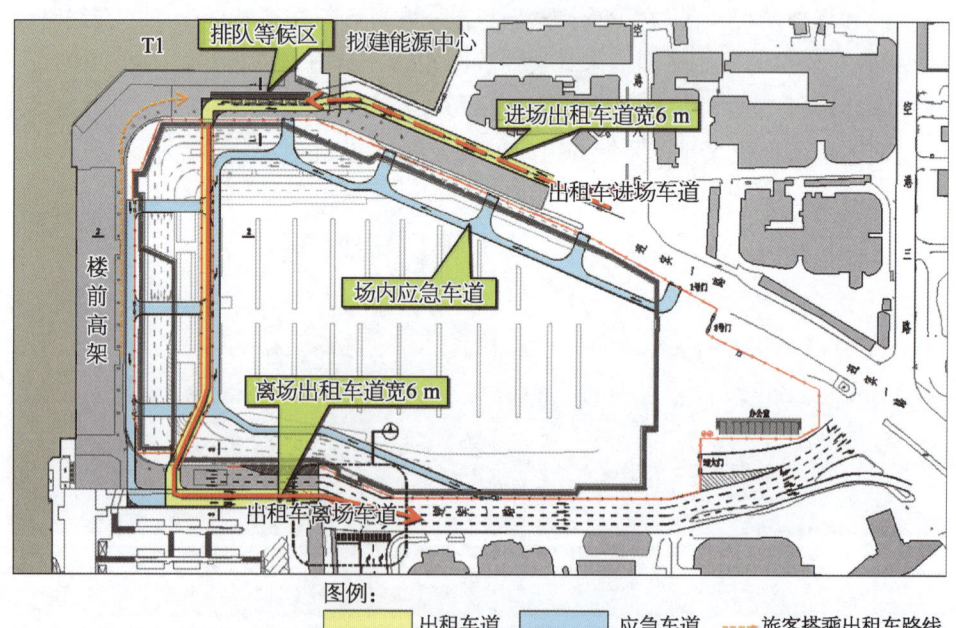

图 3-18 第一次翻交示意图

2）第二次道路翻交

出租车由现有上匝道北侧道路进场→穿越上匝道→进入航站 A 楼楼前高架下方停靠→航站 B 楼楼前车道→穿过高架下匝道→P2 与下匝道间车道离场(图 3-19)。

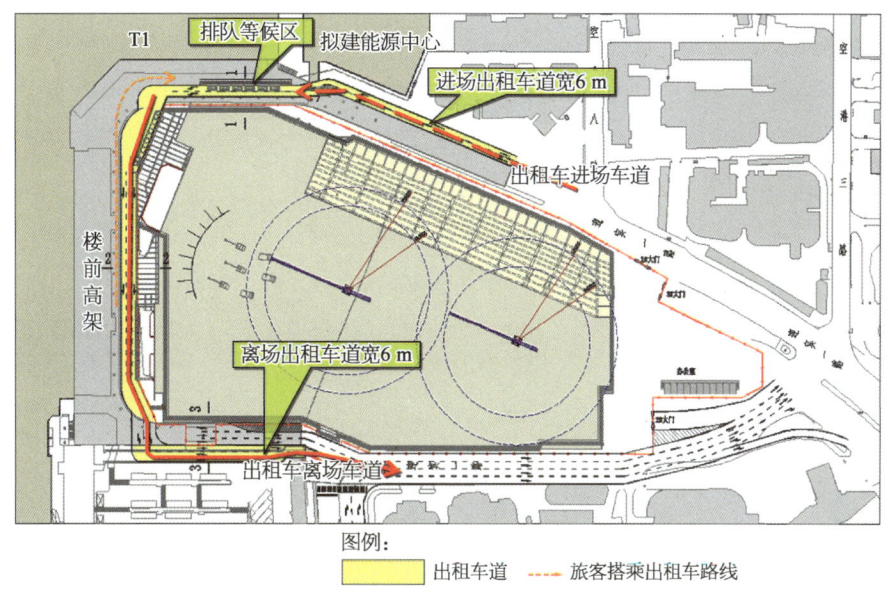

图 3-19 第二次翻交示意图

3）第三次道路翻交

社会车辆出发改走地下室顶板道路→钢便桥上匝道→楼前高架及下匝道离场。出租车走顶板正式道路及车库坡道封闭形成的临时道路→穿越钢便桥上匝道→至永久大巴车道停靠、上客→走南侧地下室顶板上正式道路至迎宾一路离场(图 3-20)。

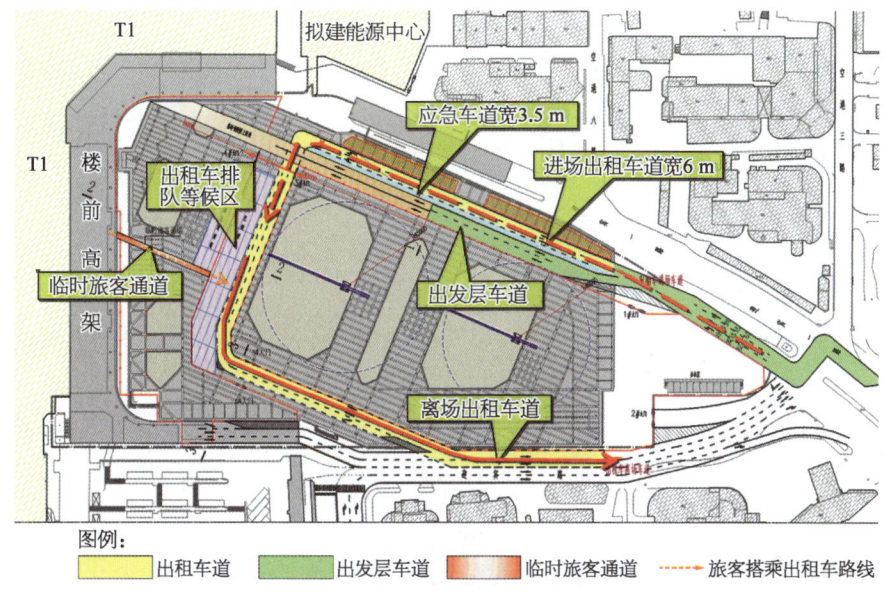

图 3-20 第三次翻交示意图

4) 第一次开通(新建高架开通)

新建高架完成后启用,社会车辆走新建路面高架至出发层;其余交通组织路由保持不变(图3-21)。

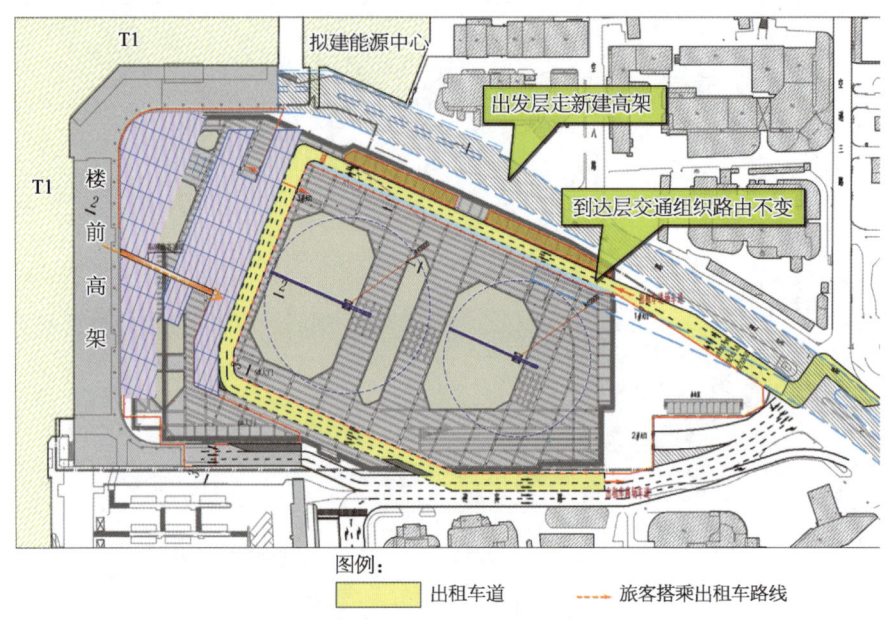

图3-21 第一次开通示意图

5) 第二次开通(新建高架地面道路开通)

换乘中心及出租车候车钢结构雨篷完工后启用正式出租车道(图3-22)。

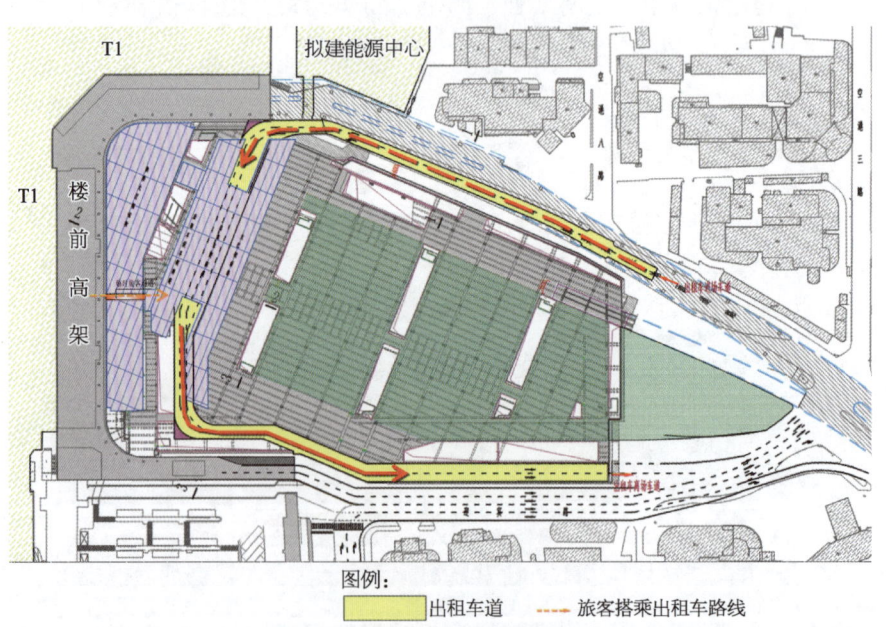

图3-22 第二次开通示意图

3.6.2.2 "三次翻交两次开通"过程管控

1) 施工围挡设置

采用注水高密度聚乙烯塑料围挡作为移动临时围挡。围挡每单片之间通过卡扣拼装保持整体,在单片上口位置两侧另设置扁钢两道,通过对鞘螺栓连接加固。背侧设置钢管扣件式三脚架作为防风加固措施。

采用现浇钢筋混凝土+方钢立柱+型钢骨架彩钢板围挡作为半固定式临时围挡。立柱采用预埋件+膨胀螺栓固定。三脚架底座通过膨胀螺栓与结构连接,并按要求设置过水孔。

半固定式临时围挡立面剖面图如图 3-23 所示。

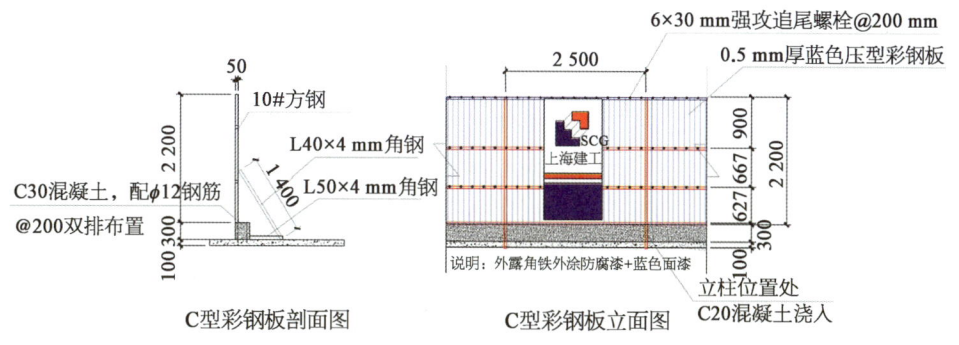

图 3-23 半固定式临时围挡立面剖面图

采用预埋件固定围挡,将航站楼出发层与施工区隔离。围挡采用泡沫夹心彩钢板,立柱为方钢,通过预埋件+膨胀螺栓与地面固定,通长设置两道方钢横梁,与立柱焊接固定。

B 楼前彩钢封板剖面图和立面图如图 3-24 所示。

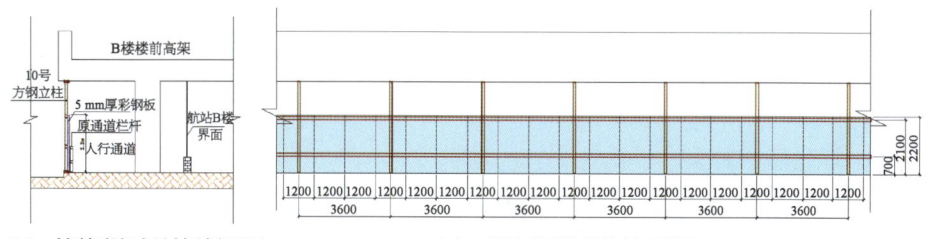

(a) B楼前彩钢板封板剖面图 (b) B楼前彩钢板封板立面图

图 3-24 B楼前彩钢封板剖面图和立面图

2) 出租车道两侧隔离设置

为确保出租车行驶视线畅通,在车道穿越交通中心施工区域,车道边两侧采用市政路面上的隔离栏杆进行布置(图 3-25)。护栏采用热镀锌钢管,高分子复合底座。底座与地面采用膨胀螺栓固定,每片隔离栏杆上设置 2 处黄色反光标志。

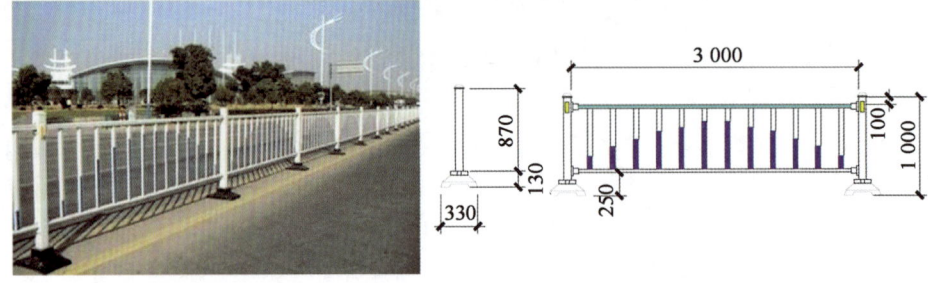

图 3‑25　车道隔离栏图

3) 平交口管理

施工区域内拟布置的施工车道与出租车道存在十字平交,平交口处须设置施工车辆通行大门及安保岗亭。平交口施工大门采用遥控闸机形式,大门开启避开出租车通行高峰时段,每个平交口设置 1 个岗亭,24 h 监控。

平交口、应急车道入口平面示意图如图 3‑26 所示。

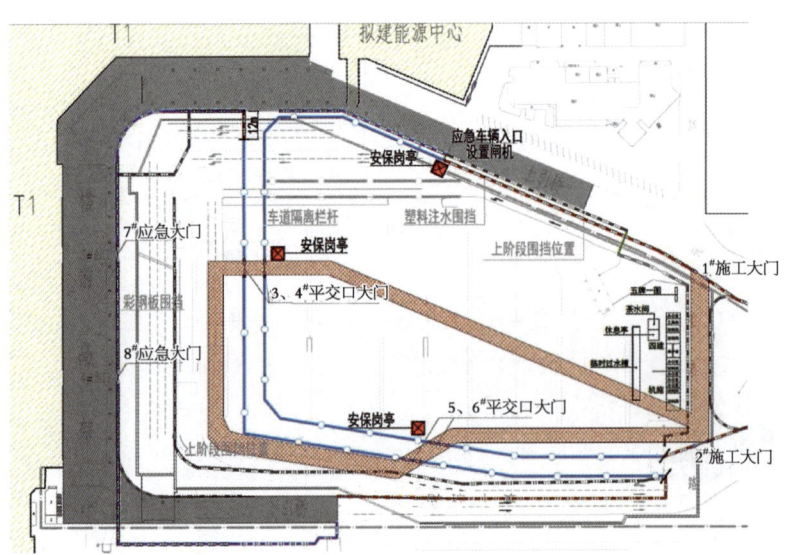

图 3‑26　平交口、应急车道入口平面示意图

4) 灯光照明补偿

出租车道路两侧采用太阳能 LED 高杆路灯,间距 20 m 设置一盏高度 5 m、功率 40 W,配 100AH 蓄电池,满足夜间灯光照明时间及亮度(图 3‑27)。采用膨胀螺栓与地面固定。蓄电池采用专用电箱盒,防雨保护;并使用镀锌扁铁+膨胀螺栓接地固定。

5) 车道划线

对出租车进、出场车道及应急车道进行道路划线。道路划线规格按照《道路交通标志和标线》(GB 5768—2009)和《上海市城市道路交通标志、标线设置补充规定》实施,划线采用冷漆工艺(图 3‑28、图 3‑29)。

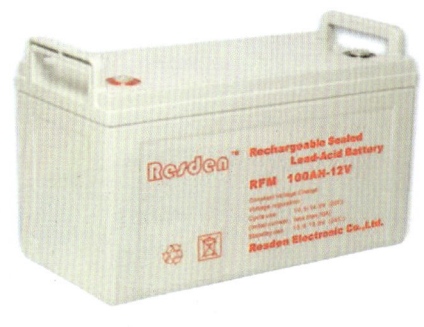

图3-27 太阳能路灯及电池示意图

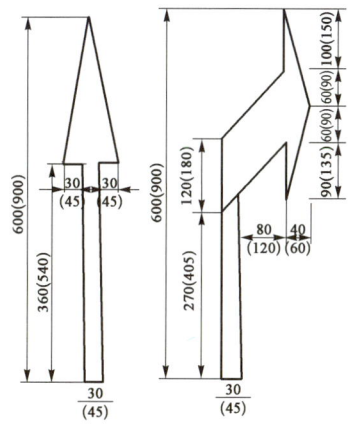

图3-28 箭头示意图

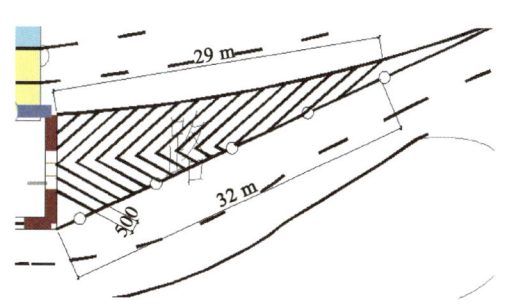

图3-29 渐并线示意图

6) 标志标牌

对进、出场出租车道及排队等候区做相应标志标牌。标志标牌按照《道路交通标志和标线》和《上海市城市道路交通标志、标线设置补充规定》实施(图3-30)。

图3-30 标志标牌图

7) 其他附着措施

部分出租车道两侧设置混凝土防撞隔离墩及警示柱(图3-31),防撞墩长度80 m,采用预制成品。警示柱采用改性柔性橡胶材质,高度90 cm,与地面连接采用膨胀螺栓固定。

图3-31 防撞隔离墩及警示柱图

3.6.3 交通中心建设交通组织翻交大事记

2015年7月15日,交通中心项目开工。

2016年1月20日,桩基围护完成。

2016年2月4日,逆作首层结构完成。

2016年5月25日,地下一层结构完成。

2016年7月20日,基础底板完成。

2016年9月20日,竖向结构回筑完成,顺作结构完成。

2016年10月20日,地下室砌筑结构完成。

2016年12月27日,完成换乘大厅(与A楼同步)消防验收。

2016年12月31日,室外总体施工完成。

2017年1月20日,装饰施工完成。

2017年3月14日,竣工验收。

第4章
东片区市政配套综合改造一期工程

本书第3章重点介绍了满足"以运营为导向"的虹桥机场T1及交通中心改造工程不停航施工方案。为配合上述两项工程的改造，东片区同步实施了市政配套综合改造一期工程。本章介绍市政配套综合改造一期工程的特点、难点、施工组织及过程控制。

4.1 工程特点与难点

东片区市政配套综合改造一期工程，具有以下特点与难点：

1) 地下管线复杂

由于虹桥机场是一座近百年的老机场，中间经过多次改造，地下管线情况复杂，共涉及9种不同权属单位的各专业管线。现状管线具有具体图纸资料缺乏、涉及单位较多、历史成因复杂、管线老化易损、铺设方式不规范等特点，从而增加了管线保护工作的难度。根据摸排，对工程建设影响较大的管线分别为通信管线、航油管、市区电力公司电缆线、大众燃气公司燃气管线、虹桥机场电力管线和雨污水管线。

2) 机场不停航

本工程实施过程中T1处于不停航运营阶段，如何确保旅客正常的通行，社会车辆、出租车、公交车的正常运行和沿线单位的进出场是本工程施工阶段重中之重；加之迎宾一路沿线部分香樟树须保留导致道路翻交余地更少，对施工期间的交通组织造成了很大的困难。如何确保施工节点目标达成又能合理地组织东片区交通，需要精细全面的考虑。

3) 地铁不停运

由于地铁10号线沿迎宾五路前行，盾构区间横穿迎宾一路，施工期间须确保正常运营。项目与现状地铁10号线之间存在影响的区域处于新建迎宾五路沿线及迎宾五路—迎宾一路交叉口范围。涉及内容包含迎宾一路高架桥,迎宾五路雨、污水管布设及出租车 1# 下穿地道工程。根据轨道交通相关规定,地下车站与隧道外边线外侧 50 m 范围均为轨交安全保护区,盾构区间 10 m 范围为施工敏感区域。因此,工程实施难度大,轨道交通保护要求高。

4.2 施工准备

由于本工程为改造工程,且为不停航施工,因此在工程正式施工之前,需要拆除或局部拆除部分既有建筑,并实施部分过渡设施,以满足机场不停航运营的基本保障需求。

4.2.1 各驻场单位土地的腾让

市政一期项目涉及迎宾一路、迎宾五路、空港三路、空港八路、友乐路等 25 家沿线权属单位前期征地(构筑物、房屋、围墙、大门等)的拆迁、修复、借地的临时设施以及过渡性迁建等工作内容,见表 4-1。

表 4-1 拆除工程主要工作内容

序号	工 作 对 象	工作内容及特征描述
迎宾一路沿线单位工作汇总		
1	长宁区园林部	单层砖混结构办公室、单层砖混结构厕所、2.5 m 高铁丝网围墙
2	上海货运航空公司	2.2 m 高花式围墙、移动伸缩门
3	中国银行	700 mm 高花坛、大理石面层台阶
4	沙龙宾馆	2 m 高花式围墙带顶灯、移动伸缩门、轻钢结构停车棚
5	航管楼	2.5 m 高花式、外贴大理石、防盗网围墙,移动伸缩门
6	虹桥公司 P4 停车场	道闸、栏杆
7	航油加油站	单层砖混结构简房、单层砖混结构厕所、2.2 m 高砖砌围墙
8	航友宾馆	单层装混结构简房、2.2 m 高砖砌围墙、1.3 m 高花式围墙、移动伸缩门、球形网架钢棚、单层砖混结构厕所、轻钢结构铝板面门头
迎宾五路沿线单位工作汇总		
1	空管食堂	彩钢板房食堂(包括废旧设备及基础)、2.2 m 高砖砌围墙
2	华贸宾馆	2.2 m 高砖砌围墙、实腹式铁艺门
3	上海华港雅阁酒店	单层框架结构锅炉房(包括废旧设备、基础)、不锈钢水箱、地下污水处理站、地下油坦克、2.2 m 高砖砌围墙
4	华特工贸	三层框架结构、1.6 m 高花式围墙、20 m 高铁塔、2.2 m 高砖砌围墙

(续表)

序号	工作对象	工作内容及特征描述
\multicolumn{3}{c}{空港三路沿线单位工作汇总}		
1	东航集团公司	拆除斜坡
2	东航股份有限公司	3.1 m 高砖砌围墙、彩钢板棚
3	东航机关食堂	局部拆除食堂
4	东航实业公司	三层框架结构办公楼、下部砖砌上部彩钢板棚、彩钢板棚、2.2 m高砖砌围墙、铁格栅大门
5	机场车库	下部砖砌上部彩钢板车库、2.2 m高砖砌围墙
6	东航工程技术公司	钢结构玻璃雨棚、2 m高花式围墙、移动伸缩大门、台阶、螺口标志及景观灯
7	东航食品公司	楼梯、门头广告牌
8	东航综合管理部	彩钢板机动车棚、二层框架结构办公楼、3 m高砖砌围墙、单层砖混简房、轻钢结构自行车棚、空腹大门
\multicolumn{3}{c}{空港八路沿线单位工作汇总}		
1	建工总包大楼	局部拆除大楼、2.2 m高砖砌围墙
2	虹桥商贸公司	大楼局部拆除、单层砖混结构门卫、2.2 m高花式围墙、移动伸缩门、轻钢结构自行车棚
3	东航车棚(2个)	2.2 m高铁丝网围墙
4	机修车库	局部拆除车库
\multicolumn{3}{c}{迎宾一路构筑物工作情况}		
龙门架		钢结构、混凝土基础、广告牌、灯箱及配套管线等,路面修复

涉及拆除工程的权属单位共有 24 家,涉及迁建工程的权属单位共有 16 家,涉及借地工程的权属单位共有 4 家,涉及房屋局部拆除并加固修复的权属单位共有 7 家。

迁建工程是指围墙、大门及门头的迁建按现场尺寸或形式迁建,包括对原有地面的破除、开挖和围墙的基础、墙身等情况的修复。迁建工程包括新建空管临时过渡食堂、上海华港雅阁酒店内临时过渡房等。

关于建筑局部拆除、加固部分,根据现有资料及现场勘察,本工程共有 6 家权属单位涉及房屋或建筑局部拆除并加固,分别为虹桥机关食堂、建工总包大楼、虹桥商贸公司、东航车棚、机修车库等。

本次工程借地期间需场地重新布置或新建临时建筑的权属单位共有 7 家,工作对象分别为沙龙宾馆、航管楼、航油加油站、航友宾馆、空管食堂、上海华港雅阁酒店、东航实业公司。其中沙龙宾馆、航管楼、航油加油站、航友宾馆的主要工作为借地期间的场内布置调整及临时围墙施工等;空管食堂为全部拆除后迁建约 1 200 m² 二层框架结构的临时过渡食堂;上海华港雅阁酒店为迁建临时过渡被服间、淋浴房、生活水泵房、消防水泵房;东航实业公司为迁建约 175 m² 的临时过渡员工活动室。

由于涉及长宁区、机场集团、东航集团、中航油、华东空管局、民航华东管理局等多家单位,协调难度极大,在东指办的牵头协调下,指挥部经过多次多方协调与沟通,在上述各方的配合支持下,工程部按时顺利地完成了拆迁和迁建的腾地任务,确保了市政一期项目的如期开工。

4.2.2 P0临时停车场

原T1前P1停车场日均出入车流约2 400辆,其中过夜车辆约170辆,主要承担提供旅客车辆及航站楼工作人员车辆停放的功能。因现状T1前P1停车场将随航站楼一同改造,为满足不停航施工的要求,必须在机场航站楼附近开辟一块场地建设临时停车场以代替施工期间P1停车场对航站楼所起的配套功能,确保东片区综合改造项目的顺利进行,为施工期间维持T1相关交通的井然有序奠定基础。

考虑T1附近的实际用地条件及交通组织要求,将其选址在友乐路西侧,如图4-1所示。规划空港八路北侧地块建设P0临时停车场以作为P1停车场在施工期间的替代设施,供社会车辆及部分航站楼工作人员车辆停泊。

图4-1 项目位置图

项目内容包括场道设施、排水设施、建筑设施、给水及消防设施、监控设施、场地照明设施和场外配套组织设施。经与管理运营方、公安部门等沟通,确定如下功能需求:

(1) 拟建 P0 停车场按室外临时停车场标准实施,使用期限约 3 年;

(2) 拟建停车场面积≥24 000 m²,设计小车位≥800 辆,大型巴士车位≥20 辆;

(3) 须设置不少于 2 个入口、1 个出口,且出入口的进出功能分离;

(4) 配备相关业务用房 280 m²。

在场地中央设置短驳车上、下客点,以满足停车旅客与航站楼之间的接驳需求,并使场地内旅客从停车位到上下客区域的平均步行距离最短。

上下客站台以西布置 20 个大型巴士车位,可尽量靠近出入口,尽可能减少转弯不便的大型巴士在场内的绕行距离。

场地内小型客车停泊以垂直出入车位的方式为主,可最大程度节省对通道用地的需求。

因场地西侧须在航站楼改造期间同步建设规划配套给水泵站,故在紧贴场地西面预留了 6 m 宽的施工便道,以便临时停车场运营期间西侧泵站的施工。

停车场地总体分为 3 个区域,自西向东为小型汽车停靠区、大型巴士停靠区、短驳车停靠区,以主出入口为核心构成"半包围"的平面布置形态,如图 4-2 所示。

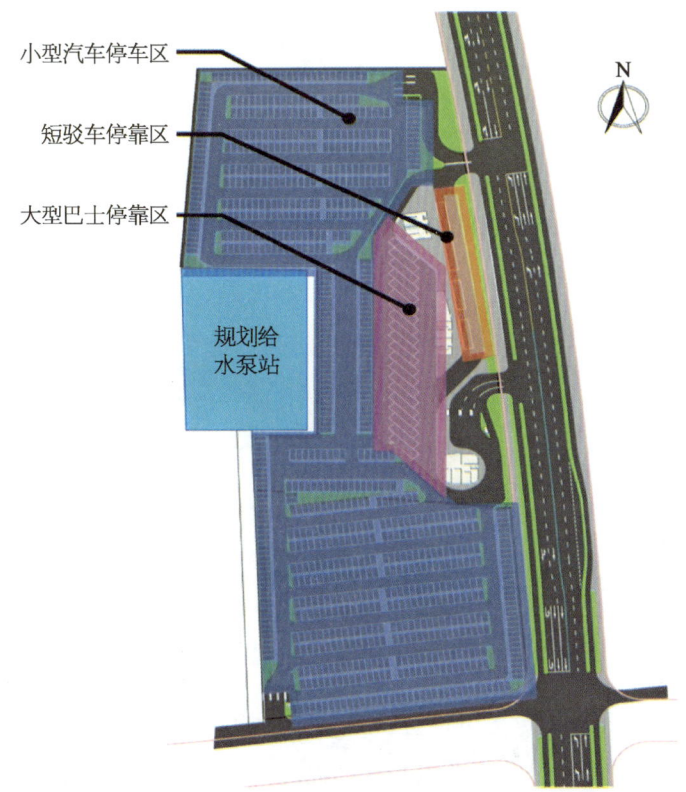

图 4-2 停车场停车区域布置图

4.2.3 临时便道

根据东片区市政配套综合改造一期工程的建设方案,其中涉及的迎宾一路快速化改造将在现状迎宾一路上新建集散高架及出租车地道,施工期间,迎宾一路现状车道规模的30%将被占用,届时迎宾一路整体通行能力将大幅下降。为保证航站楼旅客集散的需求,结合施工要求,迎宾一路将对部分路口进行限行控制。

空港三路左转进入迎宾一路功能将取消,只可右进右出组织,因此北工作区驶往外围区域的交通功能将大大受阻,必须寻找替代性的临时联络通道供空港三路及空港八路沿线工作区车辆通行。

空港一路(东西向)因施工影响,由现状双向通行的功能转变为西向东单向通行,则外围区域进入南工作区的交通功能将大打折扣,必须新建通道为进入南工作区提供路径。

结合现场条件,增设迎宾五路、空港八路(空港三路—友乐路)两条便道,同时在迎宾一路两侧进行拓宽增加临时车道。施工期间社会车辆交通组织流线如图4-3所示。

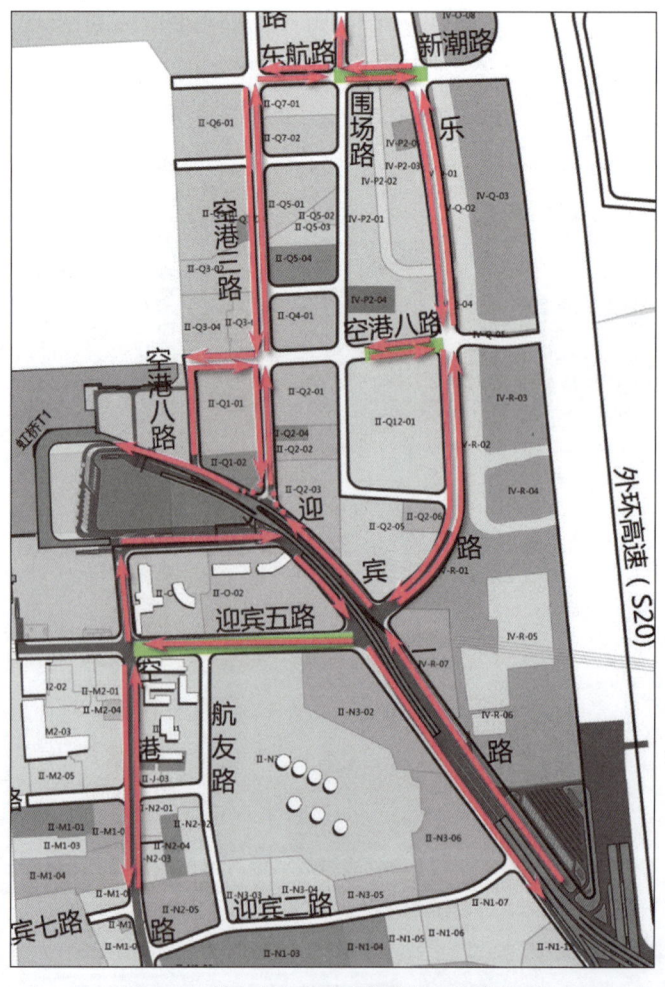

图4-3 施工期间社会车辆交通组织流线图

增设临时便道的理由如下：

1）施工期间施工车辆交通组织的需要

为实现不停航施工，依照施工期间交通组织方案，混凝土拌车等候区位于联虹路，按现状路网组织，施工车辆前往航站楼施工区必须经联虹路—友乐路—迎宾一路—空港八路后抵达，但届时通行能力大打折扣的迎宾一路已难以承受附加的施工车辆交通压力，故必须开辟可不影响旅客进出站楼车流的施工车辆进出通道。施工期间施工车辆交通组织流线图如图4-4所示。

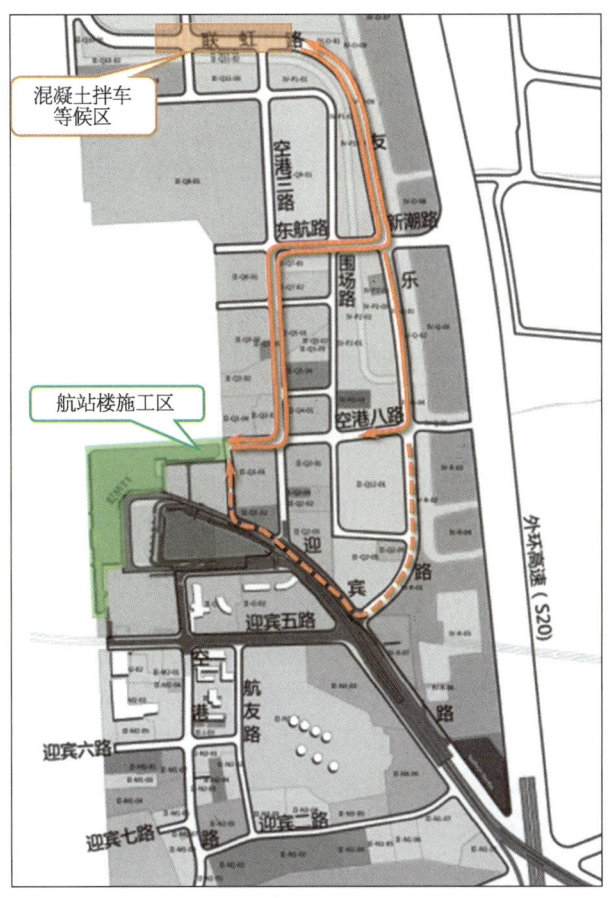

图4-4 施工期间施工车辆交通组织流线图

2）施工期间机场内部通勤交通组织的需要

因机场南北工作区之间也有日常通勤需要，而施工期间迎宾一路通行条件的限制及空港三路—迎宾一路交叉口的管制导致南北工作区之间必须另外寻找可供临时通勤的路径。

综合考虑T1附近的路网状况及施工期间交通组织方案，确定新建迎宾五路、空港八路、东航路3条交通便道及对现状空港八路（倒L形）进行大修，以确保施工期间航站楼交通的平稳过渡。

4.3 方案设计

由于本工程为不停航施工的综合改造工程,设计方案受现场条件限制的因素较多,因此需要根据现场条件及特点,在有限的空间内对多种方案进行分析,选择最优的设计方案。

4.3.1 工程必要性

1) 虹桥区域规划发展的需要

区域土地功能及交通量的改变使现状东片区路网结构难以应对提升改造后的新东片区交通需求,因此须对东片区路网进行系统性的梳理与改造。以 T1 改造为契机,率先落实航站区附近的配套市政道路改造,可最大化分摊项目实施的社会负面成本。

2) T1 改造配套市政交通的需要

完善和提升市政配套设施,改造与新辟相关道路、改善现有慢行及静态交通设施,有助于分离旅客集散与地区商务交通,分离不同种类交通,提高道路使用效率。本项目的实施将是 T1 改造完成后有效运转的坚实保障。

3) 完善现状基础设施的需要

东片区现状各类设施建设年代早、标准低,设计能力不能满足现状及规划要求,严重影响了机场的对外形象。通过本次项目建设,可按规划要求将市政设施逐步建设到位。

4.3.2 总体布置

方案从 T1 旅客集散及周边商务区地块开发配套等两方面考虑,对迎宾一路、迎宾五路、空港一路、空港三路、空港八路、东航路等 6 条道路进行新建及改建,对现状出租车蓄车场、污水消毒站、北给水泵站进行改建或迁建,新建雨水泵站,同时与道路及场站设施同步进行配套管线的更新与完善。各项目功能定位见表 4-2。

表 4-2 各项目功能定位

序号	项目	功能定位
1	迎宾一路	实现集散客流的快速化连接,满足旅客集散功能为主,同时兼顾地区开发交通与市区的快速连接
2	迎宾五路	替代航站楼前迎宾一路功能,承担区域内部交通联系主通道功能
3	东航路	承担迎宾一路以北区域与友乐路及对外的连接通道功能,缓解空港三路—迎宾一路交叉口的通行压力或根据交通组织方案关闭该交叉口的左转功能
4	空港三路	承担北区域到出发交通经空港八路与友乐路通道的连接功能

(续表)

序号	项目	功能定位
5	空港八路	衔接北区域到出发交通与空港三路—友乐路通道的连接功能
6	空港一路（迎宾五路以北）	承担迎宾一路西南区域南北向交通联系的主要通道
7	巴士出租蓄车场	配套T1进行出租汽车调度调蓄，同时为满足旅游巴士服务需要，兼顾巴士调度调蓄功能
8	雨水泵站及污水消毒站	新建泵站改造T1周边地区的雨水排放系统，达到规划排水标准；改造污水消毒站解决T1航空废水的消毒处理问题
9	新北给水泵站	解决已建供水泵站设备老化、清水池调蓄容积小、消防保障能力弱的问题，同时满足东片区用水量需求的增长
10	配套给水、雨污水、电力、通信、燃气管网改造和新建	配套道路工程实施，对周边市政设施进行同步改造，同时配套满足新建航站楼及地块开发需求

4.3.3　迎宾一路主通道方案比选

规划考虑对外构建"一主一辅"双通路：主通道迎宾一路高架主要承担旅客集散功能，兼顾地区开发；辅通道外环辅道主要承担区域开发，兼顾旅客集散功能。本项目秉承规划建设思路，结合T1改造契机，建设迎宾一路高架以实施"一主"的通路，同时提高迎宾一路与友乐路交叉口通行能力，并通过友乐路可连接规划方案提出的外环辅道，作为衔接外环辅道"一辅"在地区内部的接口，从而实现地区对外交通。

4.3.3.1　主通道快速化改造总体方案

1) 方案内容

方案一即利用现状S20立交T1落地匝道进行快速化改造的局部落地方案，如图4-5所示。

方案二即全线新建高架至航站楼出发车道边的连续高架方案，如图4-6所示。方案二中，现状立交及其迎宾一路接地段予以保留，接地后设置一组地面出入口服务于地区开发交通，主线方向随即起坡连接至高架道路跨越友乐路。为兼顾沿线地块，新建高架于友乐路以南设置一对面向北的出入口。在航站楼前高架北侧设置地面上高架匝道以保留附近区域的高架出发功能；在航站楼前高架南侧设置高架下至地面匝道实现高架与社会车库的连接。离场方向在核心区考虑区域景观效果，采用局部地面的方式，即经过高架送客车道边后通过现状落地坡道接地，右转过空港三路后起坡连接至高架系统并跨越友乐路交叉口，离场方向地面段通过渠化组织形成连续流交通。

2) 方案区别

方案二与方案一最大的区别之处在于友乐路—S20立交范围，自S20—

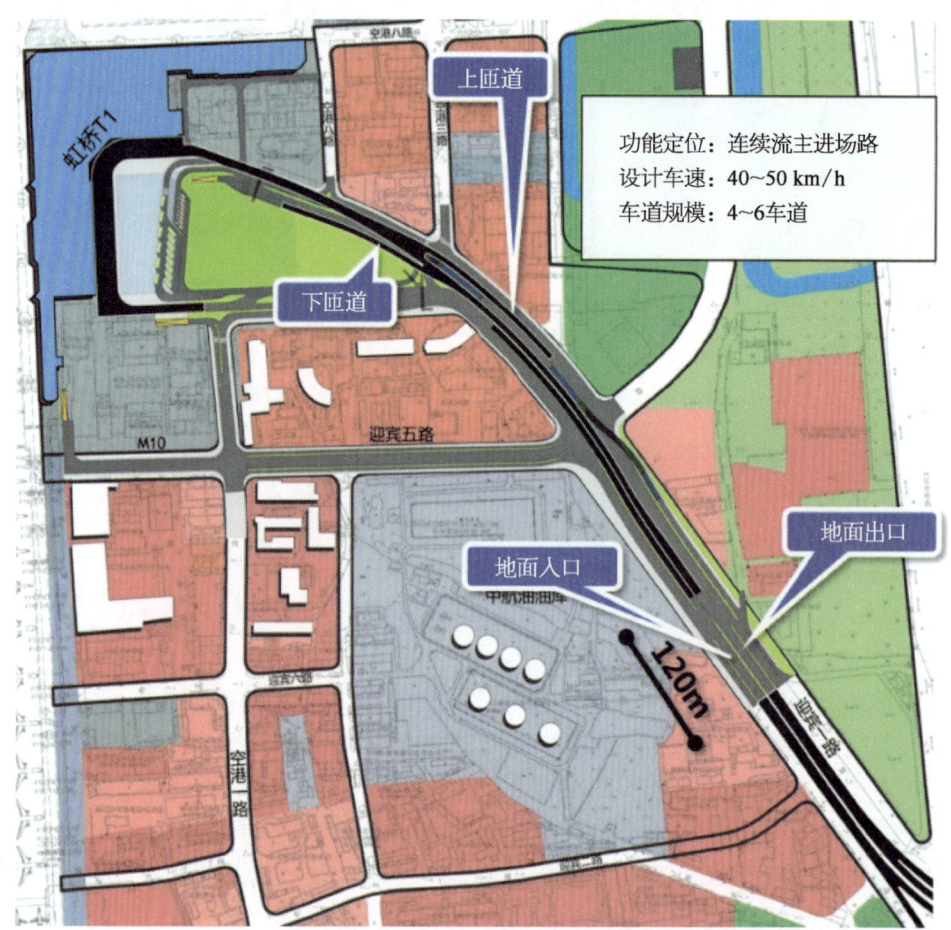

图 4-5 迎宾一路快速化改造总体方案一

延安路高架立交起,废除现状迎宾一路落地匝道(约 290 m,共 4 跨桥梁及挡墙段),改建为连续高架形式沿迎宾一路直通 T1,与航站楼现状二层出发车道边衔接。

3)方案比选

方案二将迎宾一路完全抬升为高架道路,对区域规划发展及路网格局的适应性更强,行车条件较优,但工程投资相对较大,且对现状立交存在一定的废弃工程,同时增加了不停航施工的交通导向和组织难度;方案一巧妙地利用现有设施,在与方案二保持相同交通功能的同时节省造价,但行车条件略差(纵坡的起伏)。细项比较详见图 4-7、图 4-8。

从交通功能、行车条件与交通组织方面分析,局部落地方案与连续高架方案功能相类似,条件各有利弊,但总体差异不大。从施工影响、社会影响(废弃工程)、绿化景观(图 4-9)和投资方面分析,局部落地方案影响较小,经济性好,且项目可控易实施。因此,基于上述各方面的对比分析,迎宾一路通道方案建议采用局部落地方案,方案比较见表 4-3。

图4-6 迎宾一路快速化改造总体方案二

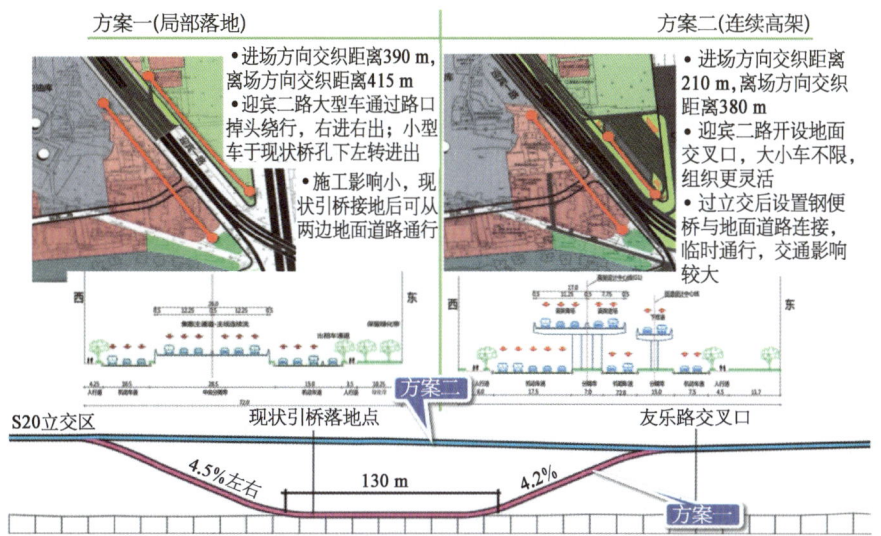

图4-7 迎宾一路快速化方案对比图

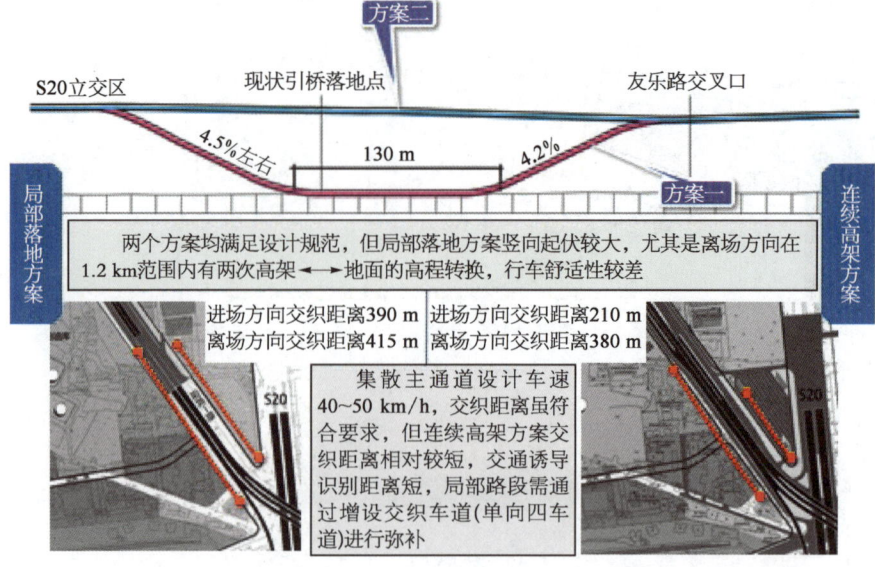

图4-8 迎宾一路方案比选

图4-9 迎宾一路中央既有大型香樟带

表4-3 迎宾一路方案比选

比选内容	方案一 局部落地方案	方案二 连续高架方案
交通功能	主线连续流,可兼顾地区开发交通;同时维持地面六车道规模	主线连续流,可兼顾地区开发交通;同时维持地面六车道规模
行车条件	纵坡起伏较大,行车舒适性有影响,但立交区至匝道处分合流交织间距较远	行车舒适性较好;立交区至匝道处分合流交织间距较近
交通组织	迎宾二路桥下转向净空受限3.2 m,地面出入口与友乐路交叉口间距适中	迎宾二路桥下可自由转向,上匝道与友乐路间距较近
施工影响	利用现状主线落地段,施工影响小	施工影响大,须采用便桥结合周边路网综合疏解施工期间的集散交通及通勤车辆。西侧便桥须红线外借地,项目可控性差
社会影响(废弃工程)	友乐路以南无废弃工程,社会影响较小	友乐路以南现状S20立交引桥须废除,面积约7 700 m²,社会影响较大

(续表)

比选内容	方案一　局部落地方案	方案二　连续高架方案
绿化影响	可完全保留友乐路以南中央分隔带绿化	可部分保留(22.8%)友乐路以南中央分隔带绿化
工程投资	建安费 25 540 万元 未包含绿化搬迁费用、管线搬迁费用、施工措施费、临时征地费等内容,预计总投资差价超过 2 亿元	建安费 38 543 万元

4.3.3.2　出租汽车服务系统方案

出租汽车服务系统由远端出租车蓄车场(迎宾一路—S20 交叉口西北象限地块内,如图 4-10 所示)、进场专用排队通道、交通中心到达层出租车上客点等三部分组成,其中出租车上客点的建设已含入交通中心项目中。

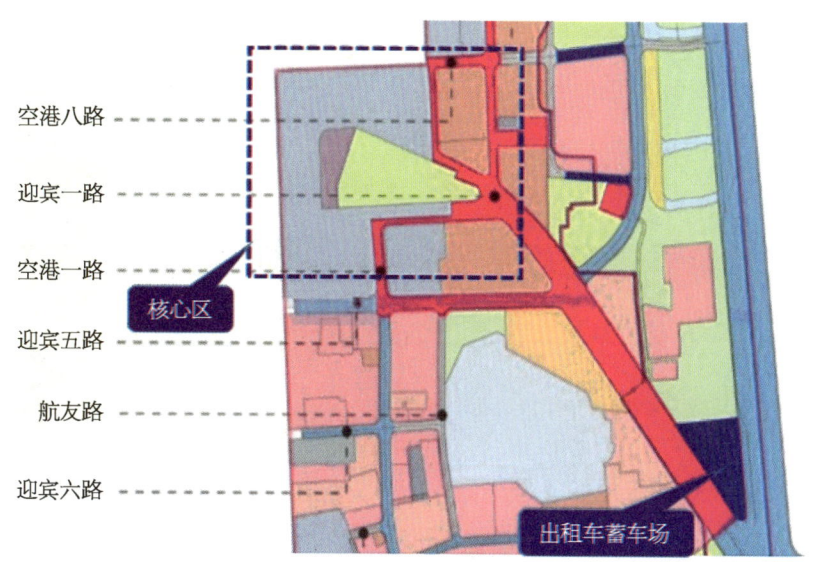

图 4-10　蓄车场位置示意图

出租车蓄车场(由另行确定的投资主体实施)对现状迎宾一路—S20 交叉口西北象限的原出租车蓄车场进行改造,翻新现状已陈旧的基础设施,确保提供足够的出租车蓄车位,增加管理用房、餐厅、厕所等设施,同时新增大巴车位,使其同时具备大巴及出租车的停、蓄车功能。

4.3.3.3　进场排队通道(本项目中建设)

在迎宾一路(蓄车场—航站楼到达车道边)沿线构建出租车专用的排队通道(双车道规模)。

1) 排队通道全线封闭设置的必要性

因现状出租车排队通道位于迎宾一路东侧,与社会车道隔离,沿途经友乐路、空港三路、空港八路等交叉口及地块出入口时隔离带打开。根据对虹桥运营管理部门的调查发现，现状运营中时常发生有出租车利用局部开口位置插队、抢道，同时与交叉口、出入口社会车辆互相干扰等现象，造成秩序混乱。另外，由于排队通道并未完全隔离，致使大部分出租车不再经由现状蓄车场沿专用道前往航站楼，而是自周边横向路就近插队前往，严重影响正常的运营秩序，且容易引发交通事故，增加现场管理难度。因此，出租车通道全线封闭独立设置，以构建和谐交通环境、确保交叉口通行能力、塑造机场良好形象，如图4-11所示。

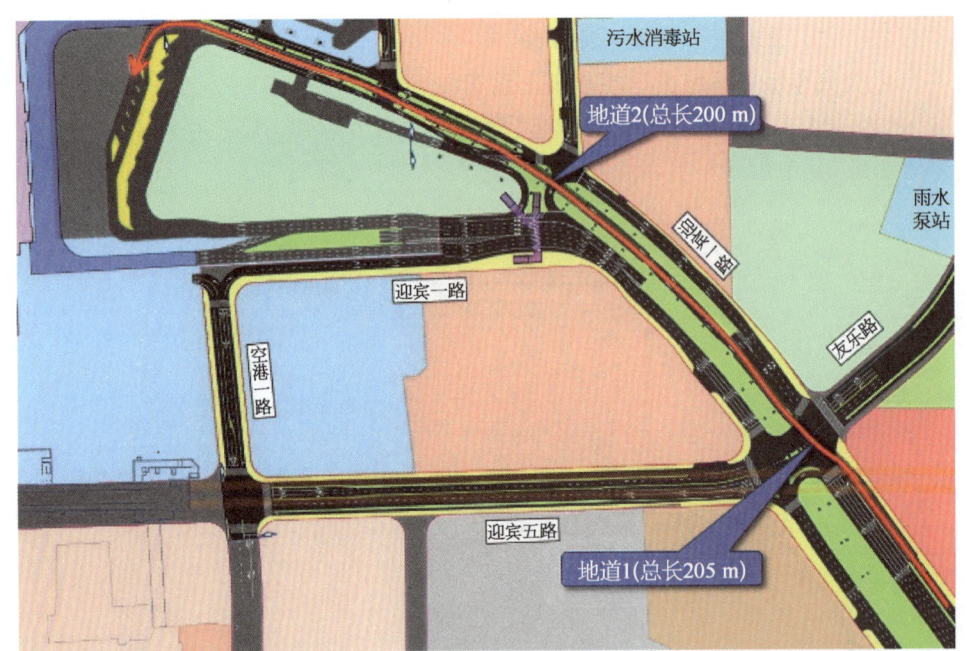

图4-11 出租车专用通道组成示意图

2) 排队通道通过交叉路口的形式

建设全封闭出租车道势必在沿线友乐路、空港三路等主要路口为其设置立体交叉形式通过，即高架或地道形式。方案一：高架上跨方案，高架抬升高度为地面大型车辆净空＋结构高度，地面道路净空高度要求4.5 m＋高架结构高度2.5 m，约7.0 m。方案二：地道下穿方案，地道下挖深度为地道净空＋结构高度（含覆土），地道净空高度要求2.5 m＋地道结构高度2.0 m，约4.5 m。相比高架方案，地道方案具有下挖深度小、接线坡道短的优点。考虑迎宾一路沿线构筑物复杂、地下管线众多，且兼顾功能性与经济性要求，推荐出租车通道在友乐路、空港三路两个地面交叉口采用短地道形式穿越，建立有序的出租车排队系统。

3) 地道内的排队管理

考虑地道段纵坡大、尾气不易扩散、发生突发事故不易及时处置等原因，该段（含暗埋段及敞开段）不宜有车辆积压。为此，在地道进口前设置信号灯控制，并在地道出口接地位置20 m以外设感应线圈。地道畅通时进口处的信号灯亮绿灯,当前方车队已排至地道出口感应线圈处,则触发地道进口处的信号灯亮红灯,控制后续车辆原地等候,确保地道中无积压车辆。

此外,专用通道的地面段可兼具蓄车功能,最大限度服务于航站楼接客服务,缓解航站楼前车辆停靠资源紧缺的问题。考虑到运行期间的突发事件防治及应急救援的需求,在工程范围内该专用车道沿线设 3 处应急开口,平时以活动护栏隔开,紧急时开启供疏散使用。地道段车辆控制方案如图 4-12 所示。

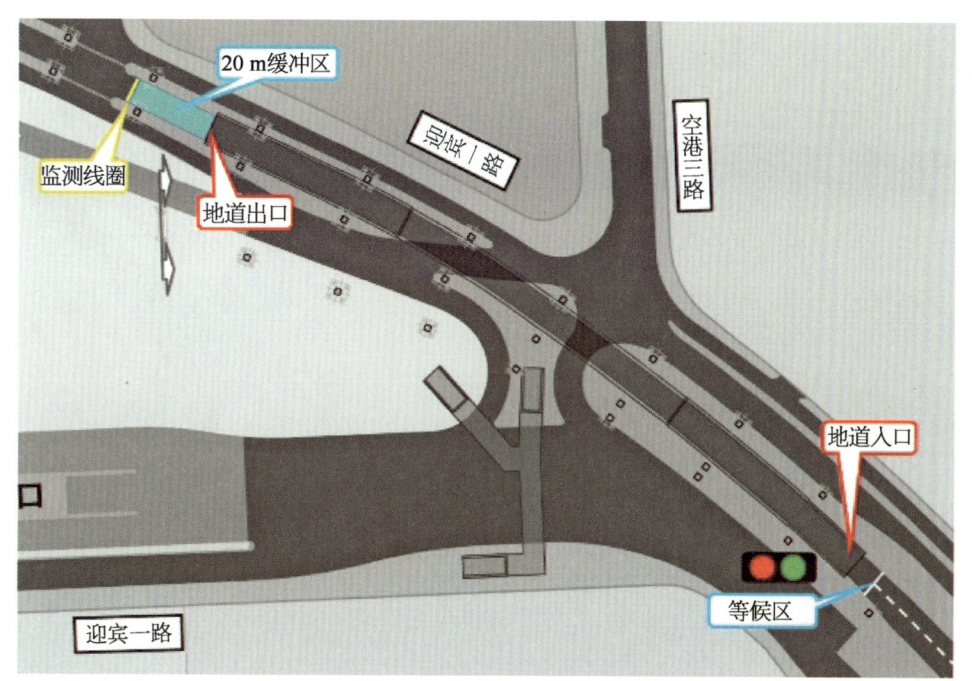

图 4-12 地道段车辆控制方案示意图

4.3.4 空港三路人行地道方案比选

为配合 T1 航站区范围内逆时针循环路的组织,实现航站楼—南、北工作区—地面休闲广场之间的连接,须考虑采用立体过街方式穿过迎宾一路。

根据人行过街流量预测,远期在航站区范围内穿越迎宾一路的行人高峰小时过街总需求为 5 359 人/h。同时,根据道路交通预测流量分析,航站区迎宾一路离场道路断面流量近期(2025 年)为 2 154 pcu/h,远期(2035 年)为 2 643 pcu/h。

根据《城市人行天桥与人行地道技术规范》(CJJ 69—1995),对所跨越的路段,双向当量小汽车交通量达 1 200 pcu/h(含单向 600 pcu/h)或过街行人超过 5 000 人/h 的,可设置天桥或地道。此处已达到建设人行天桥或地道的条件,须采用立体过街穿越迎宾一路。

1) 通道位置的选择

为衔接迎宾一路两侧南、北区域的人行系统,须构建与规划迎宾一路旅客集散连续流通道相分离的过街通道。规划友乐路—迎宾一路地面道路交叉口为平面十字交叉,行人可通过此交叉口平面过街;此外,规划 T1—地铁 10 号线 T1 站有地下人行通道,行人可由此通道往来于南区与航站楼之间,进而通过航站楼再进出北区,如图 4-13 所示。

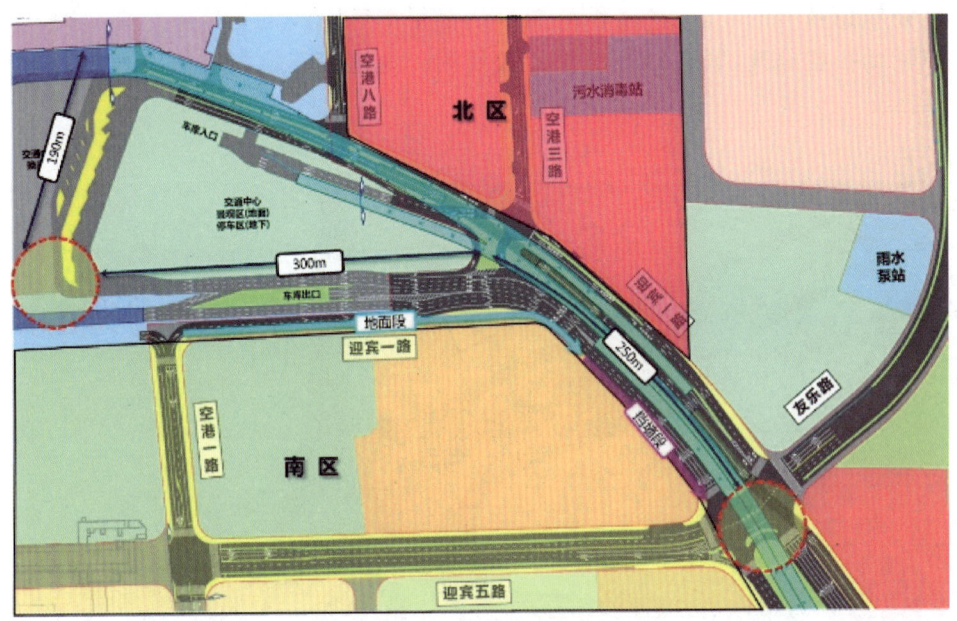

图 4-13 人行过街示意图

以上两处过街位置,从衔接南、北片区人行系统的角度出发,行人绕行距离长(以两处过街位置为两端绕行一周的距离约 1 420 m,故最长绕行距离达 710 m);从"客服分离"的角度出发,作为旅客集散重要设施的航站楼大厅将与服务于南、北区的过街设施出现功能上的重叠,这与整个东片区的规划理念相背离。因此须在这两处过街设施之间新建过街通道。

从最有效缩短绕行距离的角度出发,将过街通道设于空港三路所对位置最有利,且空港三路在近、远期都是北区主要的内部通道,行人可由此通道最直接地往来于北区各地块。此外,结合在空港三路—迎宾一路交叉口的路口渠化,有条件设置二次过街设施,有利于通过路幅较宽的迎宾一路。因此,在此处新建穿越迎宾一路的人行过街通道,是十分有效和合理的。

2) 立体过街通道形式的选择

航站区迎宾一路连续流道路分为进场、离场两幅。进场(北侧)为高架路,地面层可设置信号灯供行人平面过街;离场(南侧)为地面路,受阻于此而无条件设置人行平面过街设施。因此,从最经济的角度出发,穿越迎宾一路衔接南、北片区的过街方案推荐为南半幅新建立体过街设施,北半幅设置信号灯平面过街。在立体过街设施位置的选择上,从最有效缩短绕行距离的角度出发,将其设于空港三路交叉口位置最有利。空港三路在近、远期都是北区主要的内部通道,行人可由此通道最直接地往来于北区各地块。在人行立体过街设施形式的选择上可分为人行天桥和地道两类。在交通功能上,两者相类似。结合本工程,具体过街通道形式的选择,主要从净空控制、视觉景观、建设难度、使用舒适性、工程投资等方面进行分析和比选。迎宾一路—空港三路交叉口人行过街方式如图 4-14 所示。

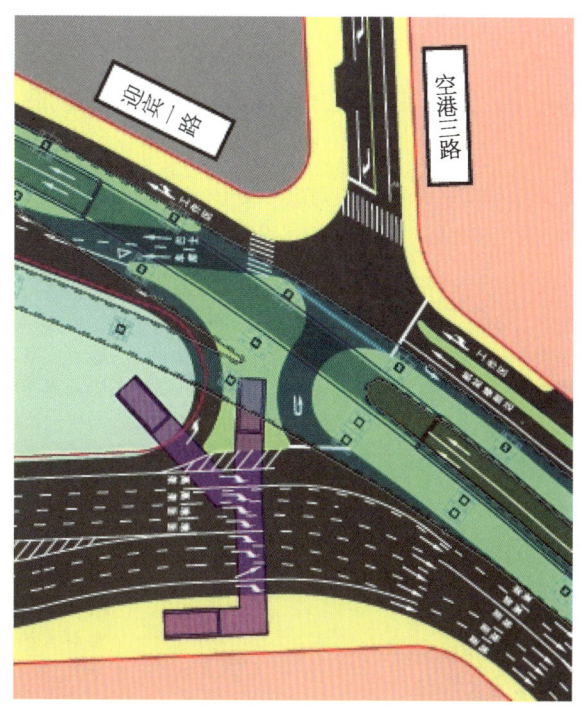

图 4-14 迎宾一路—空港三路交叉口人行过街方式示意图

如表 4-4 所示,对人行立体过街设施形式进行分析和综合比较,地道方案在净空控制、视觉景观、使用舒适性上具有明显优势,天桥方案则在建设难度、工程投资上更优。考虑到本工程的具体情况,在工程前期的管线综合规划阶段已就地下管线与人行地道的关系进行了多轮梳理,地道方案在管线协调方面的问题已经解决;虽然地道方案的投资额比天桥方案更高,但增加的费用相比整个项目的总投资而言占比很小(约 0.17%)。因此,从较少的代价换取较好使用效果的角度出发,方案推荐采用地道的方式在迎宾一路—空港三路交叉口建设立体人行过街设施。

天桥地道单位宽度的基本通行能力为 2 400 人/(h·m),设计通行能力为 1 440~1 640 人/(h·m)。依据控制性详细规划中人行通道不小于 4 m 宽度的建议,此处地道若采用下限值 4 m,则断面设计通行能力为 5 760~6 560 人/(h·m),根据前文交通预测章节,可满足高峰小时过街需求(5 359 人/h)。高峰小时单位宽度交通量为 1 340 人/(h·m),可达到一级服务水平,见《城市道路工程设计规范》(CJJ—2012)。因此人行地道规模按 4 m 净宽布置。

表 4-4 人行立体过街设施形式分析和比选

	人行天桥	人行地道	比 选
净空控制	以被跨道路的净空要求控制,本工程所跨迎宾一路最小净空要求为4.5 m	以自身的净空要求控制,本工程人行通道的最小净空要求为 2.5 m	地道比天桥节省 2 m 的净空空间,可使两端的衔接梯道更短,节省所接道路人行系统的用地,也方便行人步行
视觉景观	建筑物横跨于迎宾一路离场通道上方,在视线上阻挡了交通中心地面景观绿化,与航站区突显景观绿化的设想相背离	建筑物位于地面以下,仅出入口区域有低矮的地上建筑物,不影响交通中心景观绿化的展现,符合航站区景观设计理念	地道方案主通道部分比天桥方案在视觉景观上具备明显优势。出入口部分天桥因桥下净空控制的因素,建筑高度较高,梯道的展坡长度较长,也不利于景观效果
建设难度	除在建设基础的位置处须与相关地下构筑物相协调外,其他均可采用常规方式建设	须与沿线管线紧密协调,在平面位置与立面高程上与地下管线错开	地道方案在建设难度上因需协调地下管线,不如天桥方案建设方便
使用舒适性	暴露在外界环境中,受天气影响较大,雨雪天气桥面易滑	受外界恶劣天气影响较小,使用舒适性较好	天桥方案在恶劣天气下有明显的劣势。考虑上海年降雨量大,虹桥枢纽地区的天桥宜加盖雨棚,但雨棚对天桥的视觉景观效果不利
工程投资	约 525 万元,占工程总投资约 0.35%	约 790 万元,占工程总投资约 0.52%	天桥方案比地道方案约节省 1/3 的投资

4.3.5 紧凑化断面布置方案

作为大型交通枢纽的配套工程,本项目面临虹桥 T1 附近可用土地少、交通需求大、功能要求多的挑战。特别是作为旅客主通道的迎宾一路,在邻近航站楼段红线宽度不足 50 m 的情况下,须同时布置旅客进场高架、上下匝道、工作区地面道路、出租车排队通道、非机动车及人行道。设计方案将上、下匝道错位布置,如图 4-15 所示;人行道与非机动车道采用人非共板形式共享断面,如图 4-16 所示;高架立柱下部结构与出租车地道结合施工,如图 4-17 所示;车道分隔带结合交通中心通风开光口布置等,充分发扬了"螺蛳壳里做道场"的宗旨。

4.4 施工期间交通组织

4.4.1 增设施工便道介绍

为解决施工期间社会车辆及施工车辆的交通需求,在正式施工之前,先增设

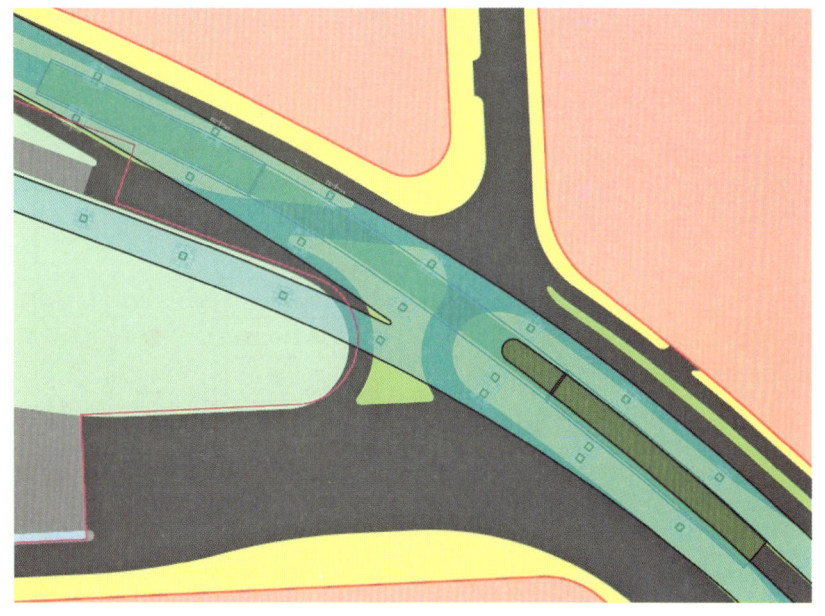

图 4-15 道路交叉口平面布置

图 4-16 人非共板

部分施工便道,如图 4-18 所示。主要包含以下施工便道:

1)新建迎宾五路临时道路(空港一路—迎宾一路)

提供机动车东向西单行、非机动车双向通行功能,可与改成西向东单行的空港一路形成顺时针单循环交通组织,盘活受限的南工作区交通。

2)新建空港八路临时道路(友乐路以西)

提供施工期间东航食品公司从空港三路改道友乐路进出的途径,并兼顾临时道路北侧给水泵站施工车辆的进出功能。

3)新建东航路临时道路(空港三路—友乐路)

为空港三路与友乐路在北部提供联通路径,使施工期间空港三路—迎宾一路

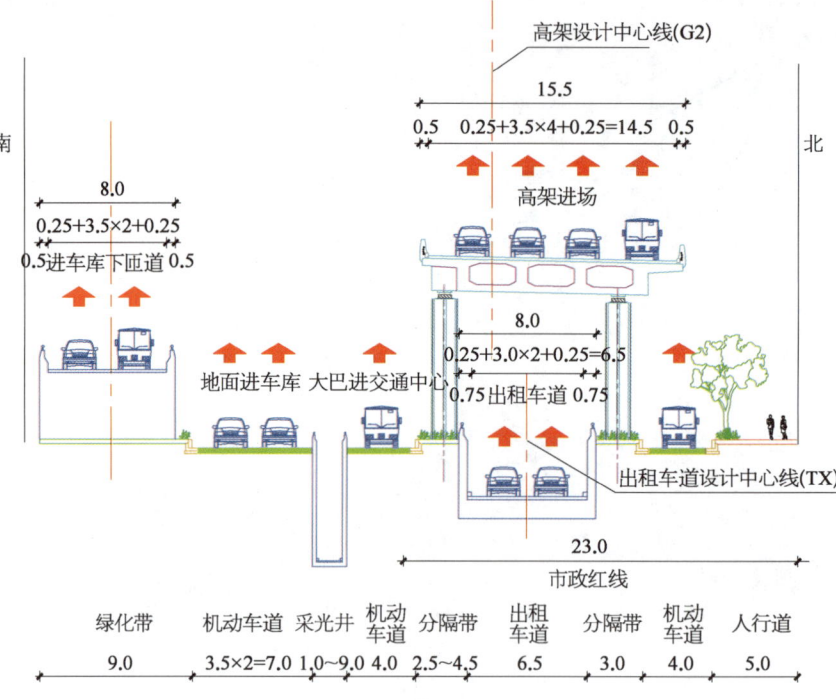

图 4-17 横断面布置

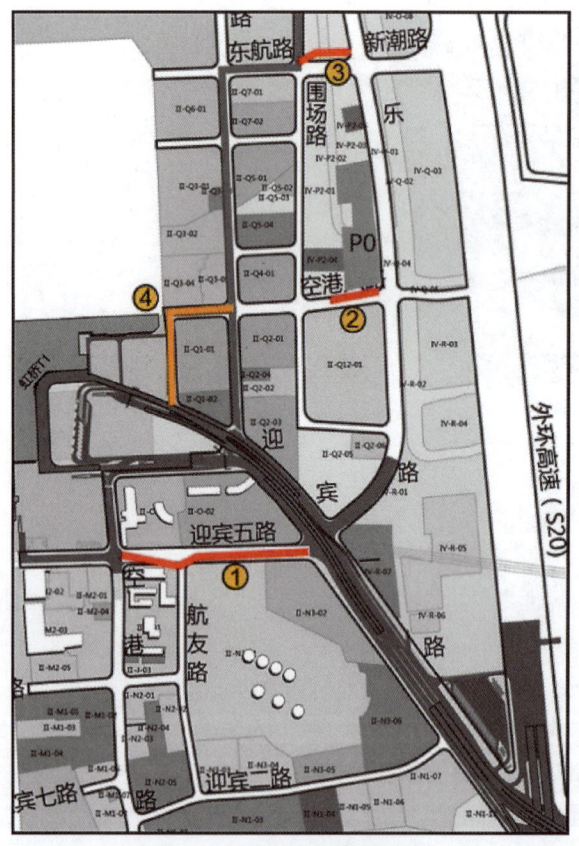

图 4-18 临时道路平面布置

交叉口限行后,北工作区车辆可通过空港三路—东航路临时道路—友乐路形成的通道实现进出。同时,施工车辆可通过此临时道路顺利从友乐路—空港三路进出航站楼施工区。

4)加固现状空港八路(倒"L"形)

根据施工期间交通组织方案,该路段为施工车辆进出航站楼施工区的必经之路,而现状空港八路路面受损严重。为确保施工期间车辆的通行安全,避免路面因重载车辆遭受破坏性损伤而影响施工车辆通行、进而延误施工进程,应先行实施对现状空港八路的加固修复工作。

4.4.2 交通组织阶段

在工程实施过程中,结合 T1、交通中心整体不停航施工的目标,前后经历了五个阶段的交通组织切换,见表 4-5。

表 4-5 交通组织切换

交通组织阶段	第一阶段 2015.4—2016.1	第二阶段 2016.2—2016.8	第三阶段 2016.9—2016.11	第四阶段 2016.12—2017.3	第五阶段 2017.3—2017.9
主要节点	迎宾一路正式开工	迎宾一路高架全面开工	G5上匝道通车	高架全面通车	全面通车
交通调整	迎宾一路两侧退界,地面交通翻交至道路两侧	楼前高架拆除、启用临时钢便桥、出租车排队系统调整	临时钢便桥拆除,进场车辆通过G5匝道进入出发层,缓解地面交通压力	进、出场车辆通过高架桥进出T1航站区,进一步缓解地面交通压力	地面道路全面开放交通,出租车排队系统全封闭
阶段目标	迎宾一路改造具备开工条件	迎宾一路高架全面开工	为交通中心、出租车地道施工创造条件	为友乐路以西地面道路施工创造条件	为T1、交通中心正式启用创造条件

4.4.2.1 第一阶段交通组织(2015年4月—2016年1月)

1)该阶段主要施工内容

(1)迎宾一路两侧围墙退界、绿化搬迁、专业管线实施。

(2)友乐路空港八路路口 T1 临时停车场建设并投入运营(2015年5月30日)。

(3)P2停车场改建并投入运营。

(4)迎宾一路两侧翻交便道实施。

(5)迎宾一路施工围挡形成。

2)该阶段交通组织主要调整内容

与上述施工内容对应,该阶段交通组织主要调整内容如下:

(1) 2015年4月1日起。到达层出租车排队等候区调整至航站A楼楼前,车道缩减为4根;出发层高架A楼A段区域封闭,靠航站楼车道2根,保留外侧3根车道。

(2) 4月25日起。P2停车场启用,引导现状公交、大巴驶入P2停车场;空港一路调整为离场单向两车道,并接入既有离场下匝道出场道路,既有迎宾一路支路封闭;迎宾一路进出场车道由现状6进6(5)出调整为5进4出(其中1根进场车道为出租车排队通道),车道位置向中央分隔带靠拢。

(3) 5月30日起。T1临时停车场正式启用,将进航站楼并有停靠需求的社会车辆引导至友乐路空港八路路口西北侧的T1临时停车场停放,旅客通过短驳车进出航站楼。

(4) 12月12日起。迎宾一路(友乐路以西)中间区域封闭,进场车道不变,出场车道向道路外侧平移,车道数量不变。

(5) 2016年1月25日起。迎宾一路(友乐路以东)中间区域封闭,进出场车道向外侧翻交,由现状5进4出调整为4进3出。

3) 第一阶段交通组织各区域方案

(1) 各类车流流向组织方案。本工程施工区域内现状社会交通主要存在公共交通、运营出租车、进出航站楼社会车辆(小型车辆)、大巴士以及机场工作人员车辆。由于施工过程中迎宾一路须部分封闭,不可避免将影响到交通通行能力。因此对于上述各类车辆,在施工过程中应分别遵循以下组织原则:

① 公交车流。现状楼前区域共有806、807和1207三条线路,考虑到交通中心施工过程中,楼前车道资源相当有限,且公交线路所占分流比例较小,优先用于出租车通行,公交线路搬离航站楼区域。

将806、807停靠点迁入P2停车场,并新建临时调度室及相关标示。1207终点站维持现状,仅取消航站楼前停靠站,如图4-19所示。

② 运营出租车车流。出租车作为主要公共交通载体,保留并确保现状运营条件。

在第一阶段交通组织过程中,送客出租车进场路线及车道维持现状,接客出租车排队仅对站点位置做调整,调整至航站A楼楼前,歇车位6个,呈一字排列;离场路由维持现状,如图4-20所示。

③ 进出航站楼社会车流。

a. 送客车流。第一阶段交通组织中自2015年5月30日起,进出航站楼社会送客车流凡有停车需求的,均须驶入友乐路空港八路路口西北侧的T1 P0临时停车场停放,送客即走的社会车辆仍可经迎宾一路驶入出发层送客,经原路线驶离航站楼。

b. 接客车流。第一阶段交通组织中自2015年5月30日起,进出航站楼社会接客车流均须驶入友乐路空港八路路口西北侧的T1 P0临时停车场停放等候,旅客须自航站楼前往P2停车场的上客站点,通过短驳车接送至临时停车场。

进出航站楼社会车流交通组织平面布置图如图4-21所示。

3条公交站点；到港旅客社会巴士停靠点设在P2停车场内

→ 公交进场
⇢ 公交离场
▧ 1207路公交
▨ 806、807路公交

开工前完成公交改道（如图所示）
2016年年底按规划道路，搬迁到楼前

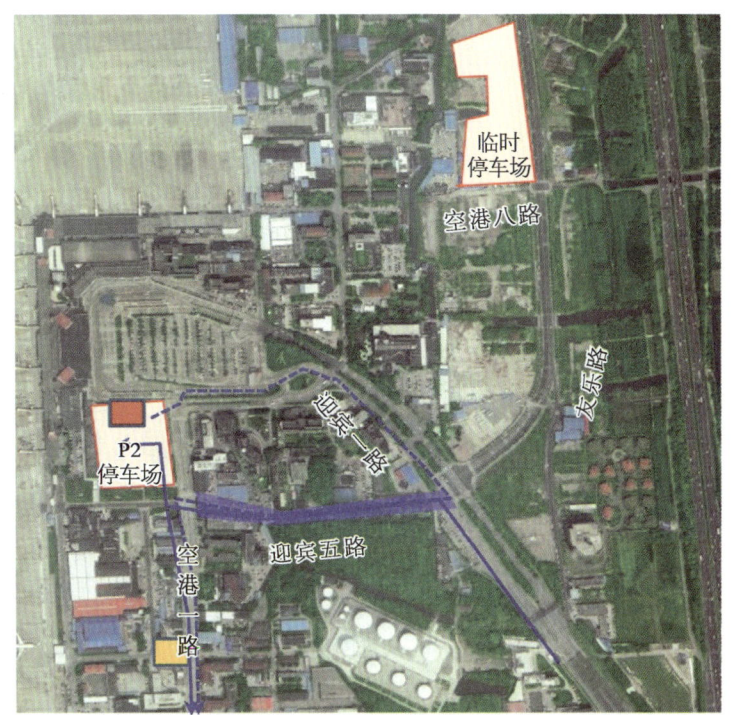

图4-19 公交线路交通组织平面布置图

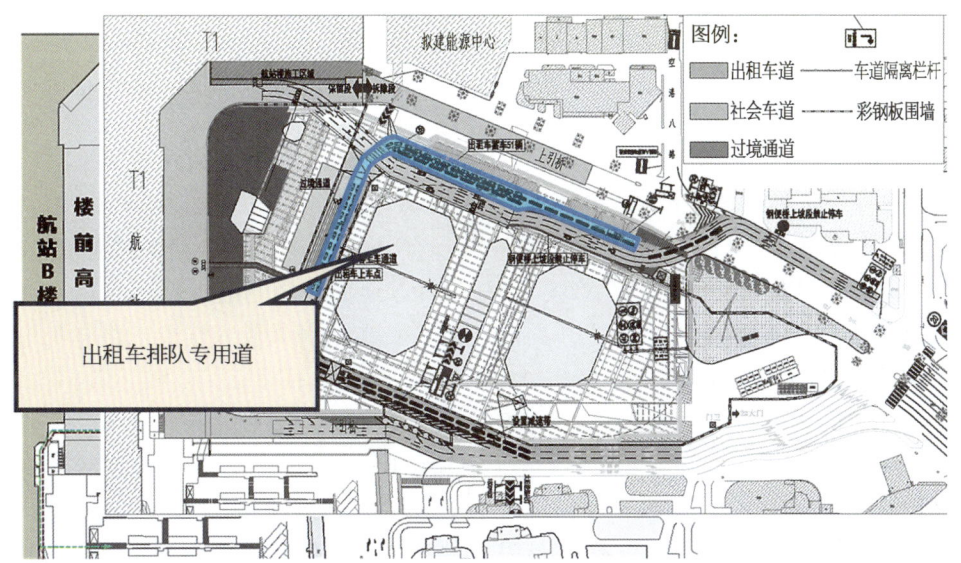

图4-20 出租车辆楼前交通组织平面布置图

⟶ 送客即走车流　--▶ 停车送客及接客车流
图4-21　进出航站楼社会车流交通组织平面布置图

P0临时停车场内部车流组织如图4-22所示。

c. 接、送客大巴车流。大巴车流方面，旅行社大巴车辆行驶通过迎宾一路—迎宾五路—空港一路进入P2停车场停靠并驶离，如图4-23所示。

d. 机场工作车流。机场工作车流在2015年4月15日迎宾一路支路封闭后，北向南可通过友乐路—迎宾五路驶入南工作区，南向北经空港一路—迎宾一路（既有楼前高架下匝道出口）—友乐路左转驶入东航路/掉头驶入空港三路进入北工作区，如图4-24所示。

e. 非机动车流。自2015年4月15日起迎宾一路支路封闭后，非机动车流拟在空港三路路口进行阻断。阻断后非机动车流拟通过空港三路沿线经空港八路（局部在东航地块内绕行）及东航路绕行至友乐路，通过迎宾五路便道进入空港一路及南工作区各单位。其中有停车需求的进入P2专用非机动车棚停放，如图4-25所示。

f. 施工车流。第一阶段施工区域主要分为T1、交通中心（即现状楼前）以及迎宾一路范围，施工车辆原则上通过友乐路进入，其中往T1方向路线为友乐

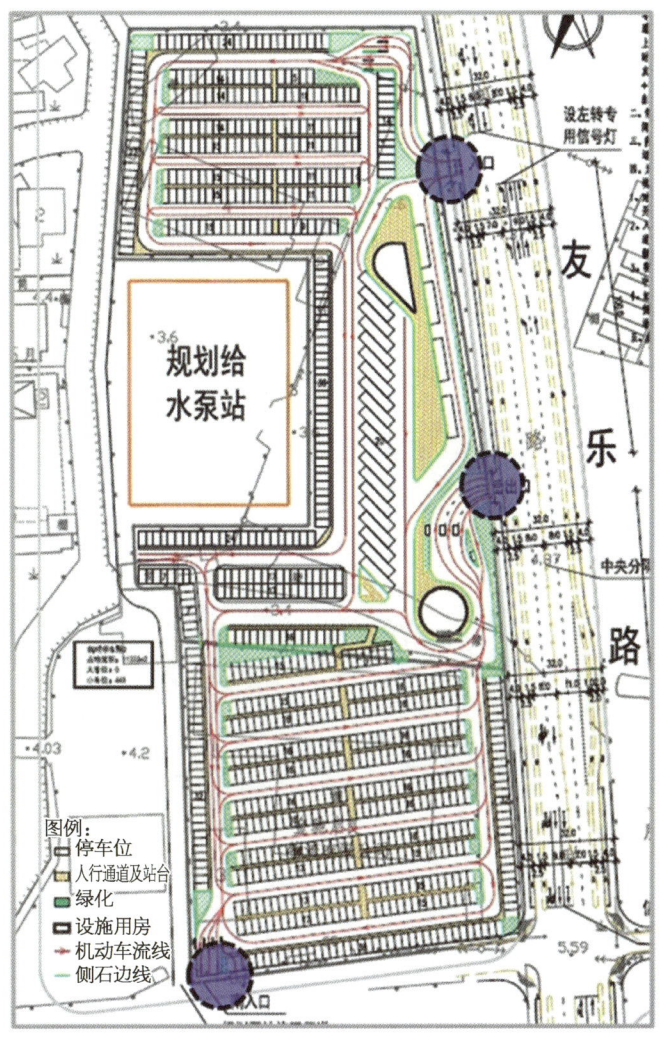

图 4-22 P0 停车场社会车流组织

路→东航路→空港三路→空港八路,出场反之;往楼前 P1 区域路线为友乐路→东航路→空港三路→空港八路→交通中心,出场反之;往迎宾一路两侧则通过友乐路→迎宾一路,出场反之,如图 4-26 所示。

(2) 迎宾一路道路交通组织方案。

① 沪青平公路—龙门架。维持现状,不进行调整。

② 龙门架—友乐路。该区段总体进出场车道数量由 6 进 6 出缩减为 5 进 4 出,同时出场道路向外侧平移,以满足主线高架施工条件。该区段交通组织平面图如图 4-27 所示。

③ 友乐路—空港三路。该区段总体进出场车道数量由 6 进 6 出缩减为 4 进 5 出,以满足两侧规划电力、信息、燃气、上水管线施工条件。该区段交通组织平、剖面图如图 4-28 所示。

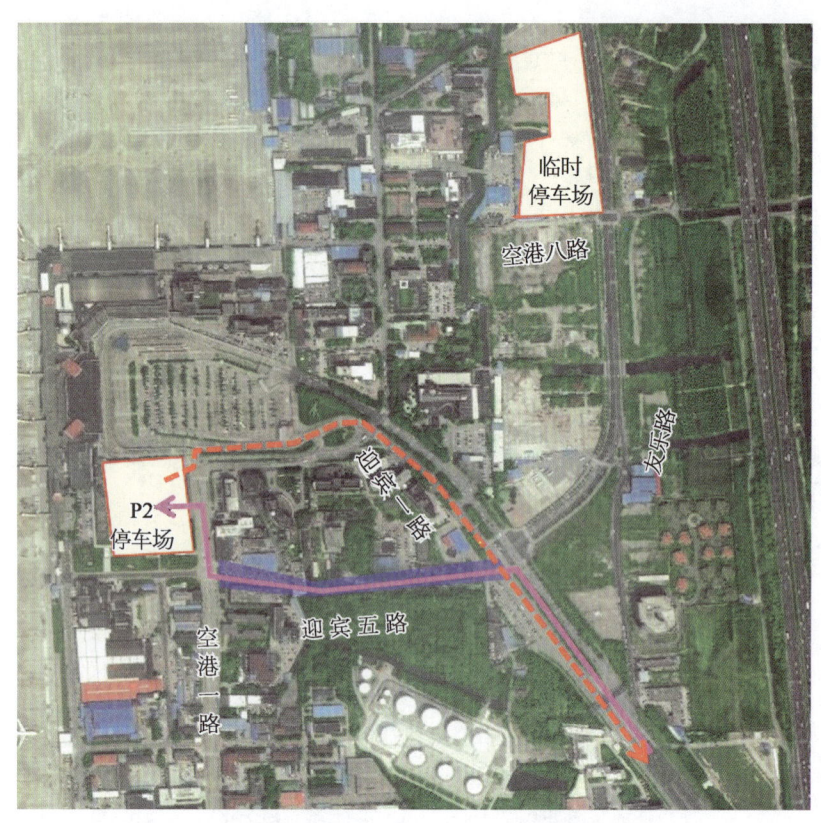

图 4-23　接、送客大巴车流交通组织平面布置图

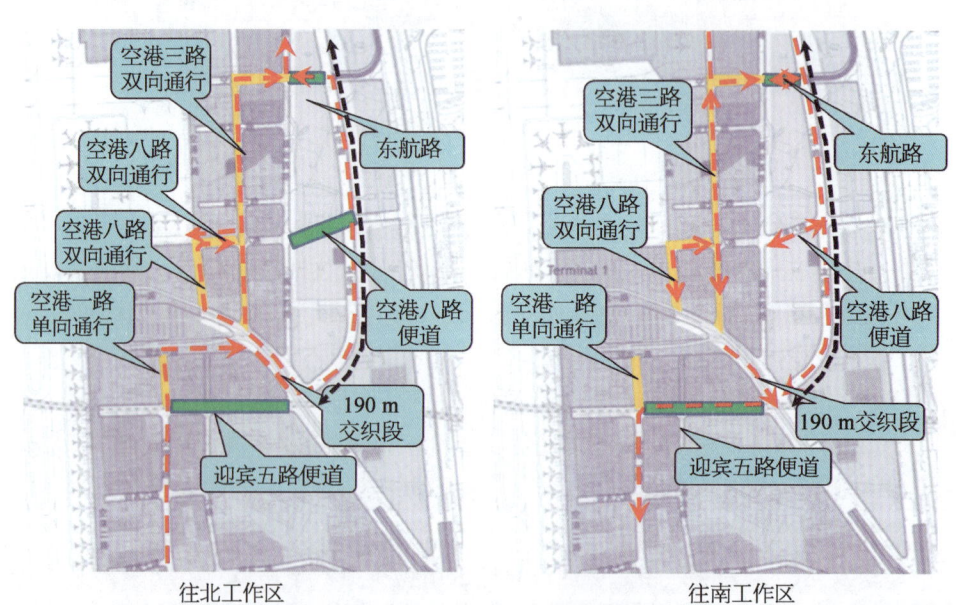

图 4-24　机场工作车流交通组织平面布置图

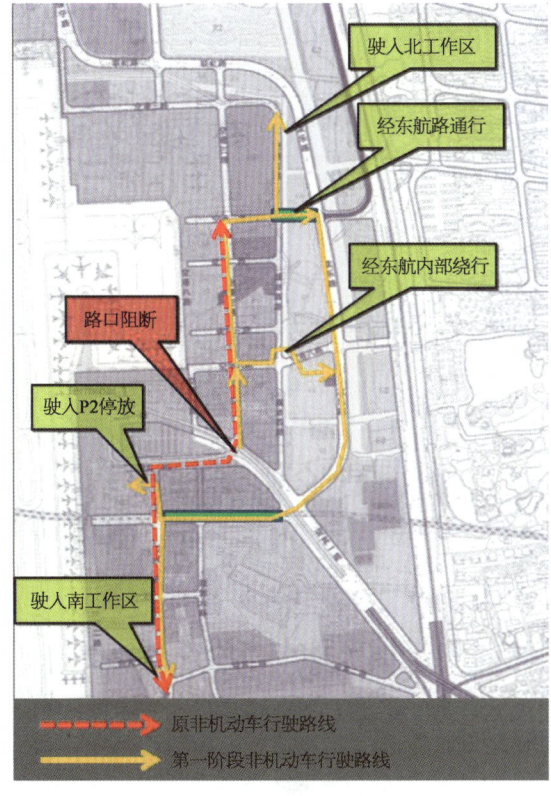

图 4-25 非机动车流交通组织示意图

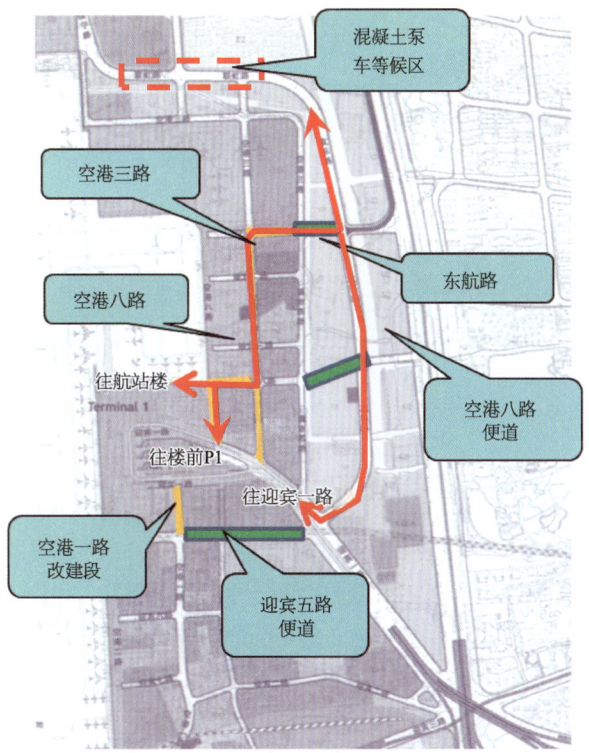

图 4-26 第一阶段施工车流交通组织平面布置图

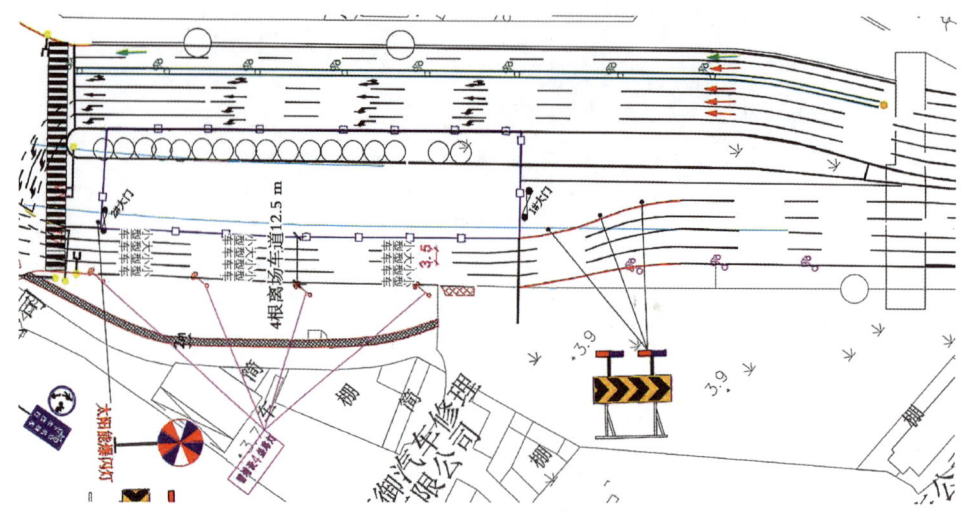

图4-27 龙门架—友乐路区段第一阶段交通组织平面图

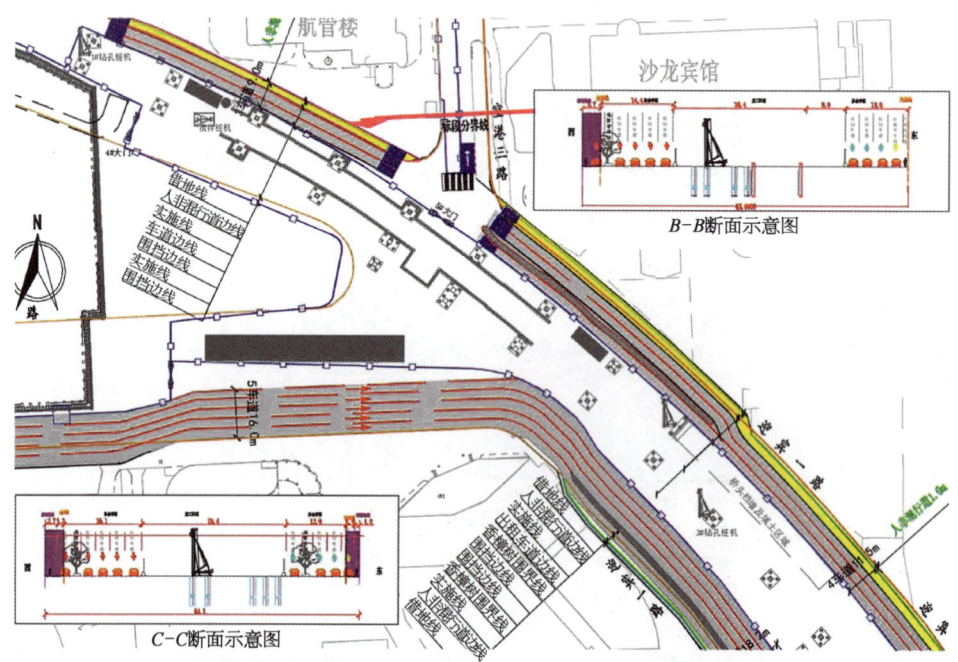

图4-28 友乐路—空港三路区段第一阶段交通组织平、剖面图

④ 空港三路—空港八路。该区段总体进出场车道数量由5进场缩减为3进场,以满足上引桥改造施工条件。该区段交通组织平、剖面如图4-29所示。

(3) 楼前到达层(交通中心区域)道路交通组织方案。

① 前置条件。市政道路:空港一路(迎宾五路—迎宾一路支路段)顺时针单循环切换完成;P2停车场启用;航站B楼楼前7根车道调整为4根。

② 到达层出租车路由。进场路线及车道维持现状,排队等候区调整至航站A楼楼前,歇车位6个,呈一字排列;离场路由维持现状。

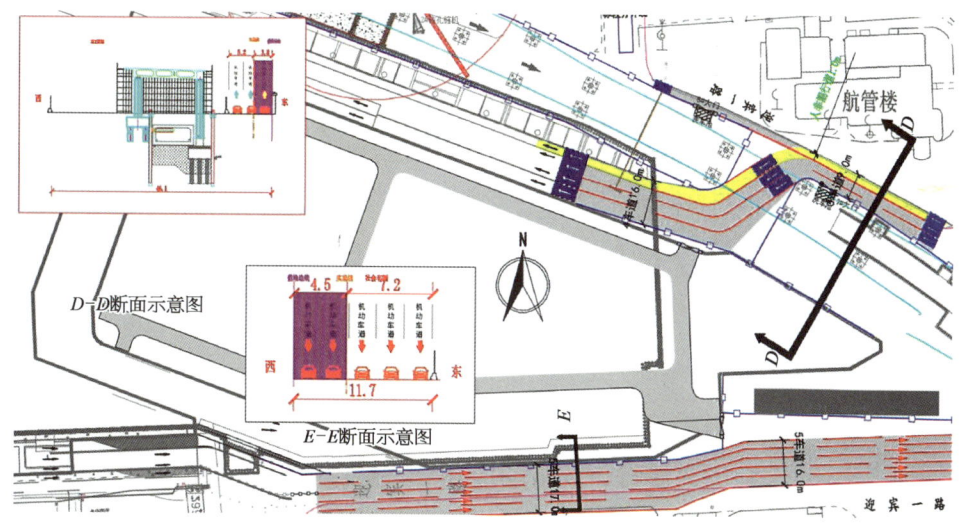

图 4-29 空港三路—空港八路区段第一阶段交通组织平、剖面图

③ 旅客通行路由。

a. 前往出租车上客点。从航站 B 楼出口北行,至 A 楼向东到达上客点。

b. 前往 P2 停车场。从航站 B 楼出口南行,借道地铁 10 号线旅客通道,向西进入 P2 停车场。

c. 前往地铁车站。维持现状路由。

d. T1—T2 穿梭巴士。维持现状路由。

④ 出租车监控室搬迁。由于既有出租车监控室位于拆除改建楼前高架起坡段下,因此在本阶段对于出租车监控室进行搬迁,拟将监控室搬迁至现状 B 楼东侧,面积不小于现状监控室。考虑到今后各阶段交通组织中,出租车候车点及形式、路线均与现状变化较大,因此将现状监控摄像头均废除,新建 15 个监控摄像机,每个监控摄像机有 1 根视频线、1 根电源线,接进监控室,如图 4-30 所示。

⑤ 出发层 A 楼 A 段高架道路交通组织。楼前高架目前有 5 根车道,A 楼 A 段屋面拆除采用切割吊装施工方法,汽车吊须上楼前进行高架吊装,吊装期间支点净宽 7.5 m,须占用 2 根楼前车道及过渡段斑马线。为保证运营区域与施工区域有效隔离,考虑在楼前高架搭设移动式围挡,封闭 2 根车道及过渡段斑马线,保留 3 根车道以供社会车辆行驶,塑料注水围挡尺寸 1 m×1.9 m,就位后注水增加配重,移动时泄水后人工方可搬离。楼前高架围挡区域内南北向开设 2 扇大门,以供施工车辆进出,如图 4-31 所示。

4.4.2.2 第二阶段交通组织(2016 年 2—8 月)

1) 该阶段主要施工内容

(1) 市政配套一期迎宾一路改造工程全面开工。

(2) 上引桥钢便桥架设完成。

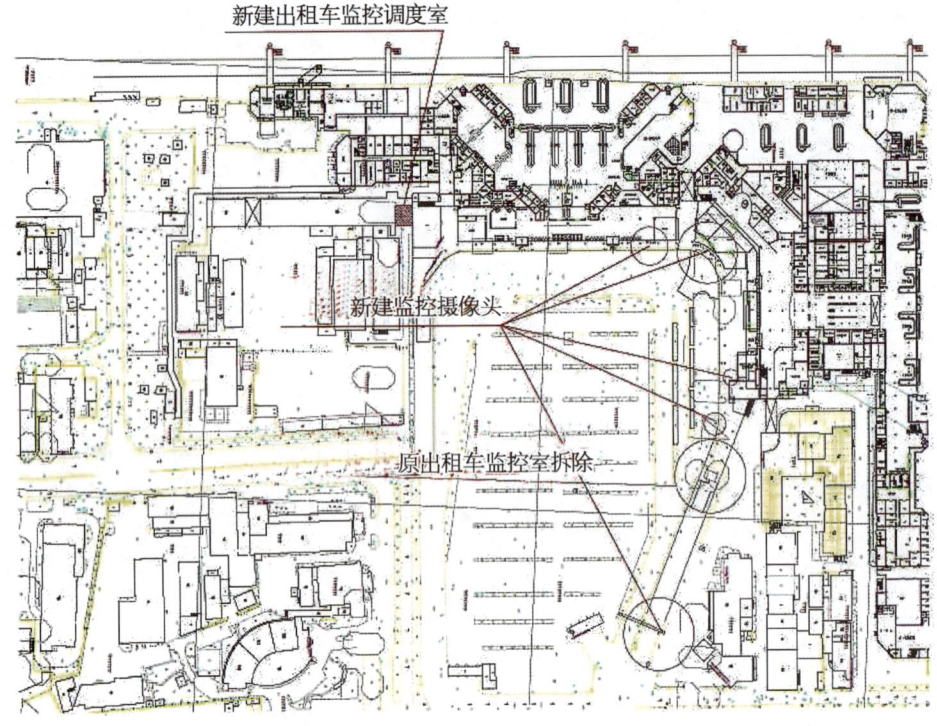

图4-30 新建出租车监控位置示意图

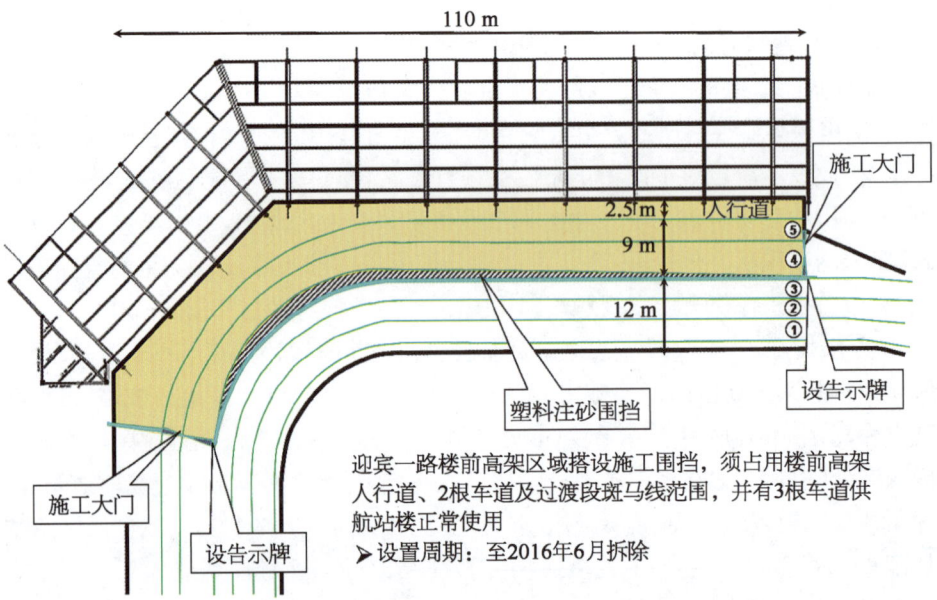

图4-31 出发层A楼A段高架道路交通组织

(3) 既有上引桥拆除。

2) 该阶段交通组织主要调整内容

与上述施工内容对应,该阶段交通组织主要调整内容如下:

(1) 至出发层社会车辆由既有上引桥翻交至钢便桥上,车道数量不变,同时联动交警部门社会车辆空车不允许至出发层。

(2) 对出租车排队系统进行调整,设置出租车蓄车点,并启用发放进场牌形式控制空车排队。主要采取以下措施:

① 将出租车蓄车点调整至迎宾一路(原机场龙门架—友乐路)原出租车专用车道上;

② 在迎宾一路友乐路路口处设置岗亭,分发出租车排队进场牌,出租车排队通道为双车道,长度约为 230 m,如图 4-32 所示。

图 4-32 出租车排队通道

其余地面交通情况与第一阶段相同。

4.4.2.3 第三阶段交通组织(2016 年 9—11 月)

1) 该阶段主要施工内容

(1) G5 上匝道(友乐路—出发层)高架通车。

(2) 友乐路地道东半幅开始施工。

(3) 出租车蓄车场开始改造。

2) 该阶段交通组织主要调整内容

与上述施工内容对应,该阶段交通组织主要调整内容如下:

(1) 迎宾一路(友乐路以东)进、出场车道保持第一、二阶段 5 进 4 出的车道数量(其中 1 根进场车道为出租车排队通道)。

(2) 迎宾一路(友乐路—空港三路段)进场车道数由 4 进 5 出(其中 1 根进场车道为出租车排队通道)调整为 4 进 4 出,同时 2 根进场车道改走友乐路上匝道;离场车道位置有所调整,以满足离场匝道施工需求,如图 4-33 所示。

(3) 迎宾一路(空港三路—到达层)进场车辆保持 3 根车道,其中 2 根车道位于高架上,地面道路仅保留出租车专用道,如图 4-34 所示。

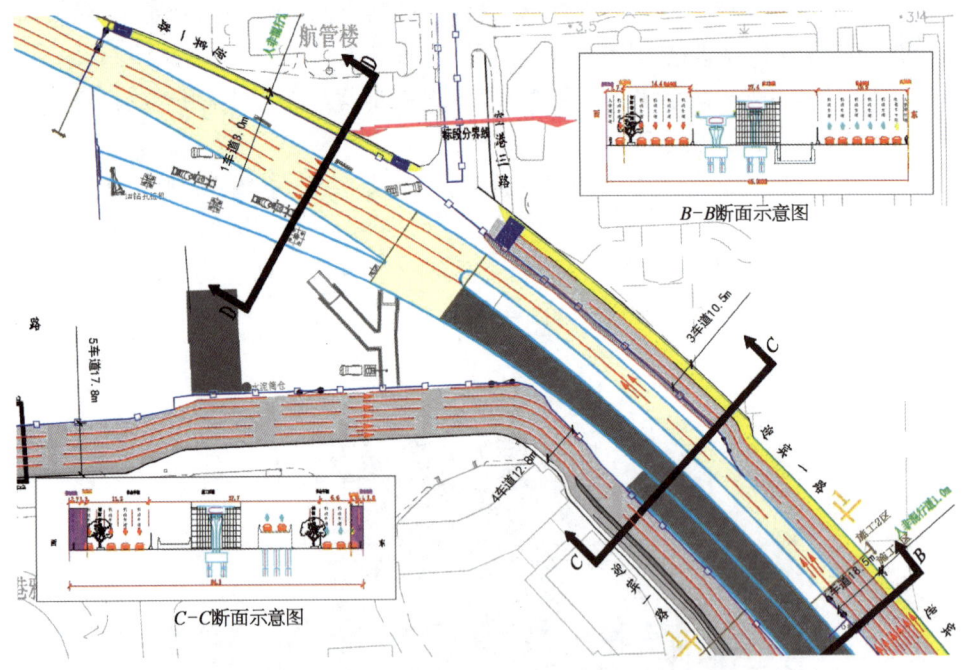

图 4-33 友乐路—空港三路区段第三阶段交通组织平、剖面图

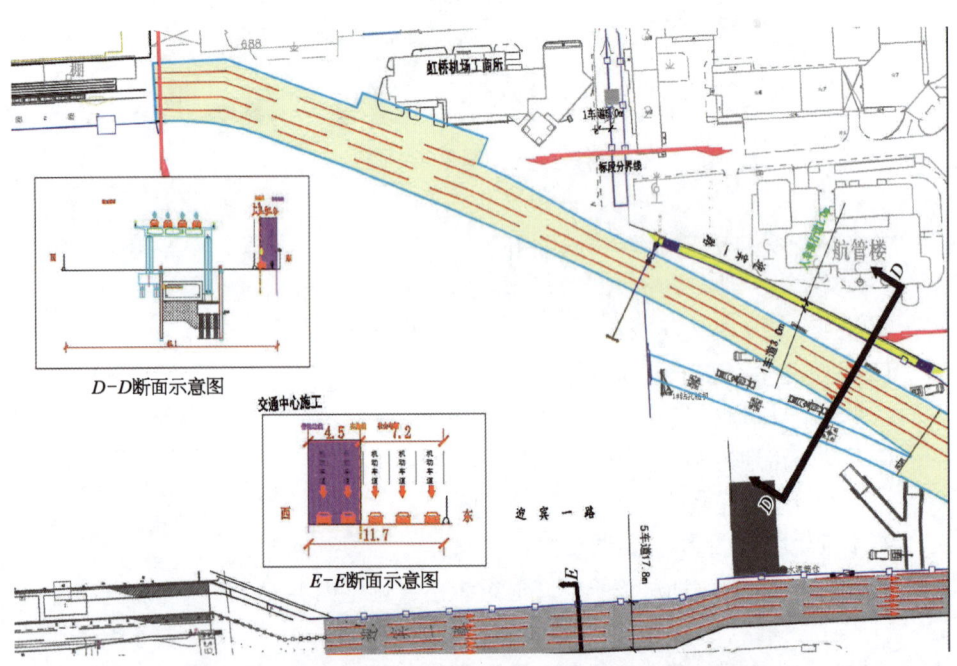

图 4-34 空港三路—到达层区段第三阶段交通组织平、剖面图

4.4.2.4 第四阶段交通组织（2016年12月—2017年3月）

2017年3月26日T1 A楼启用，同步开放交通中心、迎宾一路（友乐路以西）市政配套道路。

1) 该阶段主要施工内容

G3 匝道（离场）、G2 主线（延安路高架—出发层）高架通车。

2) 该阶段交通组织主要调整内容

与上述施工内容对应，该阶段交通组织主要调整内容如下：

迎宾一路（友乐路以西）进、出场车道数为 4 进 5 出（其中 1 根进场车道为出租车专用道）。进场车道不变；离场方向社会车辆由下引桥、交通中心和空港一路共计 6 根车道，逐步合并后接入至 G3 离场匝道（2 车道）和地面 3 根车行道。

4.4.2.5　第五阶段交通组织（2017 年 3—9 月）

1) 该阶段主要施工内容

(1) 友乐路以西地面道路通车。

(2) 出租车地道通车，线路全封闭。

(3) 出租车蓄车场启用。

(4) 交通中心启用。

(5) 人行道（空港三路—空港一路）开通。

2) 该阶段交通组织主要调整内容

与上述施工内容对应，该阶段交通组织主要调整内容如下：

迎宾一路（友乐路以西）进、出场车道数按规划设计布置到位，为 5 进 6 出，保持 5 进 5 出（其中 1 根进场车道为出租车地道）。进场地面道路调整为 2 根车行道、1 根出租车地道、1 条人非共行道，高架调整为 2 根高架匝道和 2 根主线车行道进入出发层；离场方向由下引桥、交通中心和空港一路共计 6 根车道，接入至 G3 离场匝道和地面 4 根车行道，同步启用离场方向人非共行道。

2017 年 9 月 27 日，迎宾一路市政配套改建全部完成。

4.4.3　交通组织应急预案

4.4.3.1　T1 出发层道路交通拥堵应急预案

(1) 启动条件。多数车辆至出发层接送客，造成出发层道路拥堵。

(2) 现场指挥。交警支队当班警长负责，按预案处置。

(3) 管理措施。出发层加强疏导，指挥车辆落客即走，保持外侧 2 根过境通道畅通；在迎宾一路进场方向控灯，间歇性放行，确保车流有序通行；在迎宾一路友乐路口引导接、送客车辆至 P0 停车场停放。

(4) 警力部署。民警 5 名、辅警 5 名。

T1 出发层道路交通拥堵应急预案措施示意图如图 4-35 所示。

4.4.3.2　迎宾一路主线交通拥堵应急预案

1) 友乐路—空港三路段拥堵应急预案

(1) 启动条件。因交通事故或施工引发突发情况，造成迎宾一路（友乐路—

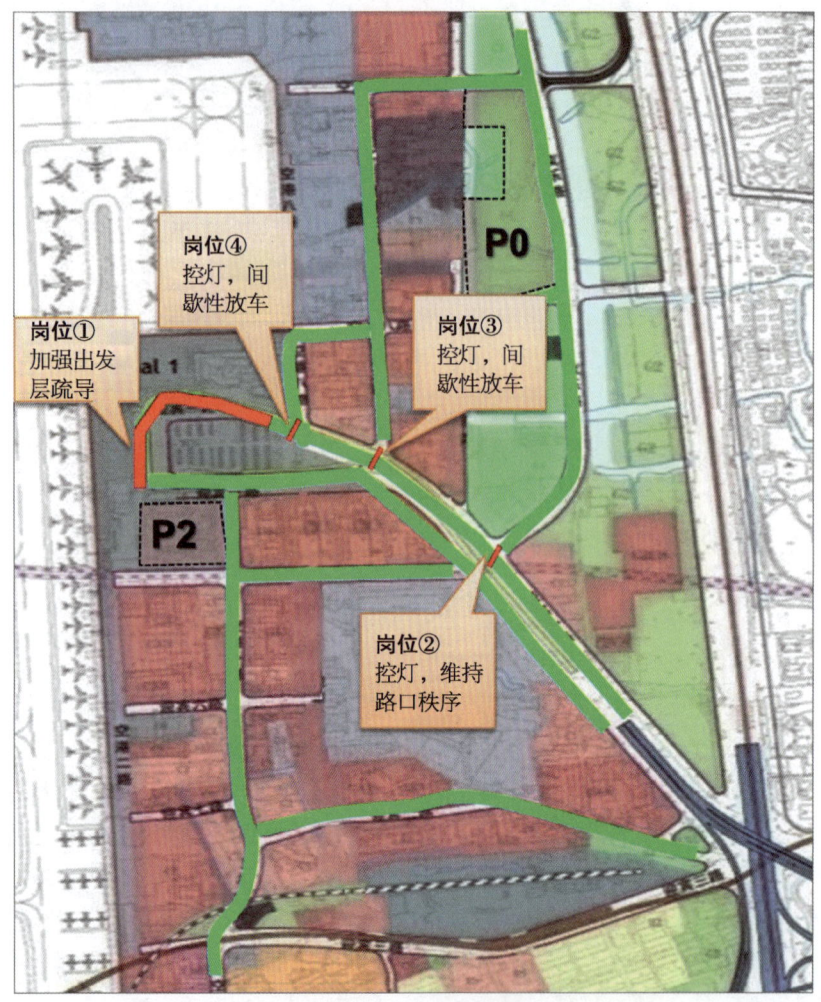

图 4-35　T1 出发层道路交通拥堵应急预案措施示意图

空港三路段)拥堵。

(2) 现场指挥。交警支队中队长负责,按预案处置。

(3) 管理措施。安排警力加强事发区域路段的指挥和疏导,引导救援车辆进入;在迎宾一路(友乐路—空港三路段)进场方向,增设一根可变车道;在迎宾一路友乐路路口引导接、送客车辆至 P0 停车场停放;加强迎宾一路空港三路路口的管理,指挥车辆快速通行。

(4) 警力部署。民警 4 名、辅警 6 名。

友乐路—空港三路段交通拥堵应急预案措施示意图如图 4-36 所示。

2) 龙门架—空港三路段拥堵应急预案

(1) 启动条件。由于进场流量增量、发生交通事故或因施工引发突发情况,造成迎宾一路(龙门架—空港三路段)道路拥堵。

(2) 现场指挥。交警支队中队长负责,按预案处置。

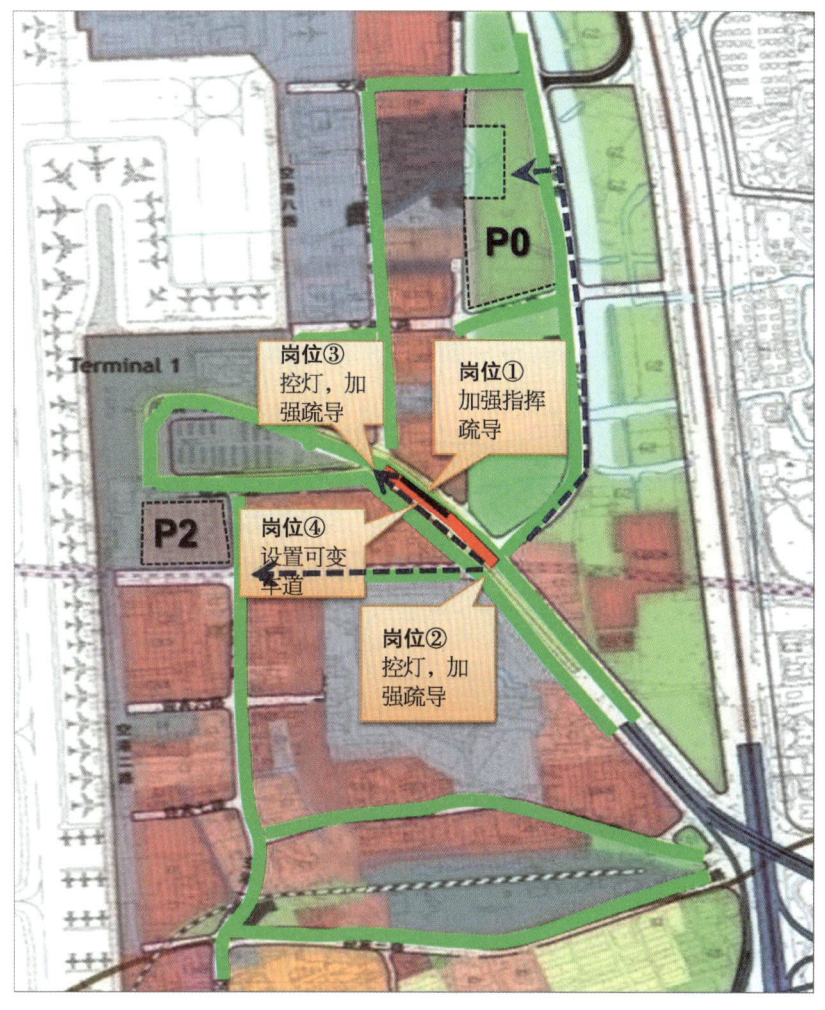

图 4-36　友乐路—空港三路段交通拥堵应急预案措施示意图

(3) 管理措施。安排警力加强事发区域路段的指挥和疏导,引导救援车辆进入;在迎宾一路(龙门架—空港三路段)进场方向,增设一根可变车道;在迎宾一路沿线控灯控流量;在迎宾一路友乐路路口引导接、送客车辆至 P0 停车场停放;通知场区管理部,注意观测 P0 客流量,必要时增开摆渡车;视情增设两根可变车道。

(4) 警力部署。民警 4 名、辅警 8 名。

龙门架—空港三路段拥堵应急预案措施示意图如图 4-37 所示。

3) 极端情况下东片区交通拥堵应急预案

(1) 启动条件。施工期间,虹桥 T1 航班量不增长,但旅客量较大幅度增长,且由于施工期间不可控因素如道路资源进一步减少,迎宾一路全线交通呈现常态长时段拥堵。

(2) 管理措施。除送客大型客车、出租车外,到、发社会车辆均到 P0 停车,旅

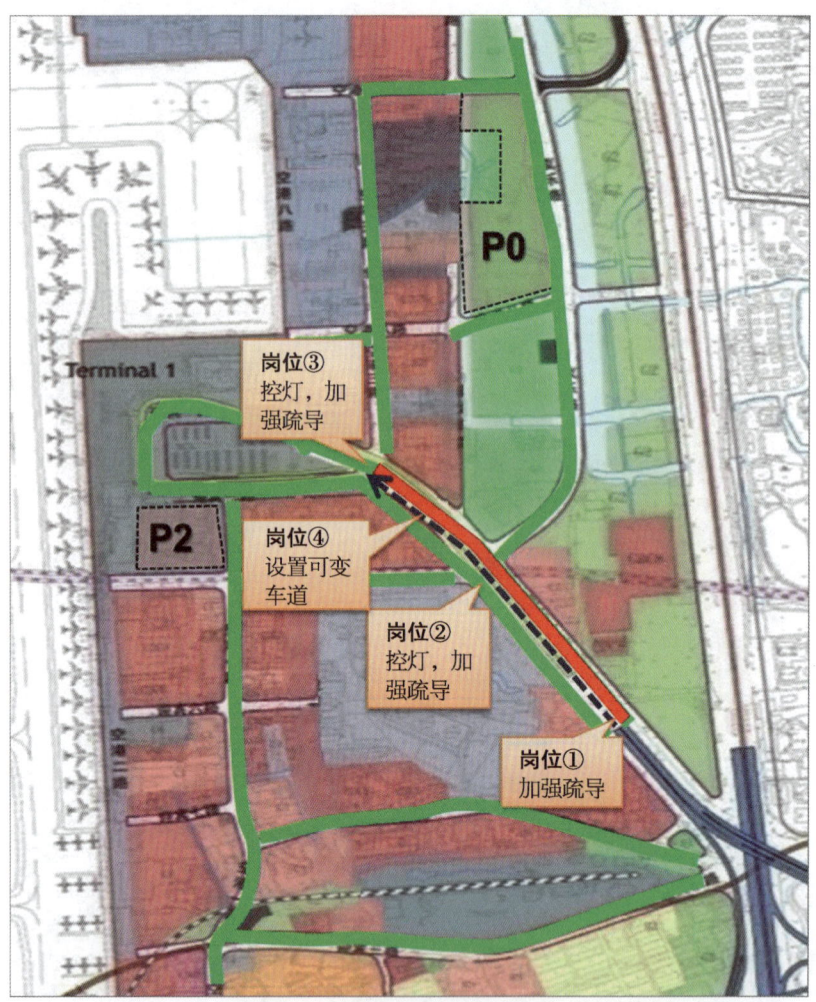

图4-37 龙门架—空港三路段拥堵应急预案措施示意图

客通过摆渡车往返。

极端情况下东片区交通应急预案措施示意图如图4-38所示。

4)大客流摆渡车应急疏散方案

(1) 启动条件。如因交通拥堵将出发送客车辆全部引导至临时停车场,或因航班集中到达,大批旅客须从航站楼至停车场。

(2) 现场指挥。经报请上级领导同意后,由交警支队领导负责现场指挥,并按预案处置。

(3) 管理措施。在迎宾一路友乐路路口实行交通管制,除送客大中型客车、出租车以外,到、发社会车辆均至P0停车场停放,旅客通过摆渡车往返;打开空港八路便道东航办公区域段,北工作区车辆借用空港八路便道通行至空港三路;南工作区车辆借用迎宾五路便道通行至空港一路;通知场区管理部门,做好摆渡车运营安排;协调施工单位视情调整施工车辆通行时间。

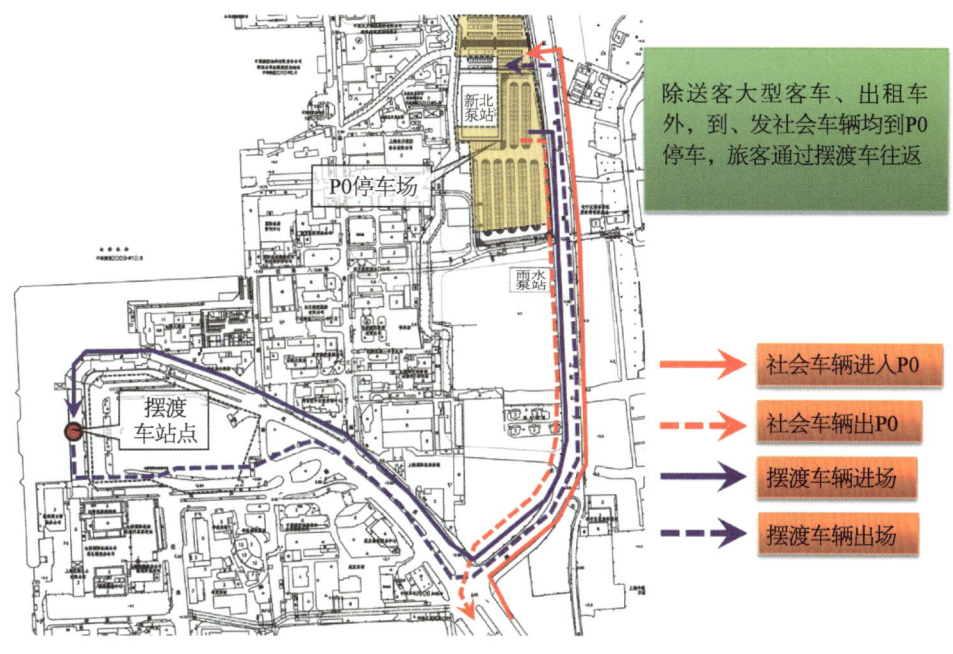

图 4-38　极端情况下东片区交通应急预案措施示意图

(4) 公关需求。机场相关部门做好内外公关工作。
(5) 警力部署。民警 7 名、辅警 10 名。

大客流摆渡车应急疏散方案示意图和大客流摆渡车应急措施示意图分别如图 4-39、图 4-40 所示。

图 4-39　大客流摆渡车应急疏散方案示意图

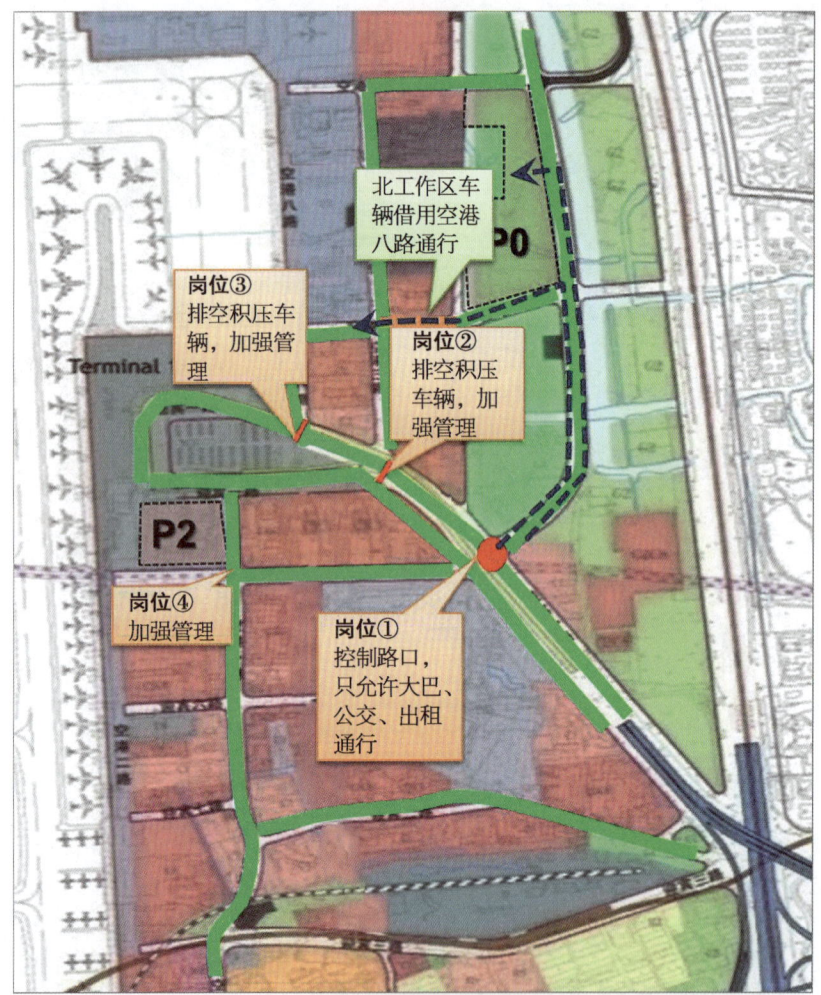

图4-40 大客流摆渡车应急措施示意图

4.5 绿化搬迁与利用

虹桥机场已有近百年历史,随着东片区综合改造的启动,以T1为中心,周边停车场、配套道路的大规模改造全面展开。

4.5.1 改造工程绿化搬迁利用背景

通往T1的迎宾一路沿线有香樟树100余株,枝繁叶茂,多为树龄几十年的大型景观树木,其中胸径超过50 cm、蓬径达到6 m以上的特大树木占了一半,如图4-41所示,多为老机场人亲手种植,历经虹桥机场多次改建,得以保留至今。这些树木见证了虹桥机场的发展变化,保留着机场人的历史记忆。

此次东片区综合改造,迎宾一路将新建高架,为最大限度保留迎宾一路现有景观风貌,2014年下半年对迎宾一路高架方案进行多次调整,将最初方案中所有

图 4-41 迎宾一路大型香樟原貌

大型香樟树须全部搬迁、优化为20％的景观香樟树加以保留,继续伴随虹桥机场的发展。

虽然部分景观香樟得以保留,但一次性搬迁如此数量的超大规格树木,在上海的各类建设工程中仍属首次,且所有不得不搬迁的景观香樟将回迁至T1前新建的交通中心大型公共绿地内作为骨架景观树木。

由于这批香樟树树龄长达几十年,其间历经机场多次改建,迎宾一路标高逐步抬升,所有根部泥球均被两至三层老路面覆盖,起挖难度极大,而且迎宾一路主体道路施工分段进行,逐段开工导致部分香樟的移植季节完全脱离正常香樟的移植季,跨度由春至冬,其中夏季酷暑及冬季严寒极度影响香樟移植的成活率。为此,迎宾一路沿线的大型香樟全冠移植及全冠回迁作为东片区综合改造绿化景观项目的工作重点之一,被列入科技攻关专项课题,经深入研究比对几大比较成熟的超大规格树木移植技术,结合现场实际情况几经论证,最终确定了容器苗法全冠迁移养护方案。

除了树木移植本身的技术方案外,由于东片区综合改造为不停航施工,在施工过程中还预见到了机场现有运行管线及交通两大难点须加以克服。

首先,经现场和图纸摸排,与沿线大树地下根部交叉的各类管线就有电力、给水、燃气、电信、航油、雨水、道路照明、军缆等,可能还有未明地下管线穿越交叉;空中穿越树蓬的有通信、监控、上话、联通、信号等。所有管线均涉及机场运行,如何保护穿越挖掘深度的管线安全成为重中之重。经深入排摸研究所制定的详尽细致的《绿化搬迁施工管线保护办法》在施工过程中严格执行,以保证机场运行管线安全为第一目标,同时最大限度留住大树根部的泥球和保证空中的树蓬完整。管线事关机场安全,树根泥球事关大树移植的存活,而树蓬则事关树木的景观形象。

其次,迎宾一路为旅客流主要进出通道,大乔木在移植前的预修剪作业中会临时封闭一至两条车道,挖掘作业时根部泥球巨大甚至须破碎两条车道,吊运时大型吊车、大型平板车展开后存在作业面需求等。如何将进出场客流交通所受影响降到最低程度,须提前评估做好预案,在不能增加施工便道路段区域的前提下进行大树挖掘,缩减根部泥球尺寸,以避免挖掘时破碎车道,意味着树木移植成活的风险加大1倍,则必须以加强养护技术措施予以弥补;吊装运的施工定在非航班高峰时间段,确保了机场交通的时刻畅通。

所有移植的大型、超大型香樟树在就近的友乐路临时苗地以容器苗的形式,按照预案制定的养护措施经过了精养细护,每株香樟树进入苗地后,先对其修剪后的根系切口进行消毒、杀菌处理,最后涂抹进口伤口涂补剂,再根据土球破损情况,用迪士尼营养土填满土球空洞,特别是根系空隙处,要仔细填满,防止根系中心出现空洞。利用喷雾器和喷雾机加入配比好的生根粉、发根液等营养剂对整个土球进行喷洒,使根系迅速补充养分,以合适配比的活力素灌浆以增加根压,钢缆固定后每天观察并保持足够的水分和养分。整个养护期间经历了高温酷暑、台风暴雨的侵袭,香樟树无一死亡且长势良好。

一年多后,在T1交通中心大型公共绿地初具雏形时,所有搬迁的大型香樟树作为绿地内的主景骨架树种又进行了回迁。通常,如此巨大的树木在移植后短短一年多再次搬迁风险极大,由于采取了容器苗养护并二次搬迁的方案,大大降低了作业难度和成活风险。

现在,新建的交通中心大型绿地犹如一座大型绿岛,静静地依偎在航站楼及楼前进场高架组成的弧形臂弯里,为改建后的东片区增添了无尽的生气和活力。几十株生于斯长于斯的香樟树经过两次搬迁移植后在绿地内以树阵的形式挺拔而立,带着凝重的历史感重新焕发出勃勃生机,预示着年代久远的虹桥机场在这一轮的大规模改造中将延续历久弥新(图4-42)。

图4-42 新建T1交通中心绿地新貌

4.5.2 工程绿化搬迁利用实施方法

根据此次东片区综合改造中大规格大批量乔木搬迁及回搬利用的成功实施,

结合不同条件下树木的搬迁养护技术、搬迁实施中与复杂管线的安全处理,总结出如下理论性操作性兼具的实施方法。

4.5.2.1 树木保护性移植技术

树木特别是大规格的乔木,能在短期内提高绿地景观的时空价值,在城市绿化中起着举足轻重的作用。大树都有几十年生长期,移植后精心养护并恢复生机,可以使新建的绿地快速成景。在景观的空间层次上,高大的树木构成绿地景观空间的主导者,把景观重点向高层扩散,对扩大绿地的内部景观和提高外部景观均有十分重要的意义。另外,由于城市建设多为硬质景观所占据,自然生态遭到破坏,城市属于生态脆弱地带,所以大树的保护性移植和原生态回迁对短期内恢复城市生态具有积极意义。以东片区综合改造项目的树木移植工程为例,在 4.2 km² 内,树木不出园区、就近移植,通过树木移植技术来确保区域内生态总平衡,从而保护城市生态系统。

1) 项目特点

树木是历史的见证,尤其如此大规格的树木,经历了虹桥机场多次改建,深扎于道路断层中的根系、粗壮的枝条无不记录着虹桥机场的点滴变化。根据生态建设和生态保护的要求,用最先进且成熟的技术对这些超极限超规格的大树进行保护性移植,并且充分利用改造工期的时间差,将原本长势形态不好的树木精养成最高价值的树木原生态回迁。

此次移植的树木都是超大规格,甚至有些胸径已近 1 m,树木多生长在道路中间或两侧,根系状况复杂,很多都是二段根,很难起出胸径规格相对应大小的土球。另外机场 365 天无休、"不停航"施工,市交警总队要求机场道路必须满足"五进三出"和"避让高峰"的交通组织。保护性移植并原生态回迁对普通树木移植施工已是超高要求,所以这无疑是一次园林移植技术的革新和突破。

2) 基于生态平衡的生态保护性移植关键点

生态平衡是指在一定时间内生态系统中的生物和环境之间、生物各个种群之间,通过能量流动、物质循环和信息传递,使它们相互之间达到高度适应、协调和统一的状态。现有绿地的生态平衡在于充分利用植物的吸碳产氧、降温增湿、滞尘杀菌、抗污降噪等生态功能,来参与和改善一定范围区域的物质代谢和能量循环,达到城市与自然相互融合的目的。据有关资料报道,1 公顷树木每年可吸收二氧化碳 16 t,产生氧气 12 t,可吸收二氧化硫 300 kg,滞尘量可达 0.9 t,蓄水 1 500 m³,蒸腾水分 4 500~7 500 t。可以说植物的绿量、植物的总叶面积直接作用着城市的生态效益。所以,绿化三维量指标相比常用的绿化覆盖率、绿地率等指标,更能直观评价园林绿化的生态效益。

(1) 绿化三维量不能减少。生态保护性移植首先不能破坏原有的生态环境效益。就植物吸碳产氧的功能而言,就是绿化三维量不能减少,即区域内所有生长植物的茎叶所占据的空间体积(以立方米为计算单位)不能减少,简而言之,树木的蓬形枝叶总量不能减少。

(2) 根系土球的保护。树木的蓬形与根系是成正比的,蓬形越大根系越发达,移植时要保护好土球内的有效根系不被损伤,土球不开裂。同时土球的包扎要考虑回迁时的便利性。

(3) 土壤微生物等功能的保护。土壤中因为根系将氧气传输进来形成各种微生物相互作用的状态,一旦树木开挖移植,土壤结构就可能遭到破坏,既影响树木根系的生长,也对土壤本身的雨水渗透等功能造成影响,故在移植中须做好土壤生态功能的保护。

3) 生态保护性移植主要技术措施

(1) 绿量保护技术措施。

① 整形预修剪(图4-43)。提前45~60 d,对于偏蓬偏冠的树木和运输中容易损伤的枝干进行预修剪。因为树木高大,用登高车很难"穿梭"于枝条中对树木进行整形,故采用25 t以上吊车,修剪工人固定于吊臂的自制坐凳上,以地面工人的指挥为参考意见,吊臂作为长度角度参照物,进行修剪,修剪后立即用伤口涂补剂进行处理。总修剪量以最大限度满足交通要求为准,一般为保留100%一级分支及叶量、保留80%二级分支及叶量、保留60%三级分支及叶量、保留40%四级及以上分支及叶量。

图4-43 整形预修剪

② 复壮促叶量。提前45~60 d对树木进行复壮,用爆炸式松土进行根部土壤疏松,浇灌活力素等营养剂,树干吊注营养液,促使预修剪的树木在吸收水养分后能迅速爆发新叶,特别是内侧原本无叶的枝条都可能爆出新叶,爆出叶量可超出预修剪前叶总量。

③ 移植前定形修剪。由于复壮使树木养分过度积累,故新叶多以丛生状为主,在移植前须对树木再次进行定形修剪,对交叉重叠的枝条进行抽稀,保留长势良好的枝条,使树木绿量、叶量总体均匀,同时要符合施工时的交通要求。

(2) 防倒伏起挖土球。树木移植的土球大小是根据树木的规格来确定的,规格越大土球越大,尤其是要保证树木绿量的前提下,土球更是至关重要。另外,土球不仅要和树木规格成正比,土球的形状完整程度也非常重要,只有这样才能确保土壤微生物的完整性。此次移植的树木都位于机非隔离带、人行道隔离带和机动车隔离带,为保交通畅行,交警要求施工不占用车道。但隔离带很狭窄,能确保土球大小圆整已属不易,能挖好后放倒再装运的条件不多,且树木一旦倒伏肯定会折断部分枝叶,对树体造成伤害,所以只有通过以下技术手段来解决树木防倒伏问题。

① 侧向留根挖掘法(图4-44)。侧向留根挖掘法很好地解决了树木起挖过程中易倒伏的问题,即每株树在挖掘时挑选保留3～5根5 cm左右的根系,不切断,利用根系的拉力保证树木的平衡。此方法避免了在狭窄空间支撑树木的操作难度,也解决了树木倒伏的问题,但对断根工具的选用有比较高的要求。

图4-44 侧向留根挖掘法

② 断根工具的选用。断根工具以前都用双刃锯,对裸露的根系切断很方便,但因其不能触碰土壤,一旦在施工时与土壤接触即刀刃损坏,故损耗很大。此次移植工程土球都很大、根系粗壮,所以断根工具选用非常重要。实际操作中,1～3 cm的小根都用定制锹,材质为弹簧钢,8 cm宽,1 cm厚,狭窄,半圆状头,断根锋利;干硬的根系用传统的双刃锯;10～30 cm的大根用大齿锯,单齿,钢片要厚,一般用1.2～1.6 cm;粗大根用油锯,使用前先将根系上的土清除干净,再使用油锯,以防止油锯碰土报废。

③ 双材质土球包扎(图4-45)。为便于今后回迁,所有土球包扎都采用铁丝网-腰箍→网络-腰箍-网络的"二腰三网"的方式进行,先围包钢丝网,靠钢丝的扭力收紧,再打麻绳腰箍,边绑扎边敲打拉紧,麻绳与土球水平方向纤夫式的拉紧,以保证土球紧固完整,再打网络。打网络时既可绕开侧向根,也可直接在侧向根上饶圈,便于网络打得更紧,土球不会松散。

(3) 超大冠幅吊装法。树木冠幅大、枝叶多直接影响着吊运难度,常规树木移植都是采用直接起吊,即树木放倒,再起吊装运,方便操作,但对施工条件有要求。此项目施工场地狭小,保留的树木冠幅较大,只能根据树木实际情况采用最适合的吊运方法和措施。

① 平装起吊。对于超大冠幅树木,根据树木蓬形以及准备装车的方向,顺势将树木往蓬形面相对小的一侧放倒,放倒时注意计算树木与卡车的距离,使放倒的树木一级分支点正好处于卡车栏板外侧,一般卡车高度在0.8～1.3 m,加上填充垫,倒下的树干与卡车呈平行至5°之间,以保护树木蓬形最大化。

图 4-45 双材质土球包扎

② 垂直起吊。对于不能平装起吊的树木采用垂直起吊。先用草绳和木条对树干进行保护，然后将吊带兜住土球重心后在树干上多次交叉至树身重心稳定，同时吊钩能从树干分叉点穿过，并且计算好树木倒下时钢丝绳不会被枝条勾住，以防损伤大枝条，最后多余的吊带长度直接在吊钩上绕圈消化。起吊后不能直接上车，将土球先轻轻放置于计算好的卡车位置，通过卡车的缓慢前进，吊车慢慢将树木放下，此时注意钢丝绳的位置，放下同时上面的吊带也一定要与树干保持垂直状态，以防吊带损伤树皮，最后用支架支撑好。

③ 装车技巧。装车时，土球部位填充垫物可以稳固土球不移位，同时垫物的高低决定了树木的蓬形。放倒后的树干与卡车底板之间上扬角度越大，可保留不损伤的蓬形也越大，但还须考虑交通通行，所以一般呈平行或略上扬，最大不能超过15°。树干用尼龙绳和吊带固定在车架上，绑扎部位用垫物保护。由于蓬形超大，所以最后都要做好安全警示例如红白相间的小旗帜等，方可上路。

（4）种植处理。为了树木回迁时施工方便，也为了确保回迁时的树木原生状态，故全部采用控根容器种植（图 4-46）。

种植采用配比能满足根系最快发根要求的土壤非常重要。一般树木的上部有多少枝叶，下部就有多少根；与其相对应，树木移植时，根叶的平衡是树木成活的关键。此次移植树木几乎带原冠，移植后必须尽快促使根系萌发新根，吸收水养分，使树体供给平衡。所以种植所用土壤全部根据不同土球状况和不同树木品种生长需要进行配置。主要采用苗圃好土与草炭、河沙、蛭石、珍珠岩等有机和无机基质、根据需求按比例混拌，使种植土壤透水透气良好，团粒结构理想、质地均匀、具有树木发根生长所需的充足肥力养分。另外，可以根据树木上部枝叶的表象适当添加微量元素肥料，如叶小而黄并卷曲可能是缺锌，可增用硫酸锌；叶片黄化早落小枝表皮黑斑严重可能是缺铜，可添加硫酸铜等元素肥料；整株长势较差的树木，可适量加入氮磷钾肥或腐熟的堆肥，以有效提高土壤的肥力和疏松度，使

图 4-46 控根容器种植

树木能全面吸收养分。

种植时采用水吸法,即回土至 2/3 时,将水管插到容器底部加水至满,过 15 min 后搅拌,最终水在上部、土在下部,使回填土壤与土球紧密结合,根系的趋肥性会促使其很快萌发新根。而控根容器侧壁独特的凹凸设计有着"气剪"功能,根系生长到侧壁,接触到空气即停止生长,继而根尖后部会萌发无数倍新根继续生长;周而复始,短而粗的侧根会密密麻麻布满容器周围,树木健壮生长,枝繁叶茂,也为之后的原生态回迁减少工作量、提高生态效益。

(5) 回迁种植。容器苗回迁的最大优势是活动的绿洲和可移动的森林,上部不需要修剪,可保持最大绿量,下部不损伤根系,且带着完整的土壤生物系统,包括分解有机物质的大量微生物。

本就是原冠移植,再加上控根育苗和促根基质的双重作用,1~2 年后,所有树木都能以最佳最完美的树冠状态回迁至虹桥商务区的几大交通干道上,而且施工不受季节限制。

回迁地主要是人行道树穴、机非隔离带绿地、机动车隔离带绿地等。这些区域经过新一轮的建设,加之机械的压实、人为扰动、践踏等的影响,土壤结构大多受到破坏,容重增加,通气和持水孔隙降低,甚至出现阻止水分渗透的结壳层,所以,回迁种植处理好树穴土壤依然至关重要。

种植时树穴下部每间隔 30~50 cm 打洞,打洞深度 2 m 以上,与地下水系统连通,里面放木炭或珍珠岩,既可吸水又有净水作用,也是很好的肥料,随着上面的蒸发,还可起到拔水的作用。树穴内铺设混拌有草炭等大量有机物的土壤,树木种植后,根系相互交叉,微生物的作用使之形成完整的土壤生态。随着树木的不断生长,绿量越来越大,遮荫量愈发增大,蒸发减少,成为城市生态的良性循环。

综上所述,城市生态不仅需要园林绿化的建设,更需要在建设中保护好园林树木原有的生态效益,通过技术创新来减少树木的损伤,帮助受到环境抑制的树木恢复到最佳的绿量状态,提高叶面积指数,最大限度地发挥城市绿地的生态效益和景观效益。

4.5.2.2 与机场管线交错的树木移植技术应用

作为近百年历史的机场,其各类管线纷繁复杂纵横交错,机场历经数次不同规模的改扩建,现存管线图纸新旧版本不一,与实际情况有较大差别,机场管理部门也无法确认每根管线的户主和特性。为保证虹桥机场不停航施工,要求保护好各类管线,尤其是涉及重大安全因素的空管线、动力线,发生任何意外情况都将是重大事故。

此次要移植的大树都是几十年以上的大树,根系发达,土球巨大,而且其根系网络与管线网络已连成一体,而移植树木需要完整的土球,才能提高树木成活率,因此大树移植风险极大。

所以此次项目,要求既要保住大树,也要保护管线。为避免几十年的大树因为移植而死亡,通过技术手段来兼顾管线保护和树木移植存活。

1) 与上部管线交错的树木移植

(1) 上部管线的特性。上部管线分为信号灯线、探头线、网络线、电线等。与树木严重交叉的是交通信号线和探头线,其高度不高,甚至隐藏于树丛和灌木丛中,无法判断是否报废。管线形式多种多样,主要为夹杂于墙壁中、地面与空中交界处、石头缝隙和建筑中延伸出等。

(2) 上部管线保护的移植做法。

① 确认户主,听取意见。首先确认是否为高压线,通过与户主沟通及听取专业公司意见,即管线的保护要求,在此基础上结合树木的挖掘技术、吊装技术、机械的增设来进行处理。

② 加大吊车吨位,安全起吊树木。空中电线最大的问题是影响吊装。在吊车与树之间的横空线,采取吊装技术处理,即加大吊车吨位,让吊车可以远距离地把树吊出,让吊车上部跨过电线,之后吊装时采取垂直起吊。

a. 垂直式起吊(图4-47)。垂直起吊时吊带的安装难度极大,大树土球从5吨到十几吨不等,起吊时吊带虽吊住土球但很容易撕裂树皮,所以通过半圆兜底的方法起吊。即吊带在半圆形的土球下兜底,再到另一侧交叉,然后在树干上形成叉叉式的螺旋式上升绑扎,直至树身重心以上位

图4-47 垂直起吊

置。垂直吊装时吊带在土球下兜底的方向非常重要,一定要在较好的一边起吊,这样对较差的一边土球损伤会比较小。

垂直起吊时树干的保护也非常重要。不能单纯用草绳包扎,草绳包扎只能起到横切力保护,吊带也是横切力,纵向力无支撑,对树皮损伤大,所以要在树干上加装木条,木条尺寸厚 2 cm,宽 4~6 cm,长 2~6 m,根据树木规格选择合适尺寸,围着树干一圈,使交叉于树干的吊带不至于环状勒伤树皮,避免导致树木直接死亡(图 4-48)。因此所有垂直吊装的树木虽然受到吊带的很大挤压力,但通过草绳和木条的分散,不会出现树皮损伤现象。

还须注意垂直上吊时,为避免大臂碰到顶端枝条,起吊后应立即调整方向,且注意避开上升过程中可能碰到的所有电线,切忌碰到高压线,防止电线的吸力而造成安全事故。吊带要用全新的,保险系数要放大,确

图 4-48 树干保护

保万无一失。缆风绳只能用一根,防止树木因过度摆动而碰到周边管线。这种吊装方式可以保证树木的成活率,但吊装成本要高于一般的吊装,所以要高效率操作,合理安排。

b. 电线避让式吊装。大部分线都有伸缩性,可以用不导电的专用扎带扎在一起,避让树木吊装,或者起吊时拉开电线。

c. 转向式吊装。采取两根吊带的方法,起吊时吃准重心,判断好是 45°还是 75°吊装。先放倒,再用两根吊带,一头一尾环状收紧,用缆风绳控制好方向,吊车缓慢启动,此方法的难点是角度难控制,吊带不能打结,长度控制不好。所以首次采用钩子上打转的方法,例如前面吊带过长,可以在钩子上打转,最终在钩子上结束。掌握平衡,避免缆风绳过长,以免与电线碰撞,而且应为绝缘材质。

d. 斜拉式起吊。让树倒下,用小挖机搬动,再让吊车起吊,底下放块板,利用杠杆原理斜拉出土球。

2) 与下部管线交错的树木移植

机场的下部管线众多,施工时难度很大。经机场主管部门和绿化主管部门多方协调,绝大部分都加以确认;对不能确认的管线,视为有用管线。

(1) 下部管线的特性。

① 下部管线品种。包括动力线,高压(10 万 V),通信电缆,光纤,警用电缆、探头线、煤气管、自来水管、污水管、雨水管等。

② 管线分布形式。有竖向、沿道路走向、横穿马路，没有规律可循，只能研究图纸，找出大致方向。

③ 埋管形式。多种多样，既有水泥盖板式，也有铁管保护套、PVC保护套、裸线、直线式、曲线式、横线摆渡式、斜向式。

根据图纸，并与各家户主单位展开沟通联系会，仔细分析，抓重点，找规律，研究各条管线的特性。比如电线能否弯曲，年代多久，尤其是老线脆，如机场的通信网络，是华东网络1979年排的光纤，排线时光纤从孔砖里穿过，而孔砖非常脆，极易损伤光纤，须专门学习光纤单位的施工方法，再确定树木挖掘方法。

(2) 开设样沟。现场所有的开挖段都进行样沟的开挖，比如200 m长、7 m宽的路边绿化带，每隔20 m开样沟，深度1.2 m以上，根据树种不同决定深浅，大部分以树木理论挖掘深度放大20 cm，先人工用小铲刀开挖断面，不能用铁锹，以防止铲断电线。

① 开样沟前先用探地雷达探测金属，对整个区域按图纸找出大致方位，然后进行标示，再开样沟时就能知道底下是否有金属，起到非常好的提示作用，基本上70%~80%金属都能探出。

② 其缺点是会提示所有金属例如生锈的铁钉等。碰到警报，需要在外围做个圈，看是否还有警报，来确认是点还是线。当然也有失效的时候，例如原动迁基地的下面有大量的废钢筋，会引起整个基地发生警报，只能边探边挖。

③ 开样沟时不能用铁锹直线下土，工具必须平推土壤，像刨花一样分层挖，再用小耙子耙。样沟的开设耗时耗力，样沟完工前，其他工序都不能推进，虽影响工作效率，但可有效避免损伤电线，确保机场施工安全。

(3) 安全教育。样沟开好后，样沟中的管线须标注埋深深度，并在样沟间横向标记出电线的位置，让地下暗线慢慢处于明处，施工中注意避让管线。每日施工前对工人安全教育，并根据样沟明确交底各管线的性质，特别是重点区域，须在树形周边直接划线、撒白粉、插旗帜等明确标记，时刻提醒工人该管线的危险性。

(4) 土球挖掘与电线处理。开好样沟后，开始挖掘土球。先铲除浮土，挖去侧面土壤，然后垂直向下挖，注意轻挖电线周边土壤。同时检查此处电线是否有松动性；若有松动性，可在土球边拉出一些安全长度，尽可能保根。具体情况如下：

① 侧面镶嵌式电线。管线相切于土球一侧。首先在土球侧面拉缝，根是斜下方的，仅破坏一个根，而不是直接斩断土球断面上所有的根。然后慢慢拨出管线，同时将土球的另一侧放大，土球挖好后起吊时斜拉滑出来。由于此方法需要准确把控根系、土球、管线三者的关系，所以施工时除了高压线，指挥人员都要直接用手或脚触碰管线的安全部位，分析判断。

② 垂直下方式管线。管线在土球下方。挖掘时无法打土球，只能将土球做成缺角。如果碰到土球坐于盖板之上（管线在盖板之下），如水杉，根已畸形呈90°（图4-49）。土球打好腰鼓后，将土球在盖板的反方向倒下75°，使其分离，之后再打网络，最后直线式缓慢吊装，使下方电缆能垂直可见，同时工人拿着断根锹准备随时铲断底根。

图 4-49　垂直下方式管线

③ 盘于根系中的管线。电线盘于侧石与土球之间时,如道路边的悬铃木,只能断根处理,管线一侧挖掘暴露根后,用锯子将根锯断。树干不在土球重心上时,应将另一侧土球放大,要注意土球的固定稳固。不论遇到何种电线,对偏心的树木,事先应做好支撑和修剪,减少倒伏的可能性(图4-50)。

图 4-50　盘于根系中的管线处理

④ 非重点管线。例如伸缩门等单一线,直接换除电线,先接备用线,再把土球中的电线直接报废。

3) 种植处理

种植时做成容器苗,在根系受伤部位,伤口要进行处理。如被压的根系,用小耙子耙松,把交叉的根拉开或用小石头撑开,让其向各个方向伸展。同时为了稳定性,要适当修整土球,铲断的根要修平、消毒、涂生根剂生根液促发新根,即"理顺根,密实种植"。对损伤较大的重要树木还须进行方向性修剪,即在损伤面投影面之下和反方向进行适当修剪。

4) 注意事项

为保证虹桥机场的正常航空运营,本次大树移植克服了诸多困难,安全尤其重要。可供其他大树移植项目参考的注意事项有以下几点:

(1) 为保证机场道路畅通,可尝试夜间进行吊装运输;

(2) 移植与上部管线交错的大树,须加大吊车吨位,采取垂直式起吊、电线避让式吊装、转向式吊装和斜拉式吊装等方法;

(3) 移植与下部管线交错的大树,注意开设样沟,挖掘中宁可多用人工也不得破坏电缆等下部管线设施;

(4) 注意挖掘的土壤必须立即清除,不得侵占道路。

4.5.2.3 东片区综合改造中不同立地条件下大树移植方法

大树移植又名大规格乔木移植,其能在短期内提高绿地的景观效果,且产生的生态效益远远大于灌木和草坪等产生的生态效益,所以大树移植在生态城市建设中被视为重要的绿化建设手段。尤其在城市的改扩建工程中,通过提高大树移植成活率可以很好地保护大树资源,故大树移植也是城市生态保护的有效手段。近年来,有关大树移植的问题日益受到相关管理部门和专家及园林建设者们的重视,如上海市很早就已根据本地气候特点研究制定了《上海市大树移植技术规程》并推广实施,各种大树移植的原理、施工方案也不断地在同行间交流探讨。但是在实际施工中,因为气候差异、施工场地限制、移植成本问题,很多技术措施只能停留于施工组织文案中。

1) 技术措施探讨

(1) 大树移植的成活与否与树木移植成活的生理基础——树势平衡密不可分,树木地上、地下部分各器官间是相互促进、相互制约的关系。根系生命活动所需营养物质,来源于叶子的光合作用;枝叶生长所需的水分和矿物质,来源于根系吸收供应,所以大树移植成活的生理基础,即大树地上部分与地下部分必须保持平衡,尤其是根系与树冠要保持以水分代谢为主的平衡。

(2) 大树全冠移植的成功与否与移植实施时准确把握保冠、保水、保根三结合紧密相关。具体如下:

① 既要保水也要保冠。一般在大树挖运和栽植过程中,其含水量要达到70%以上,不然栽植成活率会随树木失重的增加而急剧下降。因此,通过保湿的措施防止树木过度失水是栽植成活的关键。同时在移植时要根据树种的根系损伤情况对地上部分进行修剪,使地上部分和地下部分保持平衡。但是地下部分根的发育所需的营养是地上部供给的,根的再生又是依赖消耗树干和树冠下部枝叶中储存物质的水平。因此地上部的过重修剪不但会影响到树木的美观,同时也会影响根系的生长发育。所以,适当修剪、保持合理的冠根比也是非常重要的因素。

② 既要保根更要促根。树木体内大部分的水分是通过根系来吸收的,树木

根系的生长状况,特别是包含着大量吸收根的须根系的数量及其分布范围直接影响到大树移植后地下部分对水分的吸收能力,从而影响到大树移植的成活率。所以,因地制宜保护好有效根系,尽最大可能挖掘包扎土球根系是树木移植成活的关键。

在大树栽植后,受伤的根系只有在适宜的土壤条件下,才能经过一段时间后产生愈伤组织并逐渐产生新根。所以土壤生态条件就成了树木移植成败的关键外界因素,土壤的理化性质及肥力状况对树木的生长发育具有重要意义。

2) 本工程经验总结

本次东片区综合改造中大树移植施工,即针对不同立地条件下的大树移植特点,提出"因树制宜",提高移植成活率,避免不必要的浪费。如前所述,近百年的老机场生长着几十年树龄的大树,其各自的生长环境、生长过程不尽相同,导致在搬迁移植施工过程中难度极大。在本次大树移植实施过程中我们总结出如下经验。

(1) 半边土球型的大树移植。半边土球型的大树泛指所有起挖只能起到半个土球的树木,此类大树多生长于虹桥机场围墙边、道路边、河道边、房屋边等位置。随着时间的推移,树木在生长过程中与围墙、道路、河道、房屋等逐渐形成紧密相连关系,其主干几乎贴着建筑物生长,故贴着建筑物一侧的根系受到阻碍无法正常生根,只能贴着阻碍物向两侧延伸,树木根系在单侧生长,起挖时土球呈半边型,重心不稳极易倒伏,对种植成活率有影响。对于此类大树主要采用以下移植方法:

① 以多带有效根系为主的起挖。此类树木的根系分布极不均匀,贴着建筑物一侧会有很多密集的须根,且向着两侧延伸,相反方向多有粗大主根,起挖时要注意要先做支撑或攀拉,以防重心不稳倒伏;同时要对建筑物一侧的管线和根系进行梳理,如有贴着的管线要先移除或保护。土球起挖时起挖形状不求完整,只求多携带有效根系。遇到无法携带的大根,一定要用锋利的工具将其锯断,不能采用粗暴方式如折、拉、振动等,以防土球松散,如图 4-51、图 4-52 所示。

图 4-51 管线移除　　图 4-52 土球起挖

② 以紧固保护为主的包扎和吊运。此类土球的包扎非常困难,因为一侧凹陷,包扎时草绳很难收紧。为防止运输颠簸损坏使土球开裂或破碎,土球外层可用弹力管收紧,可利用包扎绳的弹性使土球紧固。如遇半边形的超大树木,在包扎时土球缺陷的地方可以用填充物填充,以使土球基本完整,如图4-53、图4-54所示。另外在运输时要把窄的一边放下面,土球下垫沙包或软物,并固定好土球。

图4-53 半边型土球包扎　　　　图4-54 拼圆型土球包扎

③ 分阶段回填土的种植。此类树木种植时平衡支撑非常重要,先用吊车保护平稳,然后回填土,待支撑做好再撤去吊车以防树木倒伏。种植时采用梯形种植方法,土球半边正常回土,另半边无土球的位置,第一年回填珍珠岩+有机质混拌物至土球的一半高度,上面用保温物覆盖,待第二年再回填珍珠岩+有机质混拌物至正常高度,使树木逐步适应生长环境。养护时注意保持覆盖物的保温保湿,分阶段回填土,可以使树木逐渐恢复正常生长。

(2) 上下二层土球型的大树移植。上下二层土球型大树又名二段根树木,此类树木一般都在虹桥机场生长了很多年,经历了周边环境的多次改建,树木根部被多次加土。这就导致长势差的树木就此衰弱甚至死亡;长势强的树木为适应新环境,在埋入土壤的树干上发出新根。但树木总体上是个衰弱的过程,特别是上半部,因为树木被深埋后,下部根系透气不良导致烂根,直接影响树体上部养分供应不上而衰弱,新萌发的新根又不能完全支撑树木的生长,故此类树木多比较衰弱。挖出的土球呈现明显的上下二层土壤,土球容易松散,影响种植成活率。对于此类大树主要采用以下移植方法:

① 适当深厚的起挖。此类树木的根系上部较少,以较细的须根为主,挖掘中易损伤,所以要特别注意保护土球表层。同时在上部无根区域,可适当去除些土壤,以改善下部根系的透气性。起挖土球适当深厚些,以便将"老根系"起入土球,土球底部要适当放宽,以保护尽可能多的有效根系,如图4-55所示。

② 以钢管托底的包扎吊运。土球包扎腰箍要宽,上下二层土壤密度不同,包扎时注意上下二层土壤的开裂。因为土球比一般的深厚,二层的土壤结构又易松散,故土球包扎必须要考虑到吊运时的紧固和平稳。土球包扎可采用草绳-土工

图 4-55 适当深厚的起挖

布-麻绳-小吊带的方法,吊装时用钢管托底,在土球下部用挖机均衡打入一排钢管,每根钢管间隔 15 cm 左右,钢管两端再用同尺寸钢管固定,再用小吊带将土球和钢管绑扎牢固,确保树木在吊运过程中稳固不受伤害,如图 4-56 所示。

图 4-56 钢管托底

③ 透气种植。此类方法种植的树木要比一般的树木略高些。回填土壤要营养充分,透气良好,以满足根系透气的要求。养护时要加强上部树干养分的补给,根系透气性作为重点养护。

(3) 紧贴型土球的大树移植。紧贴型土球的大树,是指紧贴着生长的树木,树与树离得很近,树干与树干交错,根系与根系交叉或相反方向生长。在机场绿地内成片树木群落移植多属于此类。其起挖非常困难,土球多呈鹅蛋型,吊装比较麻烦,只能垂直起吊,移植难度高。对于此类大树主要采用以下移植方法:

① 样沟法开挖探根。此类树木群密度高,地下根系交错,还可能有地下管线穿越,故土球开挖前须开样沟探根。可先用金属探测仪在区域内探测金属,然后用标记物进行标记。对于狭长型的绿地,可每隔20~30 m用小铲刀开设样沟,对于地下管线和粗大根系用标尺测量深度,并进行醒目标记,以便在起挖土球时进行警示和参考,如图4-57、图4-58所示。

图4-57 金属探测仪探管线

图4-58 地下情况标记

② 带深根性开挖。由于根系交错、须根少、主根深,开挖土球要注意深根性问题,尽可能土球挖深些,多带些有效根系,甚至鹅蛋型开挖。对于施工期间依然有使用功能且在土球一侧穿越的管线,可由专业电工用小扒子扒开管线外的土壤,确认可见管线的深度后,两头拉直线放样将管线从土球一侧慢慢移出。若管线在粗大根缝隙中无法缓慢抽出,须切管线两边土壤,使土球基本与山苗一样,这样的树木必须加重上部修剪量,同时进行紧急复壮措施,以提高移植成活率,如图4-59、图4-60所示。

图4-59 密集型土球开挖

图 4-60 深根土球

图 4-61 外力拉引

图 4-62 垂直吊装

③ 垂直吊装。由于树群密集，只能采用垂直吊装。先用草绳和木条对树干进行保护，然后将吊带兜住土球重心后在树干上多次交叉至树身重心稳定，同时吊钩能从树干分叉点穿过，并且计算好树木倒下时钢丝绳不会被枝条勾住，以防损伤大枝条，最后多余的吊带长度直接在吊钩上绕圈消化。由于树群密集，垂直起吊容易被周边树木影响，所以起吊时须用外力进行拉引，使树木顺利吊出树群，然后将树垂直轻放于计算好的卡车位置，通过卡车的缓慢前进，吊车慢慢将树木放下，如图 4-61、图 4-62 所示。

④ 灌浆法种植。在树穴底部做好排水和基质，吊入树木，做好临时固定支撑，然后在土球外侧 30 cm 一圈使用控根板环绕做容器苗种植穴板，控根板高以略高于土球为宜，长度须预留系数 1.3，以便于安装。再用上下 2 层铁丝做外圈加固。在土球外和控根板之间 30 cm 的空隙内，全部回填配比营养土，边回土边用水枪冲灌活力素稀释液，同时人工搅拌至糊状。10～15 min 后水自然沉降，种植土在土球周边呈自然密实状，如图 4-63、图 4-64 所示。

综上所述，树木是有生命的群体，诸如此次东片区综合改造过程中不同生长状态下的大树移植，根据其不同的生长环境以及树木形成的不同生长习性及根系分布，移植成活难度不一，所以移植中根据树种的根系质地、形态特征、再生能力，采用有针对性的施工方法和技术措施，才能提高树木移植成活率，使树木移植技

图 4-63 吊装到种植位　　　　　图 4-64 冲灌活力素

术真正成为城市生态保护的有效手段,保护好城市中的大树资源。

4.6 管理目标与措施

4.6.1 进度控制目标与管理措施

4.6.1.1 工程进度目标

根据东片区综合改造的总体进度计划,确定本工程 2015 年 12 月中旬开工、2017 年 9 月底竣工。总进度计划结合 T1 及交通中心的进度计划,制定了进场 G5 友乐路上匝道、离场 G3 匝道、高架主线、地面道路、工程竣工共 5 个节点工期。进度控制计划见表 4-6。

表 4-6 进度控制计划

总 体 目 标	节 点 工 期	节 点 目 标
配合 T1 启用	2016 年 5 月 30 日	送电
	2016 年 6 月 30 日	送水
	2016 年 9 月 30 日	送气
配合交通中心启用	2016 年 9 月 30 日	送水
	2016 年 10 月 30 日	送电
关键节点	2016 年 8 月 30 日	G5 匝道通车
	2016 年 9 月 30 日	G3 匝道通车
	2016 年 10 月 31 日	主线结构贯通
	2017 年 3 月 25 日	高架、道路通车
	2017 年 9 月 30 日	竣工

4.6.1.2 控制进度的管理措施

1) 分期分批办理施工许可证

为了确保进度目标,考虑到虹桥市政配套项目包含 6 条道路、3 个泵站,由于泵站的用地手续滞后,导致无法统一办理施工许可证。经过与上海市建筑建材业受理服务中心协商,采取道路、泵站分开办理规划许可及施工许可的办法,这样保证了6条道路可以提前大约半年时间办出施工许可证,先行进行施工。

2) 精心组织、周密部署

由工程部召集施工、设计、监理等相关参建单位,通过多次讨论与优化,制定了保证进度计划的相关保证措施,督促相关单位落实到位,并在过程中严格把控,一旦发现滞后立即采取赶工措施进行补救,确保整个项目按期建成投用。施工总包单位按照表4-7所列措施落实到位。

表4-7 施 工 措 施

项目序号	措施名称	措 施 内 容
1	技术保证措施	① 迅速办理一切开工手续,确保开工 ② 深化图纸、优化方案,制定合理的流程 ③ 应用成熟先进的施工技术 ④ 及时进行设计交底,分部分项施工技术交底
2	材料供应措施	① 编制材料供应总计划,并分解到月、旬、周、日计划 ② 掌握市场信息,多渠道、少环节来购买材料 ③ 加强周转材料设备管理,及时安排进场和退场计划 ④ 掌握甲供材料,并及时做好交接手续
3	实施调整措施	① 加强计划严肃性,均衡施工,进行全方位控制 ② 以总进度计划为前提,编制分部分项施工进度计划 ③ 根据总进度计划找出关键线路,并对其重点控制 ④ 分项工程出现脱节,以总进度计划为前提,调整下一分项计划,在下一分项中,保证节点工期
4	设备供应措施	① 根据总进度计划和工程量,配置足够的机械设备 ② 及时安排设备进场安装使用,并及时做好设备退场工作 ③ 合理配置设备管理人员,做到定机定人 ④ 充分发挥集团设备的先进性与优越性,选择先进的设备进场
5	劳务保证措施	① 选择公司认定的合格劳务分包商 ② 在合同中明确双方的责任和义务,并要求其排出劳务配置计划 ③ 在施工中及时掌握劳务的数量和动态,根据施工现场的实际情况增配劳务 ④ 每星期召开劳务协调会

3) 分阶段通车条件验收

为了缓解不停航施工期间的交通压力,根据现场实际的环境情况,结合交通中心、航站楼的需求以及市政配套一期工程施工的工况,经与上海市交通质监站沟通,按照完工一条或者一段道路、验收(通车条件)一条或者一段道路并投入使用的原则,满足不停航施工的交通需求,保证工程建设的顺利进行。

4.6.2 安全控制目标与管理措施

4.6.2.1 安全控制目标

本项目的安全控制目标是:确保无重大责任事故和重大伤亡事故的发生,保证机场正常运营,杜绝影响空防安全和机场运营的各种行为。

4.6.2.2 安全管理措施

1) 平行于地铁 10 号线盾构顶管的安全控制

东片区市政配套综合改造一期工程建设过程中,为确保机场及地铁的正常运营,且尽量减少对地铁 10 号线、航油管、出租车地道、道路交通以及周边错综复杂管线的影响,迎宾五路—友乐路雨水泵站的雨水管采用顶管施工,总长为 616.39 m,管径分别为 DN2700、DN3000、DN3500。其中既有平行于地铁 10 号线的直线顶管,又有与地铁 10 号线呈圆弧形斜交穿越的曲线顶管,还有正交穿越航油管及出租车地道的直线顶管。

充分听取地铁公司对施工方案提出的意见及建议,不断地对方案进行优化与完善,并报请上海市住房和城乡建设管理委员会科学技术委员会进行专家评审。

顶管施工过程中,委托建科院、上勘院对地面沉降、地铁盾构沉降、水平位移、地下水位等进行监测,并根据监测数据指导施工,确保顶管施工过程中未出现任何安全事故。

2) 航油管保护措施

东片区市政配套综合改造一期工程与现状航油管之间存在影响的内容包含迎宾五路、出租车地道、迎宾一路、空港八路等多个路段,存在交叉和平行两种工况,如图 4-65 所示。根据《中华人民共和国石油天然气管道保护法》,现状管线中心线两侧各 5 m 地域范围内禁止修建建筑物及构筑物,5 m 以上范围内新建设施报市发改委并取得施工许可证方可施工。

为保障管线运营安全,设计在新建迎宾五路、改建迎宾一路、改建空港八路等共 4 处与航油管的交叉位置范围内,共计约 120 m 范围内对规划机动车道下方的航油管实施保护措施。航油管线保护方案为钢筋混凝土箱涵形式(顶部预制盖板),盖板涵上部采用普通钢筋混凝土现浇实心板预制暗扣式板,下部结构为钢筋混凝土,基础为扩大基础。航油管保护方案如图 4-66 所示。

在取得施工许可证的前提下,施工过程中按照"事前、事中、事后"三控制原则:事前即先人工开挖样沟,摸清航油管线的具体标高、走向,将现状航油管标高上报航油公司,并办理监护绿卡;事中即在施工过程中,通知航油管权属单位航油公司在施工过程中对航油管安全进行监测工作;事后即施工完毕后,及时将相关航油管保护使用的相关材料上报航油公司。同时在施工过程中,严格按照指挥部制定的管线施工管理办法实施,确保航油管的安全。

为兼顾航油管保护及空港八路改造工程建设,经与管线综合设计单位多次研究,并与航油公司多轮协商,确定对现状空港八路航油管实施迁建,方案已经航油公司认可。由于该航油管为在用管线,与原有管线的接驳须带油开口施工,分阶段实施共须带油作业 4 次。

迁建后的航油管位于空港八路西侧道路红线处,可永久解决航油管保护问题,满足两侧 5 m 保护距离内不设构筑物的要求。由于北地块虹达楼未拆除,

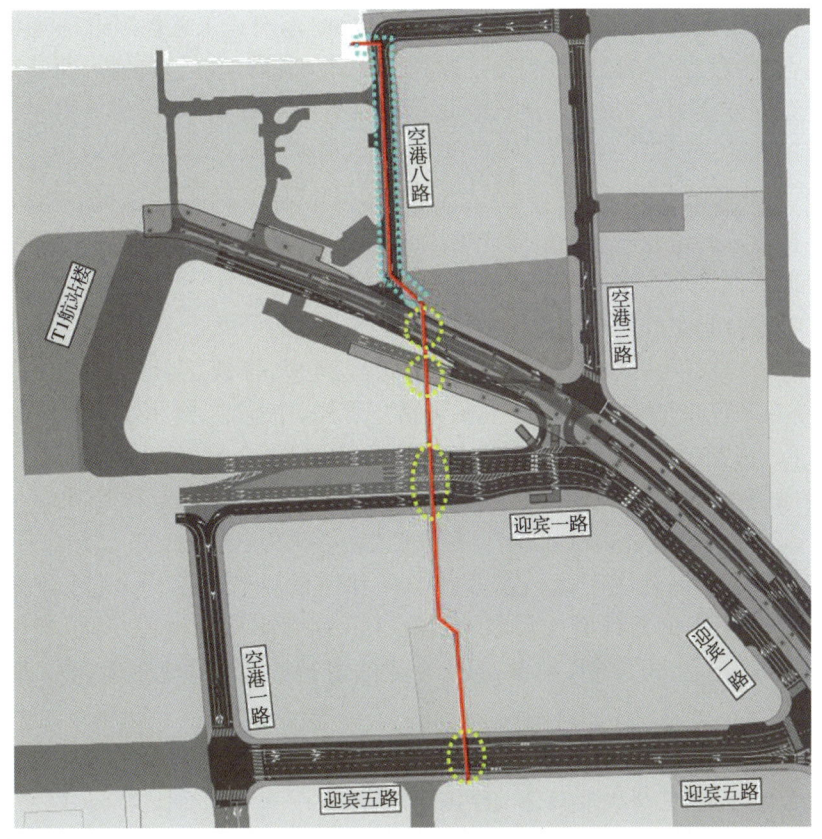

图 4-65 新建设施与航油管交叉位置及平行位置示意图

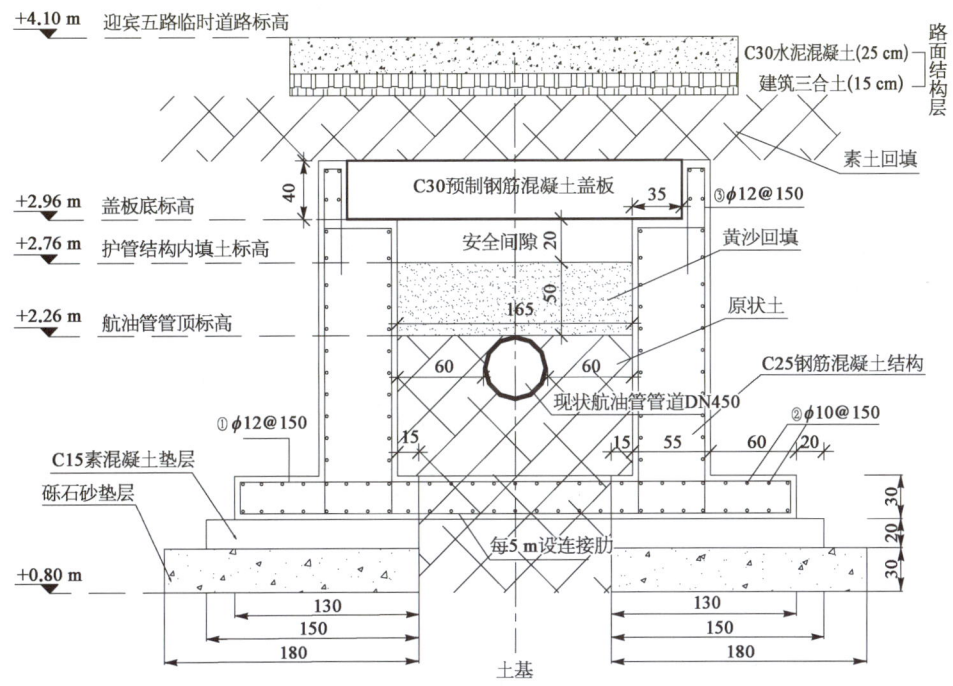

图 4-66 航油管保护方案

方案分两阶段实施：一阶段由航站楼机坪引出向南至建工总包附近与现状航油管接通，二阶段自一阶段南端引出至迎宾一路口与现状航油管接通。油管搬迁与交叉管线同步实施，可解决与进入航站楼交叉管线的标高冲突（均集中在一阶段实施范围内）。

3）地下管线保护

虹桥东片区市政一期工程管理有两个重点，一是市政管线和安装工程管理，二是交通工程管理。在不停航条件下，这两方面显然成为工程的重点和难点。管线施工和安全是工程管理的重中之重。

（1）管线权属多样化。结合之前的管线物探、排摸、调研，并结合近期施工，虹桥东片区的管线权属单位主要包括空管局、中航油、虹桥能源、虹桥场区、机场公安、市交警、东航信息、东航工程技术公司、大众燃气、市电力、西区电信和市信息管线公司等 12 家单位，涉及供电、供水、排水、通信、监控和燃气 6 个专业。

（2）现状地下管线密集。在截污纳管和通信排管施工中，大部分开挖区域内所暴露出来的管线真实反映了虹桥东片区诸多历史遗留问题，各种专业管线纵横交错、互相叠加、埋深过浅等现象普遍存在，给施工带来了很大的难度。

（3）管位重叠问题突出。在施工中所遇到的一个比较突出问题是规划管位与现状管位冲突，使得提前实施的空港三路污水管和市政一期通信排管在施工前必须要先临时搬迁部分现有管线。截至目前，已累计临搬燃气管道 2 处，合计近 600 m；供水管道 6 根，合计近 500 m。据不完全统计，本次市政一期的新建管线与现有管线的重叠率几乎达到 80%，而 90% 以上的现有管线都处于使用状态，不停航施工的压力在管线这一块显得尤为突出。

（4）架空线路复杂。不仅在地下、在地上，各类通信和公安监控的架空线路也给房屋、构筑物的拆除、深基坑钢板桩的施工带来很多困难。

2014 年 12 月 23 日，东指办向各驻场单位下发了《东片区综合改造不停航施工管线工程管理办法》及其实施细则，并成立了"虹桥机场不停航施工管线工程安全工作领导小组"和"工作组"。

4）沉井施工安全控制

本项目雨水泵站中雨水泵房与进水闸门井为沉井法施工。雨水泵房为长方形钢筋混凝土结构：规格尺寸为 30.6 m×28.3 m，下沉深度 14.03 m；进水闸门井为圆形钢筋混凝土结构：直径 9.8 m，下沉深度 12.56 m。两座沉井之间的间距为 13 m 左右，为减小下沉施工对相邻沉井影响，按先大后小、先深后浅原则，先下沉雨水泵房、再下沉进水闸门井。施工过程中严格按照相关安全管理办法执行，确保安全。

4.6.3　质量控制目标与管理措施

4.6.3.1　质量控制目标

在符合国家施工质量验收标准的前提下，保证本工程一次性验收合格。

4.6.3.2 质量控制措施

建设单位牵头,要求各参建单位制定完善的质量保证体系,定期召开质量专题会,不定期进行质量检查。施工单位质量管理体系如图4-67所示。

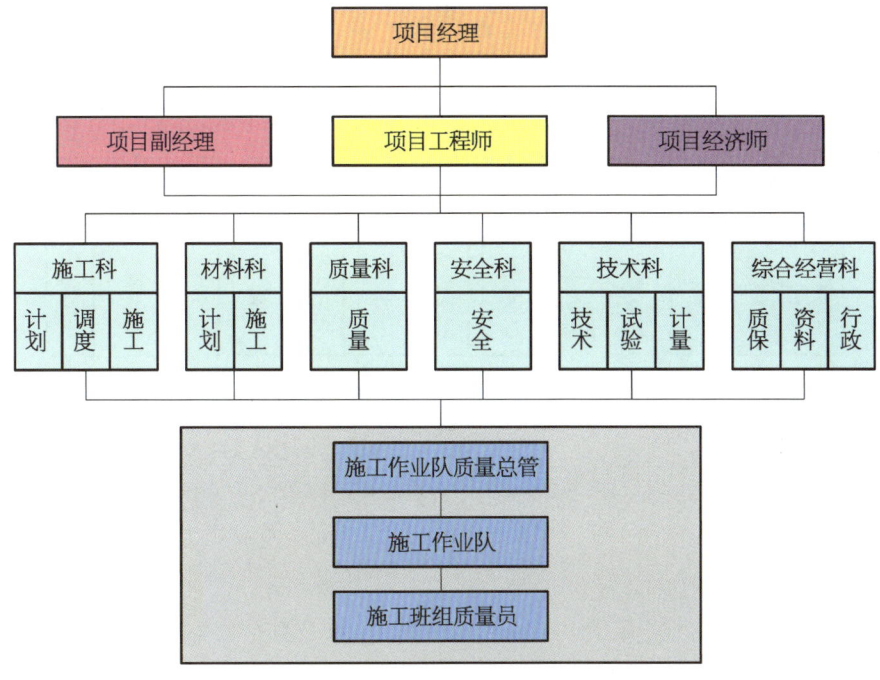

图4-67 施工单位质量管理体系图

1) 质量检测设备的控制

要求施工、监理单位设置专职计量员负责检验、测量、试验设备管理工作,并建立计量器具管理台账。进入项目的检验、测量和试验设备,必须将清单和检定状况列表报计量员,接受监督检查。未经检定的检验、测量和试验设备不得使用。

2) 测量工程质量保证措施

测量仪器必须经过检定合格,且工作状态良好;定期对控制点进行校核,避免因季节变化而引起的误差;严格保护测量基准点,避免撞击、毁坏,且定期进行复核。

4.6.4 文明环保施工控制目标与管理措施

4.6.4.1 文明环保施工控制目标

严格贯彻执行国家、部委、地方的有关安全、文明环保施工规范要求,对工程实施全过程的标准化管理,确保在整个工程施工期间直至竣工验收完毕均达到国家及上海市文明工地的管理要求。

4.6.4.2 文明施工控制措施

建设单位牵头,要求各施工单位制定完善的文明环保施工保证体系,定期召开安全文明环保施工专题会,不定期进行安全文明环保施工检查。

1) 文明环保施工保证体系

文明环保施工保证体系如图 4-68 所示。

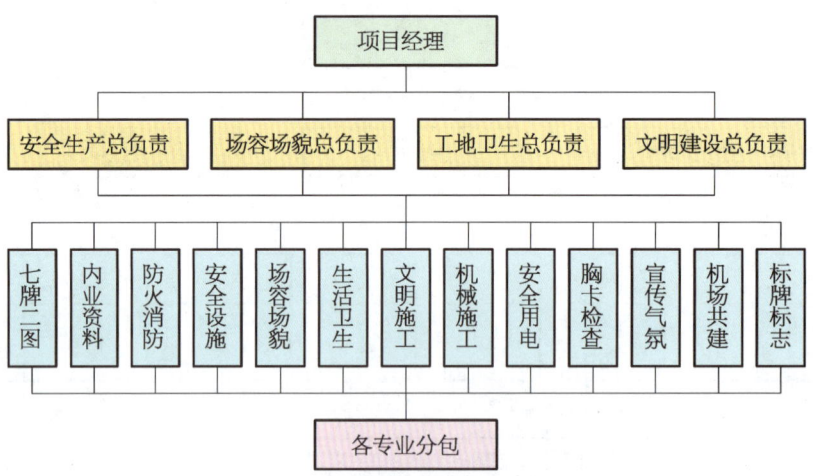

图 4-68 文明环保施工保证体系图

2) 针对性文明施工措施

鉴于本项目靠近虹桥 T1,现场工序较多,各种工况交错施工,对现场的文明施工要求很高。为此要求施工单位采取如下相应措施:

(1) 沿着基坑外侧近施工围墙设置排水沟,排水沟采用定型化产品。施工大门口设置车辆冲洗槽。现场污水经排水沟有组织流入场地的沉淀池,经沉淀达标后排放至城市下水管网。

(2) 针对机场区域内施工扬尘控制,要求施工单位在施工现场配备一台洒水车,每日定时现场洒水控制扬尘。

3) 其余现场文明标准施工措施

现场文明标准施工措施见表 4-8。

表 4-8 现场文明标准施工措施

类别	项目名称	具 体 要 求
文明施工措施	现场围挡	沿着施工用地范围设置围墙
	七牌二图	在现场悬挂工程概况、安全纪律牌、安全标语牌、安全记录牌、文明施工记录牌;施工现场总平面布置图
	企业标志	现场出入的大门设有本企业标志
	场容场貌	① 道路畅通,排水沟、排水设施畅通 ② 施工场地地面硬化处理,环境绿化
		材料、构件、机具等堆放处,悬挂有标志名称、品种、规格的标牌;易飞扬细颗粒建筑材料应密封存放,并采取覆盖等措施;易燃、易爆和有害物品分类存放

(续表)

类别	项目名称	具 体 要 求
文明施工措施	现场防火	设有固定吸烟处;消防器材配置合理,符合消防要求
	垃圾清运	施工现场设置密封式垃圾站,施工垃圾、生活垃圾应分类堆放。施工垃圾必须采用相应容器或通道运输,并及时清运
临时设施		① 施工现场办公、生活区与作业区分开设置,保持安全距离 ② 工地办公室、现场宿舍、食堂、厕所、饮水、休息场所符合卫生和安全要求
卫生管理		① 在工地内设置醒目的环境卫生宣传牌和责任区包干图,按照卫生标准和环境卫生作业要求设置相应的生活垃圾容器,实行生活垃圾袋装化,并落实专人负责清运 ② 现场所有的道路,均有清洁班专人负责包干清扫,每天不得少于两次,做到施工现场无卫生死角、无积水,并委托有关部门落实各项"四害"除灭措施,控制"四害"的滋生。厕所卫生要达标,做到无异味、勤打扫,并与环卫所联系定期抽查
劳务管理		凡在工地施工的民工均要"五证"齐全(身份证、暂住证、健康证、上岗证、特殊工种操作证)。施工队伍则是要具备有效资格证书的成建制单位
社区共建		社区共建,创建和谐气氛

4) 本工程环境保护措施

环境保护措施见表4-9。

表4-9 环境保护措施

项目名称	措 施
水污染控制	① 在进行砂浆等搅拌作业的现场,设置沉淀池,使清洗机械和运输车的废水经沉淀后排入市政管线 ② 控制施工产生的污水流向,防止蔓延,并在合理位置设置沉淀池,经沉淀后排入污水管,严禁流入施工区域内。现场存放油料的库房进行防渗漏处理,储存和使用都采取措施,防止跑、冒、滴、漏,污染水体
大气污染控制	① 施工垃圾搭设封闭式临时专用垃圾道或采用容器吊运,严禁随意临空撒散,垃圾及时清运,适量洒水,减少扬尘 ② 采用洒水车现场道路清洗及扬尘控制 ③ 水泥等粉细散装材料,采用室内(或封闭)存放或严密遮盖,卸运时采取有效措施,减少扬尘 ④ 现场临时道路地面做硬化处理,防止扬尘 ⑤ 在现场设置搅拌设备时,安设挡尘装置 ⑥ 选用环保型低排放施工机械,并在排气口下方地面浇水冲洗干净,防止排气产生扬尘
噪声污染控制	① 选用环保型的低噪声低排放施工机械,改进施工工艺。教育、督促施工班组工人在施工中做到轻提轻放,严禁随便乱捆、乱敲工具和材料,杜绝不必要的噪声产生 ② 对某些不可避免的噪声,采取设置隔音屏障的办法以吸收和隔阻噪声的扩散

5) "渣土垃圾"整治措施

"渣土垃圾"整治措施见表4-10。

表 4-10 "渣土垃圾"整治措施

序号	措 施 内 容
1	加强施工现场的管理,确保施工现场整洁,现场出入口落实外出车辆的清洁措施(包括出口道路做硬地坪、随时冲洗外出车辆,加强对渣土垃圾运输车辆的车况检查,做到持证运营,保证不偷倒、不乱倒渣土及垃圾),工程竣工确保"场地清、无渣土垃圾"
2	对施工班组进行落手清严格考核工作,每月考评,做到奖优罚劣。确保落手清工作做到随做随清,谁做谁清
3	现场建筑垃圾必须采用围护的堆放,做到及时外运处理,保持现场文明、整洁。外运车辆必须封盖,进出大门前冲洗
4	保持车辆出入口路面平整、湿润,减少扬尘污染,并尽量减缓行驶速度
5	及时清除建筑物施工中产生的建筑垃圾,对废油抹布、废涂料、油漆桶、水泥袋等进行分类集中堆放,并按废弃处置规定进行处置